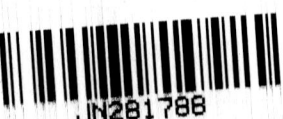

Political Economy

社会経済学

資本主義を知る

Kiichiro Yagi

八木紀一郎 著

名古屋大学出版会

社会経済学

目　次

第 1 章　社会経済学の視点
――社会のなかでの個人の再生産――

人間は最も文字どおりの意味でゾーン・ポリティコンである。たんに社交的な動物であるだけでなく，ただ社会のなかでだけ個別化されることのできる動物である。
――マルクス『経済学批判への序説』(MEW13, S. 616：全 13，612 頁)

1．社会経済学という名称

人間は 1 人だけでは生きていけない。アリストテレスがいうように，人間は社会的な動物（ゾーン・ポリティコン）である[1)]。生物のなかには，集まるのは繁殖期だけで，生まれた子供もすぐに親から離れてしまう種もあるが，成人になるまで 20 年近くかかる人間の場合には，家族という共同生活のなかで守られなければ子供は生きていけない。衣食住という生活上の基本的ニーズを充たすためにも，人間は他の人間の協力を必要としている。同じ場所で意思を通じ合って直接に協働することもあれば，別々の場所で得られたものを交換し合うことによって間接的な協働関係を形成することもある。

家族やその延長としての血縁的関係とこうした生活上の相互依存関係は，かつてはかなりの程度かさなりあっていたであろう。しかし，現在では，後者は前者の範囲をはるかに超えて拡大している。生活上のニーズも多様化また高度

1）アリストテレス『政治学』第 1 巻第 2 章。ここでポリティコンというのは，社会生活・共同生活をいとなむという意味で，とくに「政治的行動」を指すわけではない。後出のポリティカル・エコノミーの political も同様である。生物学者チャールズ・ダーウィンも，互いに共感しあい意思を伝え合うことのできる社会性動物としての人間のあり方から，道徳・文化を含む人間の進化の特性を考察しようとした（『人間の進化と性淘汰』長谷川眞理子訳，文一総合出版，2 冊，1999-2000 年）。

化し，それを充足するための活動にもさまざまな手段や知識が必要になっている。相互に意思を伝えあうことのできる社会的生物である人間は，その個体群（ポピュレーション）を再生産＝存続させていくなかで，生活の手段と生産の手段，知識と技能を発展させ，また社会関係自体を制度として創り出すことができるようになった。こうした，生活上のニーズの充足に向けられた活動とそれにともなう社会関係は，とりもなおさず，社会経済学が対象とする経済活動および経済関係である。

経済学は，成立期の一般的呼称では political economy であり，economics という現代的な呼称はそれを簡略にしたものである。economy という語自体は，古典ギリシア語のオイコス（家）とノモス（法・規則）をあわせてできた語で，もともとは家の賢明な管理あるいはその管理法を意味した。家長は，秩序を維持しながら家成員のニーズが充足されるよう配慮する。political economy というのは，その配慮の範囲が家ではなくてイギリスやフランスといった政治的な単位になるということである。政治的な単位を範囲とするといっても，そこで社会的な共同生活をおこなっている人々のニーズの充足活動を対象とする学問ということであり，とくに政治的な行動が重視されているわけではない。したがって political の意味を残して訳す場合にも，「政治経済学」よりも「社会経済学」とした方が適切であろう。

2．支配的な新古典派理論

20 世紀の半ば以降の経済学においては，経済主体の合理的な行動から経済現象の説明を論理的に導出する新古典派の経済理論が支配的である。このタイプの経済理論においては，主体間の相互作用はもっぱら市場で形成される価格情報を介して行われるだけである。経済主体は矛盾のない効用関数と完全な知識をもって，保有する資源のもとで可能な最大の満足を達成しようとして行動する。こうした合理的経済人（ホモ・エコノミカス）の行動の結果として，すべての市場で需要と供給が合致することが経済的な均衡の達成として論じられる。市場的均衡がつねに実現されると主張されるわけではないが，それを基準として理論構成と価値評価がなされている[2)]。

個人の合理的行動にもっぱら注目するという理論構成上の方針は，方法論的個人主義ともよばれる。その弱点は2つある。1つは，個人の合理的行動から社会的な合理性を導き出すことを当然と考えるために，各人が自分の利益を追求することが社会全体に利益をもたらすとする経済的自由主義とその調和論的なビジョンを引き継いでいることである。自由な経済行動が利害対立を深刻化させる可能性は考慮されていない。深刻な利害対立があるとすれば，その原因は，自由な経済行動に対する障害の存在に求められる。これは経済的な対立関係の認識に対してバイアスを与える理論である。いま1つの弱点は，要素還元主義的な数理化によって，歴史的に生成した社会構造を理論のなかに取り入れる道をふさいでしまっていることである。この学派の経済学者にとって，社会関係や文化的特性は，普遍的な合理的選択理論に具体性をもたせるために後から付加される二次的な条件にすぎず，理論自体のなかに社会的・歴史的要素を取り入れることは，しばしば厳格に拒否されている。そのため，経済社会の歴史的な多様性，特異性の認識に適合しない。

本書が「社会経済学」と名のるのは，現代のこうした支配的な傾向に対抗して経済学が本来有していた歴史的・社会的視野を強調したいと考えているからである。しかし，そのためには，新古典派ミクロ経済学を支える方法論的個人主義に代わる方法論的視座を示す必要があるだろう。

3．社会的再生産の理論

経済理論はなぜ社会的および歴史的視野をもたなければならないのか。私は，それは，経済理論は社会的再生産の理論にほかならないからだと考えている。

以下にその概略が示される社会的再生産[3)]の視座は，18世紀後半における

2）現代の新古典派理論の原型を創始したのは，すべての市場での均衡の達成（一般均衡）を理論化したレオン・ワルラスである。この系統の理論は，20世紀をつうじてより数理的に洗練され，学界における標準的理論の地位を確立した。現在の日本の大学で「ミクロ経済学」という名称のもとに行われている研究と教育がそれにあたる。

古典派経済学の成立とともに出現したものであるが，19 世紀のカール・マルクスにいたるまでは明確な形では定式化されなかった。マルクスの『資本論』の論理の基軸は，資本制の生産関係の再生産に求められ，それは彼の提唱した唯物論的な歴史観に通底している[4)]。しかし，マルクス派の経済学者の多くは，労働価値説にもとづいた剰余価値論という学説を信奉するあまり，その背後にある理論的視座をしばしば無視した。この学説は，資本主義のもとでは労働者は賃金として自分のもとに戻ってくる以上に長く労働をさせられる（剰余労働）ということから利潤の存在を説明するので，別名を搾取説と言う。本書で後に説明するように，これは資本主義の経済機構についての１つの可能な解釈である。しかし，剰余労働の存在という客観的事態と「搾取」という語に結びついている倫理的あるいは政治的評価は区別すべきである。現代においても重要なことは，対立関係をはらんだ諸階級からなる生産と分配の関係が再生産される機構を理解することであって，それを一方的な「搾取」として論難することではないだろう。

再生産の過程としての経済の見方は，社会的な視野をもった多くの経済学者が無意識のうちに採用している見方である。20 世紀の半ばにおいて，ピエロ・スラッファは，価値論（価格理論）の領域においても，多数商品の再生産のための基準を簡潔な連立方程式に示すだけで，新古典派的な経済理論への批

3）再生産（reproduction）は，経済学だけでなく，生物学や教育学でも用いられる用語である。前者では，生物の世代的な再生産が意味され，後者では若者が身につける価値観・知識・文化の再生産が研究課題とされる。経済学的な再生産は，両者を含むが，それらの基礎に人々のニーズを充足する財・サービスの継続的な生産を据えた見方である。

4）マルクスの『資本論』の再生産論と史的唯物論の連携を強調したのはアルチュセール学派のエチエンヌ・バリバールの貢献である（「史的唯物論の根本概念について」ルイ・アルチュセールほか『資本論を読む』〔今村仁司訳〕ちくま学芸文庫，下，1997 年）。なお，現代社会経済学の有力な学派であるレギュラシオン学派は，この構造主義的な再生産論の決定論的傾向への批判から生まれた（アラン・リピエッツ『レギュラシオンの社会理論』〔若森章孝・若森文子訳〕青木書店，2002 年，第１，２章参照）。日本では戦前の講座派の理論家山田盛太郎によって『資本論』体系中の再生産論の意義が強調され，戦後は経済学史家の内田義彦などによって受け継がれた（内田義彦『資本論の世界』岩波新書，1966 年を参照）。

判になることを示した[5]。それは再生産にもとづく古典派的な価値論を再興したものであった。経済学におけるこうした再生産の視座は，現在では，多数主体の相互作用のもとでの進化的過程の分析を取り入れるという方向での発展が期待されている。

4．再生産とはなにか

再生産というのは，生産が1回だけの事象ではなく2回も3回も継続して行われることであり，そのために必要な要件がととのえられることである。社会が存続するなかでは，個々人ごと，あるいは個々の財ごとの多少の変化はあるにせよ，さまざまなニーズが継続的な生産によって充足されている。財が継続的に再生産されることによって，財を生産し消費する人々が再生産され，財と人々を関連付ける社会関係や制度も再生産されている。

それは，多数の主体が時間と空間のなかで相互に関係しあうプロセスである。財を生産するには多数の材料・道具機械・知識・作業が必要であり，それらをみな自分1人で供給できないとすれば，他の経済主体から入手しなければならない。他の経済主体にとっても同様である。自分では事業をいとなまない労働者の場合でも，労働力を継続的に提供しうるためには，さまざまな消費財が必要である。したがって，生産財にせよ消費財にせよ，社会全体のなかで，それぞれが必要とする財がどこかですでに生産されていなければ，再生産は不可能である。

しかも，生産・再生産に必要な財・サービスがただ存在するだけでなく，それらを必要とする経済主体に入手可能になっていなければならない。ある生産者が事業を翌日も継続的に営むためには，今日販売した財の収益が翌日必要な財・サービスの購入を可能にするだけの価値額に達しなければならない。労働者の場合でも，翌日労働できるだけの体力を回復するに十分な消費財が今日得られた賃金で購入できなければならない。そのためには，事業者の生産する財

5）ピエロ・スラッファ『商品による商品の生産』（菱山泉・山下博訳）有斐閣，1962年。

Column 1-1

自動車を作り続けるために

大学祭になると，学生たちがテントをはって店を出し，クレープ，お好み焼き，おでんなど思い思いの食べ物をつくって売っています。これも生産活動に違いはありませんし，食べ物がお金で売られ，互いに隣の店の食べ物の値段を気にしながら値付けされているところをみると，市場的な競争もあるようです。しかし，これが常設のクレープ屋，お好み焼きや，おでん屋と違うのは，継続した生産，つまり再生産がないことです。学生たちは，材料・燃料を購入し，調理器具を借りてきて，自分たちで調理しますが，大学祭が終わる頃には材料・燃料がなくなり，彼ら自身，調理したり，売ったりすることに飽きてきます。材料・燃料の補充，労働力の再生産は行われません。それに対して，常設の食べ物屋では，営業中に行うにせよ，明朝の営業開始前に行うにせよ，材料・燃料を切らすことはありません。食べ物屋ではたらく人に対しては，個人営業であればその売り上げから，雇われている場合には賃金から生活費が賄われるので，明日また働くことが可能になるでしょう。

自動車産業を例にとってみましょう。1台の自動車は約3万点の部品からなると言われますから，自動車を作り続けるためには，部品を車体に組み付ける最終工程の生産＝労働の活動だけでなく，部品の生産，部品の材料の生産，燃料の生産が同時に行われていなければなりません。工具や機械の取替えも必要です。また，疲れて帰宅した労働者たちに労働力を回復させる生活を可能にするだけの消費手段が生産されていなければなりません。しかし，そうした生産・消費活動のための財が同時に生産されているだけでなく，それらを必要とする人々がそれらを実際に入手できなければなりません。

自動車会社は自動車の販売によって，部品の供給者（サプライヤー）は部品を販売することによって，労働者の賃金を払うだけでなく，材料，燃料，工具・機械を継続的に補塡する資金を得なければなりません。労働者は，労働力を再生産するための消費生活を賄うだけの賃金を得なければなりません。商品市場と労働市場の両面において，適切な価値で対価が支払われる取引が継続的に行われることが再生産の経済的条件です。

そのような経済的条件が満たされるためには，自動車に対する需要が継続的に存在することが必要です。しかし，とくに自動車のような耐久消費財に対する需要は，購買者層所得水準とその伸び率，そして購買者の嗜好と経済状況に対する判断によって左右されます。需要の変動が常態である市場経済のもとでは，再生産の条件は不断の不均衡のなかで実現される以外にないのです。

に十分な市場があり，その価格が費用をカバーしなければならない。また労働者に十分な雇用があり，その賃金が生活費をカバーしなければならない。個々の生産者・労働者にとって，その生産および生活の継続的再生産に必要とされるこの基準的な価値が市場において実現されるかどうかは，社会の他の経済主体すべての行動に依存する。

こうした再生産における経済主体間の関係はつねに調和的なものであるとは限らない。一方のみが利得あるいは決定権の大部分を得て，他方はかろうじて自己を維持するだけという不平等な関係が生まれ，それが社会関係として構造化される可能性もある。資本・労働関係が「搾取」関係あるいは「支配」関係として解釈されるのが適当なのは，そのような場合であろう。また，双方がともに信頼しあえばどちらも利得が高くなる可能性がありながら，信頼関係が成立しないままに双方に利得が低い状態に陥ることも存在する。経済主体間の関係にはしばしばこうしたゲーム理論的な状態が成立することがある。社会的再生産のもとではそれは，個々の経済主体間の関係をこえた持続的な社会関係として制度化される場合が多い。

5．再生産の過程的特質

総括的にいえば，再生産は時間と空間のなかに存在する多数主体の相互依存的に進行する行為の総体である。そのなかで現れる特徴的な事態として，以下の数点を取り出すことができる。

1）現在のなかに構造化された趨勢，その上にたった変化の可能性

再生産の視座における時間把握は，継続性という特性をもっている。翌日に

おける再生産が可能になる条件はすでに今日整っていなければならない。逆にいえば，今日その条件が整っていない再生産が明日実現することはありえない。未来は現在のなかに可能性として存在するが，現在は過去における可能性が実現されたものである。したがって現在の再生産のなかには，過去から未来にいたる変化の趨勢が構造化されて存在している。

もちろん，この継続性は，個々の主体の行動や財の配分状態のすべてを詳細に決定するものではない。個々の主体の変動や，一定範囲内での財の配分の変化の余地が十分に存在する。再生産論は，過去からの継続性を重視するとしても，歴史的な決定論ではない。個々の経済主体の意思決定や何らかの集合的な意思決定は，過去の再生産条件によって規定された範囲内で，未来の再生産に適合するように現在の生産と資源の配分構造に影響を及ぼすことができる。現在の経済の再生産構造は，過去からの継続性と未来からの要請が交錯する場でもある。

閉鎖経済のもとでの経済成長と産業構造の関係を例にとってみよう。経済成長の可能性は，経済成長に必要な生産財・投資財が現在どれだけ生産できるかに依存している。たとえば，年率10パーセントの経済成長が可能になるためには，それに対応した生産財・投資財の生産が可能でなければならないから，産業構造がそれに対応していなければならない。これまで停滞していた経済がこのような要請に答えるのは，多くの場合非常に困難である。現在の産業構造は過去の趨勢的な成長率によって規定されているからである。

しかし，何らかの私的ないし集合的な意思決定によって，将来予想が変化して投資率が急増するならば，投資財の価格上昇→利潤率上昇などの経路を通じて現在の段階ですでに産業構造の調整が開始される。それが過去の産業構造によって制約された可能性からかけ離れているものならば経済に混乱を生むだけである。資金配分・労働配分における柔軟性をも含めて過去の条件が許す範囲の調整であれば，それによって現在の産業構造自体に変化が生じる。

2）相互依存関係の非人格化，マクロ変数としての出現

再生産は多数主体の相互依存関係のもとで進行するプロセスであると述べた

が，経済においてはこの相互依存関係は特定主体間の個別的依存関係ばかりからなるとは限らない。生産・再生産において他の経済主体に依存するといっても，依存する財・サービスは必ずしも特定の経済主体が提供する特定の財・サービスである必要はない。自分が提供する財・サービスを購入してくれる相手も特定の経済主体とは限らない。発展した経済のもとでは，むしろ不特定多数の需要者からなる市場に向けて生産・販売していることが多い。その場合，自分自身もほかに多数存在する同種の財・サービスの供給者の１人として市場に登場しているのである。市場においては，相互依存関係は非人格的な価格としてあらわれ，個々の経済主体は価格に対応して自らの行動を決定する。こうした非人格的な市場メカニズムが，効率的に働いて需要と供給を一致させるとともに経済主体の効用の極大化をもたらすというのが，新古典派的な市場観である。

新古典派の経済学は，すべての財・サービスに市場が成立し，需要と供給が速やかに調節されることを原則的に想定している。しかし，非人格的な市場が普遍的に成立するという想定はまずもって非現実的である。現実の経済活動は，自然環境や都市インフラ，さらに無料で提供されている知識や司法制度などによって支えられている。そうした非市場経済的な要素を無視することは，経済学における自然的および社会的な環境への視野の喪失につながる。

次に，現在は過去の状態によって規定され，また将来に関する予想の影響を受けるということを考えるならば，すべての市場で需要と供給が円滑に調整されるという想定を受け入れることはできない。問題は，とくに供給が価格によって支配されるとは限らず，またその用途における一般性が高い労働力のような生産要素や貨幣あるいは資金において出現する。労働力や資金に対する社会的な相互依存は，雇用量や所要資金量といったマクロ集計量となってあらわれ，制度的要因も含む供給側との相互作用のなかで賃金，利子率が形成される。しかし，賃金や利子率は労働市場や資金市場における不均衡を解消するものではなく，失業や物価変動というような撹乱が同時に出現する。これらのマクロ変数は，再生産のなかでの個別の経済主体の行動から形成されたものであるが，今度は個々の経済主体の行動を規制する所与の変数となっているのである。

3）社会的条件，社会関係の再生産

経済学的な再生産論は物質的な財・サービスの継続的な生産を基礎におくがそれに限定されるものではない。経済主体と彼らの関係の再生産がそれに不可避に結びつき，財貨の再生産にとってもそれが基礎的な実現条件になるということが重要である。

資本制生産が再生産されるためには，労働者と資本所有者の双方が活動力を維持するか，あるいはその新世代が登場するかしなければならない。そのためには，賃金と利潤が一定の水準以上あって，彼らとその家族の消費生活が維持されねばならない。といっても，賃金が高すぎて労働者に働く必要がなくなるとか，あるいは生産手段を購入して独立した事業者になれるような場合にも資本制生産は維持できない。非労働者化する労働者が例外的にいてもかまわないが，全体としては賃金はほどほどの高さにとどまって，雇用関係への労働者の依存が継続しなければならない。

このことは労働者と生産手段の分離が持続し，資本が労働者を雇用する生産関係が再生産されることを意味する。一方では生産手段を保有する資本所有者というポジションと，他方では資本によって雇用される労働者というポジションが再生産され，個々の人々が個々の事情や偶然によってそのポジションに割り当てられていくのである。

こうした資本制の生産関係が再生産されるためには，所有制度と各種の契約，とりわけ資本制的な雇用契約の法制度が維持されていなければならない。私有財産の侵害や契約違反を司法的に効果的に防止できるだけでなく，犯罪にいたらない程度の逸脱（怠業や背信行為）も外部的な監督や内面的な道徳によって一定範囲内に抑制されていなければならない。

4）再生産に対応した合理性

新古典派の経済理論においては，理論の骨格となる合理性は個々の経済主体に託されている。しかし，再生産論の視点からは，これまでに実質的に述べてきたように，再生産の円滑な進行という基準が客観的に存在している。個々の経済主体がその利害を可能な限り追求するという個人主義的な合理性が否定さ

れるわけではない。しかし，それは多数主体の再生産が相互に依存しあう関係の中で自己の存続を追求するという合理性である。

この合理性は，外部から見れば社会的再生産という環境に適応した合理性である。個人的な成功・不成功をも含んで，自発的な探求や学習，あるいは模倣や教育によって社会的再生産に適合した思考様式・行動様式・価値観が人々に定着する。それは内面化した再生産的合理性である。

開発前のアルジェリアのカビリア地方の農民社会を研究したピエール・ブルデューは，農民の時間についての視野が資本制的な蓄積に対応した直線的な発展を描くものにはなっていないことを発見した[6)]。現金計算を嫌い経済行為にそれぞれの慣習的な意味合いを求めるカビリア地域の農民の意識は，循環的な時間が支配する伝統的経済の再生産に適合したものであった。しかし，無機的な貨幣経済が支配する資本制市場経済に対しては，不適応を生み出すのである。

しかし，再生産的環境への個々の経済主体の適応だけで合理性問題が解決するわけではない。個々の主体の適応にもかかわらず，あるいは適応行動の累積によって全体としての再生産に困難が生じることがありうるからである。前項のミクロ的な相互依存関係がマクロ的不均衡を解消しないことがおこりうる。たとえば恐慌なども含む景気循環やインフレ・デフレといったマクロ現象である。

再生産という視座からみた合理性は，新古典派のように個々の経済主体の効用極大化に還元されるものではない。それは多数主体からなる相互依存関係を一定程度の信頼性をもって維持することであり，現代的な用語でいえば，「統治（ガバナンス）」の活動をもそのなかに含んでいる。個々の主体の適応的な合理性だけでなく，マクロ変数に対応して制度の変更を含む戦略的な合理性をもった意思決定のレベルをも補完的に必要とする合理性である。

5）歴史的な経路依存性と進化的発展

先に再生産的視座はマルクスによって提示されたと述べたが，そこで私の念

6）ピエール・ブルデュー『資本主義のハビトゥス――アルジェリアの矛盾』（原山哲訳）藤原書店，1993年。

頭にあったのは，歴史理論としての「唯物史観」と経済理論としての「再生産論」であった。その視点を現代的に再評価しようとする場合，警戒しなければならないのは，これまで両者に結びついていた図式主義と決定論に陥ってはならないということである[7)]。

第1には，単純な経済還元論を避けなければならない。これまで，唯物史観は，マルクスが『経済学批判』の「序言」で用いた比喩にしたがって，物質的な生産にかかわる経済活動が下部構造で意識にかかわる制度や知識はその上に構築される上部構造であるという建築的な図式で説明されてきた。しかし，財の再生産が同時に諸主体および彼らの関係の社会的再生産でもあることからわかるように，意識的要素は経済的再生産のなかにすでに含まれている。意識的要素や制度的要素の変化は，再生産のあり方に影響を及ぼしうるのである。

第2に，多数主体の相互作用からなるシステムは単純な結果を生むのではなく不確定さを含む複雑系であるということを認識しなければならない。再生産は個々の主体のミクロ的な相互作用（協働関係および取引関係）の集積であるが，同時にマクロ的な経済現象を生みだすプロセスでもある。マクロ的な経済現象に対応して，個々の適応行為とはことなるレベルでの戦略的な意思決定が生まれる可能性がある。

さらに第3に，多数主体はそれぞれに差異があると同時に差異を生みだす主体であり，経済的再生産においても，結果として成功・不成功の差異を示すことに留意しなければならない。各主体はそれぞれに適応への圧力を受けているが，どのような方向でどの程度，受動的にあるいは創造的に適応するかは，それぞれの主体が保有する資源・能力と認識内容に依存している。経済的再生産の全体としてのプロセスは，そのなかで個別主体とその行動様式に差異の発生・淘汰・普及が起こる進化的過程でもある。

これら3つの指摘は，資本制生産のもとでの資本・労働関係が決定と分配の両面において非対称性をもつことを考慮するなら，その重要性がより増すであろう。それらはみな，再生産される関係が搾取と支配の関係になるのか，相互

7）マルクス主義者の唯物史観を進化論的な変動図式と対比した拙稿「社会経済システムの変動図式とガバナンス」『社会経済システム』第23号（2002年10月）を参照。

不信の関係になるのか，あるいは相互信頼の関係になるかにかかわっている。またそうした関係が，多数主体の相互作用とマクロ的環境のもとで変異と選択を経ながら進化していく過程にも関連する。再生産過程は歴史的な依存性をもちながらも多様な可能性を含むのである。

6．資本主義の再生産

上記のような再生産過程の特質は，新古典派の経済学者やゲーム理論家が行うような還元主義的なモデル化を不適当にする。第1には，彼らの分析における経済主体の合理的行動は，再生産の過程のなかに位置づけられていない。たしかに再生産にはらまれる合理性は直接個人の行動を支配するわけではない。しかし，経済主体の合理性は，再生産の過程のなかで成立し，経済主体の内部外部に蓄積された資源・知識・制度・文化・価値観の上に立脚することで，再生産的な合理性と関連しているのである。第2に，彼らのモデルにおける時間は始まりと終わりがつねにある仮想的時間であって，過去からの蓄積と未来への可能性が重なり合って存在する再生産的な時間についての洞察が欠けている。始まりも終わりもない現実の歴史過程についての分析にはモデル的時間は不適当である。

再生産論的視座に基づく社会経済学は，仮想的モデルとしての経済を対象とするのではなく，歴史性をもった経済を対象とすると言わなければならない。私たちは未来においてどのような経済システムが形成されるかを正確に予想することはできない。しかし，少なくとも過去の数世紀に世界の主要部分を支配していた資本主義の経済が基礎となって新しい経済システムが生まれることは確実であろう。したがって，本書ではこの資本主義の経済システムを念頭において，その再生産の機構を論じていくことにする。

第 2 章　市場のなかでの分業

いったん分業が完全に確立してしまうと，人が自分自身の労働の生産物で充足できるのは，彼の欲求のうちのきわめてわずかな部分にすぎない。彼がその欲求の圧倒的大部分を充足するのは，彼自身の労働の生産物のうちで彼自身の消費を超える剰余部分を，他人の労働生産物のうちで彼が必要とする部分と交換することによってである。こうしてだれもが交換することによって生活するのであり，いいかえれば，ある程度商人になるのであり，社会そのものが商業的社会と呼ぶのが当然なものになるに至るのである。

――アダム・スミス『国富論』第 1 篇第 4 章（WNI, p. 24：岩 (1) 51 頁）

この章の考察対象

この章では市場をつうじて人々のニーズが充足される仕方をそれ以外の仕方とくらべて説明した上で，市場経済のもとで分業が発展し，またその分業を交換によって維持できるような価値体系が成立することを論じます。

1．ニーズの充足とその基礎

1）ニーズの充足のしかた

自然環境のなかで外界から栄養を摂取し不要物を排泄して生きている点で人間は他の生物とまったく同じである。しかし，人間の経済活動はこうした生命維持の直接的な過程（物質代謝とよばれる）に還元されるものではない。というのは，人間の場合には，必要とされるものが生理的に必要な範囲を超えて拡大している上，それらを獲得する活動（生産）とそれらを実際に自分に役立てる活動（消費）が通常分離しているからである。この生産から消費にいたる過程を支配しているのは社会的な関係で，そこには生産活動・消費活動とともに，生産された財・サービスを配分する活動が含まれる。これが人間の経済活動の領域で，人間はこの経済活動のなかに，それぞれの経済主体やその所属する共同体・組織の規範にもとづいた所有の秩序をもちこんでいる。そして，この経済活動自体のなかに，社会的な再生産の論理が貫かれなければならないことは，第１章で述べたとおりである。

社会的な共同生活のなかで諸個人がそれぞれの**ニーズ**を充足する仕方には，いくつかのやり方がある。整理のために，ニーズの充足がどのように決定されるか（意思関係）とニーズ充足のあり方（充足様式）の２つの基準で区分してみよう。

第１の基準は，自分だけでニーズの充足を決定できるか，それとも何らかの形で相互に意思の調整を行わなければならないかである。しかし，自分だけでニーズ充足を決定できる場合でも，実際のニーズ充足のあり方が客観的にみて社会の共同的なニーズ充足にあたる場合もあれば，そうではなくて個別主体のニーズ充足にとどまる場合もあるだろう。これが第２の基準である。たとえば，私が今日公園や図書館を利用するかどうかは私だけで一方的に決定できることがらである。しかし，私の住む町の住民全体から見れば，財政資金を投じて整備した公共施設を共同的に利用しているのである。地方自治体も含めた国家によって提供される公共財の多くが，この一方的かつ共同的なニーズ充足によって特徴づけられるであろう。それは，私が自分の所有する物品などの私有財産を自由に用いることとはニーズ充足の様式が異なっている。しかし，一方的かつ個別的なニーズ充足の対象には，空気などの無主の自然や言語などの共同的文化も含まれる。これらは自由財と呼ばれる。さらに，人間に対する人間の支配が存在する社会では，支配者が被支配者の財を一方的にとりあげて個別的に消費することもあるだろう。

ニーズ決定の意思関係において相手の実質的な同意が必要な場合には，こうした一方的な支配関係は排除される。こうした相互的調整については，たとえ

表2-1　ニーズ充足の区分

意思関係＼充足様式	共同的充足	個別的充足
一方的決定	公共財/国家	自由財/私有財産/収奪
相互的調整	社会的交換/協働関係	経済的交換/市場経済

ばダンスや集団競技，あるいは対話や合奏のように相手と現実に協働し合わなければニーズを充足できない場合と，財の物々交換をおこなって，あるいは店舗で商品を購入して，自宅で消費するというような，ニーズを個別的に充足できる場合とがある。さまざまな組織，あるいは共同体によっておこなわれる共同的なニーズ充足も，その内部で意思決定関係が上下関係をもって制度化されていくならば「一方的決定」に近づくが，そのつど意思調整がはかられるならば，「相互的調整」に区分されるだろう。意思決定における相互調整が必要とされるが，それがニーズ充足の様式には及ばない場合の主要な類型が，独立した主体が相互に自分の利益のために行う経済的交換である。相互の意思調整を行った上で，贈与が行われることもあるが，ニーズ充足者の側から主導的に意思決定ができる場合は少ないので無視していいだろう。経済的交換においては，意思関係の調整は，互いに提供しあう財・サービスについての合意にとどまり，ニーズの充足自体は独立して行われる。財・サービスを入手してしまえば，私有財産の利用と同じになる。双方向的な交換が不特定の主体相互に行われる場合，経済的交換は貨幣を有した市場経済にまで発展するが，交換の範囲が小規模になったり，相手が定まっていたりする場合には，ニーズ充足の際にもさまざまな社会的配慮が加わった社会的交換になる場合が多い。

子供たちとそのニーズを無償で充足する親からなる家庭という共同体は，伝統的な経済のもとでは，土地家屋などの家族資産と親族・近隣の相互援助によって成立していた。しかし，現在では，大部分の家庭が，その所得を市場経済における販売や雇用労働に依存している。ポジション相互の指令・服従関係やセクション相互の機能的関係が整った企業組織も，企業が総体として保有する資産に支えられている。しかし，組織の目的は市場経済で利益をあげることであり，また組織を構成しているのは給料めあてに働いているサラリーマンである。

他方，不特定多数からなる社会全体のレベルでも，権力を背景にした一方的な収奪と給付は現在でも徴税と公共サービスからなる政府活動（公共セクター）として存在している。また博愛や社会的連帯心にもとづく慈善や奉仕活動（NPOなど）も盛んになってきている。しかし，現代のほとんどの国では，それらは民間の経済主体の市場的な経済活動（市場経済セクター）から生じる所得の一部を移転することによって成立する二次的セクターとして位置付けられている。

2）経済活動の基礎になる資産

生産され人々のあいだで配分されて消費される財・サービスだけが経済活動を構成しているのではない。すべての経済主体の経済活動には，それを支える資産（ストック）が存在していて，その一部だけが贈与や交換といった財の流れ（フロー）に入っていくに過ぎない。

個々の家計が所有している土地・家屋などの資産は，生活のために用途が定まっていることが多い。したがって，常時，市場的交換の対象とされるわけではない。しかし，営利的な企業活動の基礎になっている資産は，利潤追求のなかで常時姿を変え，その収益性によって市場評価される狭義の資本である。アダム・スミスの用語を用いるなら，家計の資産は家計成員のニーズを充足するというその**使用価値**（value in use）によって保有され，それを市場で交換に出せばどれだけ評価されるかという**交換価値**（value in exchange）はその資産を転売する時にしか現れない。しかし，企業の資産は常時市場的な評価を受ける交換価値である。

さらに視野を広げると，私的に所有された資産だけが経済活動を支えているのではない。政府や公共自治体は道路，公園，学校，水道，環境保全林，司法制度などの公有資産の整備に力を注いでいる。さらに大気，雨水，太陽光などの自然環境に属する資産や，言語，知識，情報などの所有の対象にならない文化資産が無数に存在する。**資本**（capital）の狭義の概念は，収益をあげること

Column 2-1

無主の自然の価値

水がまったくなければ，あるいは空気がなければ，人類はそもそもこの世に存在できません。したがって，自然の価値を市場経済における価値で評価するのはそもそも不可能なように思われます。しかし，それらの自然資本の存在をいちおう前提した上で，それから得られる無償のサービスの増減分について注目すれば，それを市場的手段で供給する場合との比較が可能です。

メリーランド大学エコロジー経済学研究所のR.コンスタンツァのグループは，このような考え方にもとづいて推測可能な項目ごとに試算をおこないました。そのなかには大気中のガス，気候の規制，異常現象の規制，水の供給と水質規制，森林破壊防止，土壌形成，栄養分の循環，汚染防止，食料供給，原料供給，レクリエーション，文化への非市場的な役立ちなどの17項目が含まれています。

それによれば，無主の自然資本が人類に提供したサービスの推定価値は，1994年の米ドル価値で換算して，年あたり16兆ドルから54兆ドル，平均で33兆ドルの額に達しています。海洋では沿岸海域，内陸では森林，水陸部，湖沼・河川の貢献が大きくなっています。それに対して，2000年前後の世界経済は，全体として約30兆ドルのGDPを生んでいます。1970年代の初頭には20兆ドル以下でした。コンスタンツァのグループの推計は，基礎となるデータがあり，また上記の方法を適用可能な項目だけを合計したものですから，控えめな数字でしょう。

非市場的な自然からのサービスの価値が，市場経済化された財・サービスの価値に匹敵するものであるか，あるいはそれを上回る大きさになっていることは確実です。無償のサービスを生み出す無主の自然資産の価値も，それ以上に大きいでしょう。しかし，これらの資産は経済活動の潜在的基盤ではあっても，経済活動の直接の対象ではありません。

(参照：Constanza, R., de Groot, R., et al. “The value of the world’s ecosystem services and natural capital”, *Nature* 387〔1997〕, 253-260)

を目的として私的に所有される資産であるが，一般に経済活動の基礎となる資産という広義にも用いられる。この広義の意味で，それらは自然資本，文化資本，そして社会資本などと呼ばれることもある。

生物の種としての人間社会の再生産は，全体としての地球環境の生態学的システムのなかでおこなわれている。市場経済を中心にした社会経済システムは，この生態学的システムのなかで発展しているにすぎない。無主の自然資本のサービスの価値が市場評価を受けたサービスの価値を上回るかもしれないという試算（コラム 2-1 参照）は，それを再認識させる。しかし，市場を中心とした人間の社会経済システムは，そうした自然資本の価値を評価する方式で動いていない。森林は多くの生物に生息環境を提供するだけでなく，二酸化炭素を吸収して地球全体の温暖化を防止しているが，開発と伐採のために毎年世界全体で，日本の国土の 1/3 に相当する約 1,100 万 ha の森林が失われている。とくにひどいのは熱帯林で，1990 年から 1995 年だけで，ブラジルでは 1,277 万 ha，インドネシアでは 542 万 ha の森林が失われた。そのかなりの部分が，木材輸出によるものである。日本でも，経済開発と都市化のために東京湾地域の自然海岸はわずか 10.9 パーセントまでに減少し，廃棄物の処理のために都市近郊の山林が急速に減少している[1)]。また地中深く埋もれていた石炭・石油などの化石燃料が採掘され，燃焼されて大気中に炭酸ガスを放出することによって地球全体に温暖化現象が起きている。市場を中心とした社会経済システムを背後にある生態学的システムといかに調和させるべきか，人類社会の持続的な再生産を保障するためにどのような改革をなすべきか考えることは，21 世紀の社会経済学の重要な課題である。

1）環境庁『環境白書』（平成 16 年版），FAO, *State of World's Forest*, 1999，(財)地球・人間環境フォーラム「世界中ですすむ森林の減少と劣化」（2005 年 6 月 2 日閲覧 http://www.gef.or.jp/forest/deforest.htm）による。

2．市場による調整と社会的調整

1）交換経済の発展

社会経済のシステムにとって自然環境や文化的資産は無視しえない基礎をなしているが，通常は経済的な要素としては意識されていない。人間の経済を主導的に推進しているのは，経済主体の動機を支配し，その経済行動をかたちづくる要因である。

人類の社会が小規模な部族あるいは地域共同体の域を脱して以来，ほとんどの社会において文明の発展は交換経済の発展と手を携えて進んだ[2)]。しかし，現在でも家庭や政府・公共団体・非営利団体が存続しているように，人類のいかなる発展段階においても，共同的な資産や直接的なニーズ充足の形態が消失しないことも明らかである。社会経済システムの性質を分けるのは，どちらが優勢であるかである[3)]。

市場的な交換が見られる場合でも，経済活動の背後にある資産が共有であったり譲渡不可能な資産であったりする場合には，経済の共同体的な性格は強固である。これらの資産が個人の譲渡可能な私有財産となる場合には，それを営利目的の資本として動員することが可能になる。したがって，市場経済は経済活動の基礎にまで及ぶ動態的なものになる。資本主義というのは，このように交換価値の支配が経済活動の基礎となる資産にまでおよんだ市場経済である。

2）使用価値と交換価値

交換による双方向的なニーズ充足においては，自分が提供する財・サービス

2）もちろん例外がないわけではない。古代ギリシアの都市国家スパルタや南米のインカ文明では，政治的支配の特異な発展の結果として，共産主義的な性質をもつ社会が形成された。

3）古代ポリス社会をその内部から考察したアリストテレスは，各人の徳にしたがった共同体的な配分的正義と相互の交換関係を律する交換的正義を並列して市民間の関係を論じた（『ニコマコス倫理学』）。それに対して，アダム・スミス以来の近代の経済思想は配分的正義を独立して取り上げることを避けた。社会主義・共産主義は，市場的交換に正義を解消することに反対して，配分的正義を回復しようとする思想である。

が相手にとって必要とされるものでなければならないが，自分にとっては相手の財・サービスを獲得する手段にすぎないという関係が生まれる。自分の提供する財・サービスは相手にとっての使用価値であるが，それが自分にとって有する価値は，交換手段としての価値である。自分の視点からみれば，自分の提供する財・サービスは，自分が必要とする財・サービスを交換によって獲得させてくれる交換価値でなければならない。一言にしていえば，交換経済においては，財・サービスは，使用価値と交換価値の二重の性質をもった財，すなわち**商品**として生産＝供給される。

交換経済の発展に伴って，経済主体の行動様式も変化する。交換を成功させるには，自分が相手の財・サービスを必要としていることを述べ立てて相手に訴えるのではなく，相手が必要としているものを洞察して，相手のニーズに訴えなければならない。自分の提供する財・サービスが交換価値でありうるためには，財・サービスの生産にあたって相手が何を欲しているかを十分にみきわめなければならないのである。

くわしくは後で説明するが，市場経済が発展して貨幣を成立させるとともに，交換価値は財・サービスの素材的な形態と異なる社会的存在となる。あらゆる経済主体は，直接的な消費対象である財・サービスではなく，純然たる交換価値である貨幣を交換手段としてつねに保有し，それによって必要とする財・サービスを随時市場で購入するようになる。

貨幣の普及した市場経済では，もはや直接的な交換は行われず，経済主体は自らのニーズを充足するためにも，まずは市場における集合的な需要としてあらわれる不特定他者のニーズに対応して財・サービスの供給活動をおこなうように努めることとなる。

発展した交換経済としての市場経済においては，このように，財・サービスは市場で需要として現れる不特定他者にとっての使用価値に対応することによって交換価値としての貨幣を獲得する商品として供給される。それは，同時にいままでの叙述の中に含まれていたように，自分のニーズよりも相手のニーズを洞察してそれに訴えること，および，排他的な交換手段である貨幣の獲得に心がけることという行動様式における（伝統的経済からの）革新が含まれている。

市場経済が順調に発展するならば，それぞれの労働の専門化が進展し，職業の分化が生じる。はじめは農民の片手間仕事であった糸紬ぎや機織りが専業の職人仕事となり，生産性だけでなく品質も向上する。さらに，事業の拡大が可能であれば，親方として職人を雇い入れたり，機械を導入したりするようになる。さらに，最終製品を作るための原料や道具の製造もまた分化して，社会的な分業のネットワークが生まれる。

こうした**社会的分業**の発展については，「分業は市場の広さによって制限される」というアダム・スミスの有名な命題（『国富論』第1篇第3章）があてはまる。顧客が一定以上見込まれない場合には，専業化したり，投資したりすることは危険だからである。しかし，この命題は固定的な「制限」を述べた命題ではない。というのは，農民と職人が分離すれば，それぞれの側に農具・工芸品と農産物に関する市場的需要が生まれるように，分業の進展は市場を同時に創出する過程でもあるからである。さらに，分業によって製品の多様化・品質の向上，そして価格の低下がおこるならば，これもまた市場を拡大する効果をもつ。したがって，この命題は，発展的な過程のなかでの動態的なバランスを表現した命題というべきである。

一般的な交換手段としての貨幣の登場によって，交換は直接的な物々交換の制約から解放される。そして，社会的な分業のもとでの生産者が生産する生産物は，貨幣によって購買される商品である。したがって，市場を人々の多様化した労働能力の生産物が流れ込む共同のプールであるとみなすなら，社会の成員は貨幣を介してそれから必要なものを汲み出し，互いの能力を共同の資産として利用しているという見方が可能になる[4]。

4）「人間のあいだでは，もっとも似たところのない資質こそたがいに有用なのであって，彼らそれぞれの才能のさまざまな生産物が，取引し，交易し，交換するという一般的性向によって，いわば協働財産になり，だれもが他人の才能の生産物のうち自分の必要とするどの部分でも，そこから買うことができるのである」（『国富論』WNI, p. 18：岩(1) 42頁）。

3）市場経済の制度的基礎

アダム・スミスは分業がなぜ生まれるかと問いかけて，人間には「交換し取引する性向」があるからだと答えている。しかし，分業をしているからこそ，人々は交換しなければ生きていけないのであって，スミス自身，他の箇所では，分業のもとでは人々は「ある程度商人」のようになると論じている。「交換し取引する性向」が本源的なものかどうかは分からないにせよ，それが経済的な交換に特有な利害への敏感さと金銭的な尺度と結びついていることに関しては，市場経済のもとでの分業に適応した結果であると考えてよいだろう。

経済活動の原動力としての「自愛心」（self-love）についても同様である。生物は生存自体を目的とする存在であって，自己維持に有用な「自愛心」が意識をもつ生物個体に備わることに不思議はない。しかし，「自愛心」だけであれば，直接的な闘争心や政治的な支配欲，あるいは浪費・耽溺にも向かいかねない。それが一時の感情に左右されない時間的な視野をもった，合理的な経済的「利己心」（self-interest）に発展するのは，市場経済のもとでの再生産の条件に適応した結果であろう[5)]。

しかし，たとえ「交換性向」と「自愛心」が人間に普遍的に備わっているというスミス流の人間観をいったん認めたとしても，それだけで市場経済が発展するわけではない。両者は社会環境次第でさまざまな現れ方をするし，また市場経済の発展を阻害するさまざまな要因が存在するからである。

第1には，交換―市場経済に対するいま1つのニーズの充足法である共同体的あるいは組織による直接的なニーズの充足法が経済活動の大部分を占めている場合には，交換が市場経済にまで発展する余地がない。たとえば旧ソ連のような指令性の社会主義計画経済の体制のもとでも交換活動や市場的要素は存在していたが，その作用領域は限定されるか非公式な調整活動にとどまった。

5）経済的条件への適応がそれに対応した意識（経済的合理主義）を生み出すという見方に対しては，修正的な見解がありうる。その代表がマックス・ヴェーバーで，彼は，持続的な経済的合理主義は，欲望の追求よりも「禁欲」に親和的であると考え，宗教起源の禁欲的生活倫理が近代資本主義の成立に役割を果たしたという見方を示した。ヴェーバー『プロテスタンティズムの倫理と資本主義の精神』（大塚久雄訳）岩波文庫，1989年，参照。

Column 2-2

市場経済への移行の困難

かつて社会主義計画経済を実施していた諸国における市場経済への移行は思いのほか困難でした。それは市場経済にとって制度的基礎が重要であることをあらためて気づかせる経験でした。ロシアでは旧ソ連期の計画経済システムが解体した後に，政府・財閥・マフィアの癒着・腐敗が起こり，信頼できる司法制度と金融制度の構築が遅れました。指令的な計画によって市場交換が妨げられていた状態は脱したものの，財産と契約が保護されず，不確実性によって長期的視野をもった経済活動が妨げられる混乱した市場経済の状態に入り込んでしまいました。

移行経済諸国の支援にあたる欧州復興開発銀行（EBRD）などの国際金融機関は，これらの諸国の市場経済への移行の指標を作成しました。それには，価格の自由化や民営化の度合いだけでなく，銀行改革，証券市場・ノンバンクの整備，政府・企業のリストラクチャリング，貿易・為替システム，競争政策，インフラ整備などが含まれます（EBRD, *Transition Report* 2003）。経済的な制度だけでなく，明解で実効性のある司法制度，恣意的でない徴税制度，透明な会計制度，破産を含む商法，解雇を含む雇用法制の整備，癒着のない信頼できる金融制度，財政から独立した通貨なども課題です。それらは，全体として，市場経済における経済的な主体が長期的に合理的意思決定を行いうるための，アダム・スミスのいう「自然的自由」の体制の現代版です。

しかし，市場経済を支える基礎は，個人の外部に存在している「制度」だけではありません。移行経済諸国における困難は，労使関係における庇護的な温情主義，非公式な闇取引の横行，閥（クラン）形成と結びついた政治的解決への依存といった，過去の経済体制から引き継いだ経済主体の行動様式における「慣性」からも生じています。経済主体の「利己心」は，社会主義的な道徳から解放された分それだけ制約なしに発現し，国家資産の分割・私有化を経て，不透明かつ不安定な資本主義をつくりだしました。欧米のアドバイザーたちが推奨する市場経済のための制度の標準的なパッケージが機能するかどうかは，経済主体の思考様式・行動様式における「慣性」が克服されるかどうかにもかかっています。

第２には，政府が経済活動に恣意的に介入する場合には，市場的な経済活動を発展させるための財産と契約の保護が保障されない。逆にいえば，政府は市民の経済活動の自由を保障するとともに，財産と契約を保護する司法制度を整備しなければならない。これは，重商主義の介入政策を批判したアダム・スミスが，「自由の法制」として推奨した条件である。

第３は，情報の不確実性，つまり情報が不足したり，あてにならなかったりする場合には，取引の基礎が揺らぎ，経済活動に必要な予想が立てられなくなる。たとえば，通貨価値が不安定であったり，市場で急激な変動が起こったりする場合には，中長期的な投資はおこなえない。あるいは，立場によって情報が得やすかったり得にくかったりする場合には，有利な立場にある経済主体はそれを利用した機会主義的な利得活動に向かうであろうが，不利な立場にあるものはそれを恐れて取引を避けるであろう。また，それと関連する場合が多いが，人間関係において信頼が欠如している場合には，監視・制裁に高い費用をかけなければならなくなる。

３．社会的分業を維持する価値

不特定多数を相手にした市場経済のもとでは，生産者は自分の予想にしたがって生産＝供給を決定するが，その予想があたるとは限らない。予想したよりも需要が少なかったり多かったりすることがあり，また価格も，予想したよりも高かったり低かったりすることがある。それでは市場経済のもとでは，私的生産者の生産＝供給はどのように調整されるのであろうか。ここでは，最も単純な場合をとって，基礎的な説明を与えておこう。

最も単純な例というのは，アダム・スミスが**労働価値説**の説明のために持ち出している鹿とビーヴァーの例である。

彼は資本の蓄積と土地の占有に先立つ状態という限定をつけて利潤や地代についての考慮を視野の外に置いた上で，次のようにいう。

> たとえば狩猟民族のあいだで，１頭の鹿を殺すのに費やされる労働の２倍の労働

が，1頭のビーヴァーを殺すのに費やされるのが通例だとすれば，1頭のビーヴァーは当然に2頭の鹿と交換される，つまり，2頭の鹿の値うちがあることになるだろう。ふつう2日または2時間の労働の生産物であるものが，ふつう1日または1時間の労働の生産物であるものの，2倍の値うちをもつのは当然である。

（『国富論』WNI, p. 49：岩 (1) 91頁）

なぜ2倍の労働を費やす生産物は2倍の値うちをもつのだろうか。それが，単なる個人的な評価ではないことは，鹿とビーヴァーについての市場を想定してみるとよい。もし鹿とビーヴァーの交換比率が2対1でなければ，どのようなことが起こるだろうか。たとえば両者の交換比率が1対1であったなら，ビーヴァーを追いかける猟師のうちかなりの人は鹿を追いかけるようになり，鹿の供給が増え，ビーヴァーの供給が減るであろう。したがって，鹿とビーヴァーに対する社会の需要が変化しないとすれば，鹿の価格は下がり，ビーヴァーの価格は上がり，鹿とビーヴァーの交換比率に変化がおこるだろう。逆に，交換比率が3対1というように鹿に不利になれば，鹿猟からビーヴァー猟に移動がおこり，鹿の供給が減少し，ビーヴァーの供給は増大するであろう。この場合には，鹿の価格が上がり，ビーヴァーの価格が下がるだろう。どちらの場合にも，交換比率に変動が起こり，必要労働量の比率どおりに鹿2頭対ビーヴァー1頭で安定することになるであろう。

これは社会が鹿もビーヴァーも，したがって鹿猟の労働とビーヴァー猟の労働をともに必要としていることによる。もし，鹿の供給増大にともなって鹿の毛皮への流行が起こりその需要が急増し，他方でビーヴァーの毛皮への嗜好がすたれて需要が減少するならば，上記のような安定的な交換比率は生まれない。つまり，この場合，労働価値説どおりの投下労働量に比例した交換比率が，分業の行われている社会において再生産が行われるための基準的な交換比率になっているのである。いいかえれば，労働価値説は，生産が実質的に労働だけで行われるような最も単純な場合に対応した再生産的な価値論である[6]。

アダム・スミスは労働価値説があてはまるのは，資本の蓄積と土地の私有が

6）資本に応じた利潤を要求する生産価格も，再生産基準の価値論が発展したものである。

起こる以前の社会状態であって，資本に対する利潤や地主に払う地代が生じるならば，労働価値論の妥当性が失われるとした。それに対して，生産に直接に必要とされる労働だけでなく，要費される生産手段をつうじて間接的に生産物のなかに入り込む労働も含めば，投下労働による価値論は維持できるとしたのがデイビッド・リカード[7]であった。マルクスも，この立場を引き継いでいる。労働価値説は，資本制的な生産者の行動原理を反映した価格理論ではないが，その背後にある技術的生産条件に対応した価値理論として基礎的な意義をもつものであり，また生産および分配関係の集計的な取り扱いを可能にするものだからである。

アダム・スミスは，その一方で，国民の年々の労働がその国民の年々の消費・購入する生産物の全体を生み出すファンドであるという命題を『国富論』の冒頭に掲げた。これは，現在の経済学の用語でいえば国民所得論的な労働価値説であり，これを否定する経済学者は少ないであろう。たとえば，2006年（平成18年度）の日本では国内総生産（GDP）は511.9兆円，それから固定資本の減耗分などを差し引いて得られる国民所得は要素費用表示で373.6兆円である。それに対して，就業者は6,336万人であるが，これに30人以上の事業所についての年間1,842時間という数字を掛けて推計すると，1年で約1,170億時間という社会的労働量が得られる。労働1時間あたりのGDPは4,375円，国民所得は3,190円である。国内では資本の競争と労働の移動に克服不可能な制約はないから，平均的な技術的条件と労働能力のもとでの平均的な労働生産性を計算しても許されるだろう。労働価値は，こうした労働生産性の逆数である。したがって，1万円の靴は労働価値説でいうと，約3.1時間分の日本の平均的労働に対応する。

7）リカード『経済学および課税の原理』（吉沢芳樹・羽鳥卓也訳）岩波文庫，1987年は，地代は差額地代論で処理できるとして，資本構成や資本回転の差異にともなう労働価値説の修正に考察を集中した。これについては，生産価格論を扱う第7章を参照されたい。彼の数値例では，高々7パーセント程度の差異しか生じない（同書上81頁）ので，リカードの労働価値論を「93パーセントの労働価値説」とよぶ学者（G. スティグラー）もいる。

労働価値説でいう**投下労働**（embodied labor）は，与えられた技術的条件のもとで，その商品の1単位の生産に直接・間接に必要とされる労働量，つまり**社会的必要労働**である。それは，各商品の生産に必要な生産手段と労働の投入係数が与えられるなら，計算によっても求めることができる。しかし，労働価値というのは，そうした技術的に決定される社会的必要労働時間が，交換経済の中で抽象化され一般化された姿で現れることを意味している。それぞれに特徴のある具体的な有用労働が組み合わさって現れるのではなく，異なる商品，異なる労働のすべての差異を無視して足し合わせられる価値に表現された社会的労働である。これをマルクスは「**抽象的人間労働**」と呼んでいる。先の約374兆円中の1万円分に対応する日本の国内労働の可除分としての3.1時間がそれである。

4．産業連関と価値体系

20世紀の半ばに発展した経済学の分析手法に，**産業連関論**がある。以下では，2つの産業からなる経済を想定した産業連関論によって労働価値説の意味を考えよう。

第1産業の生産物の総数量を X_1 とし，それが第1産業と第2産業での生産的消費に向けられる数量 X_{11}，X_{12} と純生産の数量 X_{1n} から成り立っているとする。第2産業の生産物の総数量 X_2 も，同じく，第1産業に向かう X_{21} と第2産業に向かう X_{22}，および純生産 X_{2n} から成り立っている。また，第1産業で行われる労働量を L_1，第2産業で行われる労働量を L_2 とする。

これによって，表2-2のような物量表示の産業連関表が書ける。この表の横行はそれぞれの産業の生産物がどのように配分されているかを示し，みなその産業の生産物であるから，そのまま足したり引いたりできる。縦列は，それぞれの産業の生産に，自産業および他産業，そして労働部門からどれだけの数量の投入がなされているかを示す。単位はそれぞれに異なり，足したり引いたりすることはできない。ここで，縦列の投入量をその列の産業の総生産量で割るなら，その産業の生産物1単位あたりの投入量を求めることができる。$a_{11}=$

表 2-2　実物表示の産業連関表

from\to	第 1 産業	第 2 産業	純生産	総生産
第 1 産業	X_{11}	X_{12}	X_{1n}	X_1
第 2 産業	X_{21}	X_{22}	X_{2n}	X_2
労働投入	L_1	L_2		

表 2-3　投入係数を用いて書き換えた実物表示の産業連関表

from\to	第 1 産業	第 2 産業	純生産	総生産
第 1 産業	$a_{11}X_1$	$a_{12}X_2$	X_{1n}	X_1
第 2 産業	$a_{21}X_1$	$a_{22}X_2$	X_{2n}	X_2
労働投入	$\lambda_1 X_1$	$\lambda_2 X_2$		

表 2-4　投入係数と価格を用いた産業連関表

from\to	第 1 産業	第 2 産業	純生産	総生産
第 1 産業	$p_1 a_{11} X_1$	$p_1 a_{12} X_{12}$	$p_1 X_{1n}$	$p_1 X_1$
第 2 産業	$p_2 a_{21} X_1$	$p_2 a_{22} X_{22}$	$p_2 X_{2n}$	$p_2 X_2$
労働投入	$\lambda_1 X_1$	$\lambda_2 X_2$		

X_{11}/X_1，$a_{21}=X_{21}/X_1$，$\lambda_1=L_1/X_1$，$a_{12}=X_{12}/X_2$，$a_{22}=X_{22}/X_2$，$\lambda_2=L_2/X_2$ である。これらの単位あたり投入量が，生産の規模にかんして不変であるとすれば，それらは，第 1 産業と第 2 産業の生産における**投入係数**（a_{11}，a_{21}；a_{12}，a_{22}）および**労働係数**（λ_1，λ_2）とよばれ，それぞれの産業における技術をあらわす。これらの係数を用いて，両産業の生産物の配分関係を式で示せば，以下のような産業連関の基本方程式が得られ，これは表 2-3 に示されている。しかし，生産物（あるいは産業）はいくらでも分類を細かくできる上，その取引数量のデータも集めにくい。実際には，産業連関表も，実物数量ではなく，表 2-4 のように，価額（価格×数量）で表示せざるをえない。

$$
\begin{aligned}
X_1 &= a_{11}X_1 + a_{12}X_2 + X_{1n} \\
X_2 &= a_{21}X_1 + a_{22}X_2 + X_{2n}
\end{aligned}
\qquad (2\text{-}1)
$$

ここで，物的な投入係数が生産の規模に影響されないとすれば，純生産量 X_{1n} と X_{2n} を与えれば，総生産量 X_1，X_2 が決定される。それに対応して，両産業で必要とされる労働数量 L_1，L_2 も決まる（$L_1=\lambda_1X_1$，$L_2=\lambda_2X_2$）。このような連立方程式の体系を**数量体系**という。いいかえれば，２つの産業の技術的係数が分かっていれば，最終的に社会が必要とする純生産物数量の組み合わせにしたがって，各産業の生産規模と各産業への生産物と労働の適切な配分数量が決定される。もしこのような計算が現実の経済について可能であれば，社会主義経済の中央計画局が全産業の投入係数表にもとづいて計画経済を運営することができるかもしれない[8)]。

各生産物の生産に要する社会的必要労働の数量は，(2-1) 式で示される経済体系で特定の生産物の純生産物を１単位だけ得る場合に体系全体で必要とされる労働量として計算される。第１生産物の場合は，$X_{1n}=1$，$X_{2n}=0$ として得られた X_1 と X_2 の解にそれぞれ λ_1，λ_2 をかけて足し合わせたものである。第２生産物の場合は，$X_{1n}=0$，$X_{2n}=1$ とした生産体系で必要とされる労働量である。

これを実際に計算してみよう。$X_{1n}=1$，$X_{2n}=0$ の場合，

$$X_1 \text{ は } \frac{1-a_{22}}{(1-a_{11})(1-a_{22})-a_{12}a_{21}},\quad X_2 \text{ は } \frac{a_{21}}{(1-a_{11})(1-a_{22})-a_{12}a_{21}} \text{ になる。}$$

したがって第１産業生産物の純生産１単位に含まれる社会的必要労働は

$$\frac{1-a_{22}}{(1-a_{11})(1-a_{22})-a_{12}a_{21}}\cdot\lambda_1+\frac{a_{21}}{(1-a_{11})(1-a_{22})-a_{12}a_{21}}\cdot\lambda_2 \text{ になる。}$$

同様に，$X_{1n}=0$，$X_{2n}=1$ の場合，

$$X_1 \text{ は } \frac{a_{12}}{(1-a_{11})(1-a_{22})-a_{12}a_{21}},\quad X_2 \text{ は } \frac{1-a_{11}}{(1-a_{11})(1-a_{22})-a_{12}a_{21}}$$

となるから，第２産業生産物１単位に含まれる社会的必要労働は，

$$\frac{a_{12}}{(1-a_{11})(1-a_{22})-a_{12}a_{21}}\cdot\lambda_1+\frac{1-a_{11}}{(1-a_{11})(1-a_{22})-a_{12}a_{21}}\cdot\lambda_2 \text{ になる。}$$

これらの数値は，第１産業の生産物１単位，あるいは第２産業の生産物の１

8）じっさい，ソ連は1920年代のはじめに計画経済を運営するために物財バランス表の作成を開始し，それはワシーリイ・レオンチェフが産業連関論を創始するヒントになったと言われる。

単位を，社会が何らかの目的で消費する際には，どれだけの量の社会的労働が追加的に必要となっているかを意味している。したがって，これらの数値間の比率は，一方を得るかわりに他方を得る比率でもある。そのため，こうした比率は，計画経済論のなかで，価格類似の数値として「影の価格」(shadow price) とよばれてきた。

市場経済のもとでも，こうした数量体系は存在している。しかし，個々の生産者は自分の産業における生産技術を知っているだけで，他の産業のことも最終需要についても事前に知ることがない。そのかわり，生産物の種類が異なっても，すべてに対して共通の尺度で表現される価格が存在し，それをもとに損を出さないように行動するという行動指針が与えられている。価格が存在することによって，実物単位では足したり引いたりできなかった産業連関表の縦列の計算が可能になる。価額表示の産業連関表（表 2-4）で示されているように，総販売価額と中間投入の価額の差が付加価値であり，この付加価値から賃金額を支払ってもさらに剰余が残るなら，それが利潤である。

ここで，労働の 1 単位が付加価値の 1 単位を生み出すという労働価値説を採用し，この価値で商品が取引されるとする。こうした労働価値どおりの価格を**価値価格**という。第 1 産業生産物の価値価格を p^*_1，第 2 産業生産物の価値価格を p^*_2 とすると，両産業の生産物の価格について次のような方程式の体系がなりたつ。この場合，付加価値と労働量が同じであるから，この価格体系は投下労働価値説による体系であり，物的投入の係数と労働投入の係数が与えられるならば，その数値が決定される[9]。

$$\begin{aligned} p^*_1 &= a_{11}p^*_1 + a_{21}p^*_2 + \lambda_1 \\ p^*_2 &= a_{12}p^*_1 + a_{22}p^*_2 + \lambda_2 \end{aligned} \qquad (2\text{-}2)$$

この場合，第 1 産業の生産物の生産に直接投じられているのは，生産物 1 単

9）社会経済学でいう「価値」は，とくに断らないかぎり，市場経済において普遍性をもって決定される「交換価値」の総称である。**価値体系**というのは，この価値を決定する連立方程式のことである。交換価値の具体的形態は価格であるから，整合的な**価格体系**は価値体系の具体的形態である。「生産価格」の体系も価値体系の一種であるとともに，労働価値も価格（「価値価格」）として，連立方程式の体系によって決定される。

位あたりでλ_1にすぎないが，右辺の第1項，第2項によって，生産手段として投入された生産物に含まれている価値が生産物の価値に移転しているので，これが間接的に投じられた労働を示している。このような労働価値にもとづく価格（価値価格）で商品の売買が行われるならば，両産業ともその販売価額で中間投入財と労働による付加価値＝所得分を支払うことができるから，両産業とも再生産可能である。この式のもとで，p^*_1とp^*_2を求めると，先に示した産業連関の基本式から計算される社会的必要労働と同じ数値が得られる。これが，交換価値の形態をとおして得た**労働価値**である。

また，労働の総量と純生産物の価値価格額の総量が等しくなっていて，これは年々の国民の労働が年々の国民生産（国民所得）に対応するというアダム・スミス以来の経済学者の基本洞察に合致する。

$$p^*_1X_{1n}+p^*_2X_{2n}=\lambda_1X_1+\lambda_2X_2 \qquad (2\text{-}3)$$

以下の章では，再生産の構造関係を保存しつつ最も簡便に議論を進めるために，生産手段を生産する産業（第1部門）と消費手段を生産する産業（第2部門）からなる2部門モデルを想定して議論することが多い。そこで，上記の説明を前提して，この2部門モデルの生産物の価値を求めておこう。

この2部門モデルは，上記の対称的な2部門モデルにおけるa_{21}とa_{22}をゼロにしたものであるから，a_{11}を簡略にa_1，a_{12}を簡略にa_2に変えても混乱は生じない。また，価値についてはしばしばt_iを用いるので，p^*_iもこれに変えておこう。

$$\begin{aligned} t_1&=a_1t_1+\lambda_1 \\ t_2&=a_2t_1+\lambda_2 \end{aligned} \qquad (2\text{-}4)$$

これを解くと，以下のようになる。

$$\begin{aligned} t_1&=\frac{1}{1-a_1}\lambda_1, \\ t_2&=\frac{a_2}{1-a_1}\lambda_1+\lambda_2 \end{aligned} \qquad (2\text{-}5)$$

5．価値から価格へ

前節で説明したように，数量体系と価値体系は技術的な係数を介して結びついている。これを数量体系と価値体系の二重性（duality）という。前節の価値価格では，(2-2) 式のように労働時間を単位とした係数が交換価値の方程式体系のなかに直接に入り込んでいた。いいかえれば労働時間という実物的な数量が換算係数 1 という比率で交換価値に直接換算されているために，数量体系で算出した社会的労働量と価値量が一致したのである。

しかし，市場経済のもとでの価格は，計画経済の計算モデルのなかであらわれるシャドウプライスと異なって，現実の価格である。現実の価格という意味は，それが特定の経済主体間の取引，つまり財産の交換における比率を示す社会経済学的な範疇であるということである。いいかえれば，交換価値の体系を構成する式の背後には，特定の経済主体の利害関係が存在している。それでは，(2-2) 式であらわされるような労働価値はどのような利害関係をあらわしているのであろうか。また，他にどのような利害関係にもとづく価格の体系があるのだろうか。

それを考えるために，他の財に価格がついているのと同様に，労働の支出に対しても価格があり，その支出量に比例した価値が与えられるとしよう。これは通常，賃金（正確には時間あたりの賃金率）と呼ばれる。労働について区別はなく，すべて 1 単位時間ごとに w の賃金が与えられるとする。こうすると，(2-6) 式のように，生産に必要な投入はすべて価格の和としてまとめられ，それが生産物の価格以下であれば，その生産は実施可能である。

$$
\begin{aligned}
p_1 &\geqq a_{11}p_1 + a_{21}p_2 + w\lambda_1 \\
p_2 &\geqq a_{12}p_1 + a_{22}p_2 + w\lambda_2
\end{aligned}
\qquad (2\text{-}6)
$$

この式の左辺は販売価格であり，右辺は生産費である。左辺と右辺の差額は，通常，利潤とよばれる価値的な剰余である。問題は，この剰余の配分法である。

1 つの方式は，右辺の第 1 項と第 2 項は中間的な投入に過ぎないので，その提供者に剰余を配分する必要はないとして，労働の支出者だけに剰余を配分しようとするものである。それは，w の代わりに $1+\rho$（ρ は労働への剰余配賦率）を置いて，ρ を可能な限り大きくして（2-6）式を等式にまでもっていったものと考えられる。

$$
\begin{aligned}
p_1' &= a_{11}p_1' + a_{21}p_2' + (1+\rho)\lambda_1 \\
p_2' &= a_{12}p_1' + a_{22}p_2' + (1+\rho)\lambda_2
\end{aligned}
\qquad (2\text{-}7)
$$

（2-2）式と比較すれば明らかなように，この式による価格 p_i' は価値価格 p_i^* を $1+\rho$ 倍したものに過ぎず，相対価格として見ればまったく同一である。この式は，（2-2）式の λ_i を（$1+\rho$）λ_i に置き換えたものにすぎないからである。いいかえれば，（2-2）式と（2-7）式に本質的な差異はない。したがって，交換経済において労働価値に合致した価格が成立するのは，剰余を労働の支出者に配分する利害関係が支配的な場合である。それは，生産物の販売者が労働の支出者と同一であるか，あるいはその代理者であるような場合に限られる。

資本主義以前の農民や職人，あるいは現在の自営業者のように，生産物の販売者が同時に労働者でもあり，販売価値から，自分および家族に剰余を含めて自己賃金を配当している場合には，このような式が成り立つであろう。労働が本源的な支出である労働者＝生産者にとっては，中間的な投入である原材料や工具に剰余を配賦する必要はないからである。

しかし，（2-6）式の右辺にあたる生産費を交換価値としてまとめて支出する生産者が労働者と異なる利害をもつことがありうる。その場合には，このまとめられた交換価値の全体に比例するように剰余を配分する価格が妥当するだろう。

$$
\begin{aligned}
p_1'' &= (a_{11}p_1'' + a_{21}p_2'' + w\lambda_1)(1+r) \\
p_2'' &= (a_{12}p_1'' + a_{22}p_2'' + w\lambda_2)(1+r)
\end{aligned}
\qquad (2\text{-}8)
$$

生産手段と労働を確保するための生産費が価値のストックである資本によって支払われるとすれば，この生産者は資本家である。この労働者は賃金を得て働くだけの賃金労働者である。本章では，生産や交換の時間を捨象し，フローと区別されるストックを想定していないので，生産費分の価値がそのまま資本である。価値的な剰余である利潤は，両部門ともに平等に，この資本の価値額に比例して配分されている。これは，後に第７章で論じる**生産価格**であり，資本による生産にとって，基準的な意義をもつ価格形態である。

第3章　貨幣のはたらき

経済学者たちは貨幣を交換取引がひろがるときにつきあたる外的な困難からみちびきだすのが通例であるが，その際，これらの困難が交換価値の，したがってまた一般的労働としての社会的労働の発展から生じるものだということを忘れている。……このような浅薄な立場にたてば，貨幣は船舶や蒸気機関のようにたんなる物質的な用具であって，社会的生産関係の表示ではないことになろう。

――マルクス『経済学批判』(MEW13, S. 36：全13，57頁)

この章の考察対象

この章では市場経済にとってなくてはならない制度である貨幣の本質とその機能について説明します。貨幣が経済的価値を表現するということは何を意味するのでしょうか。また貨幣はどのような機能を果たし，どのような形態で現れるのでしょうか。

1．社会化の形式としての貨幣

市場経済におけるもっとも重要な制度は貨幣である。貨幣なしに2人の人(あるいは2つの団体）が商品を直接に交換しあうこともあるが，それは双方の交換当事者が双方とも相手の保有する商品を欲しいと思う場合に成り立つ物々交換（バーター取引）であって，社会的な広がりをもたない交換関係である。しかし，貨幣を介しての商品交換の場合には，商品の売り手に向かいあっているのは，その商品の需要者の総体である。商品の買い手の側からいえば，どの売り手も貨幣を受け取る点では差異はないので，同種商品の売り手であるかぎり，どの売り手とも交渉できる。つまり，貨幣の存在によって，商品の買い手の集団と売り手の集団が社会的に統合されて，同種商品の需要者と供給者になって現れるのである。このような社会的統合が，需要と供給を調節する価格メカニズムの前提である。いいかえれば，貨幣は交換を社会化する制度であり，ごく小規模な市場や部分的ないし寄生的な市場を除けば，市場経済は貨幣なしには機能し得ない。

19 世紀の後半に成立した限界効用（marginal utility）の理論は，人々の交換行動を直接的な物々交換をモデルにして理解することによって，貨幣抜きの交換理論を展開している。たとえば，私がセーターを靴に交換しようとしているなら，私が交換をおこなうのは，追加的な靴 1 足分の使用価値による私の効用の増加分がセーターの保有を 1 着減らした際の効用の減少分を上回る場合であり，またその限りにおいてである。つまり，私の効用の限界的増減分（これを限界効用という）を比較して交換行動が行われる。財の保有量が増えるにつれてその財から得られる限界効用が逓減するとし，さらに商品の交換単位をいくらでも小さくできるならば，交換が停止する時には，2 つの商品の交換比率は両商品の限界効用の比率の逆数になっているはずである（限界効用均等の法則）。これは，この議論の基礎にある仮定を認めるならば，もっともな推論である。しかし，この理論をすべての財種類を組み合わせる交換にまで拡大するならば，靴とセーターだけでなく，パン，ビール，自動車，家といったすべての財から得られる効用を統合する一般的な効用を想定しなければならないという難点をもっている。さらに，たとえ一般的な効用なるものが個人の内部に存在し，それをもとに個人がすべての種類の財の交換に対応して行動できたとしても，そこで生じるのは，無数の個別的交換にすぎない[1)]。現代のアカデミック経済学の基礎となっている一般均衡理論においては，そのような無数の交換のもとでも，財ごとに需要と供給を一致させる交換比率の体系に到達することが可能だとされている。しかし，情報の処理に費用ないし時間がかかるとすれば，それは天文学的なオーダーの費用ないし時間になる。貨幣という社会的制度なしに，個々の種類の財について価格の形成を可能にするような需要・供給メカニズムを成立させることは不可能である。

それに対して，社会経済学は，貨幣を**市場経済において必然的に生じる社会化のメディアおよび様式**として把握し，それなしに市場経済は理解できないとする。貨幣が社会化のメディアおよび様式であるからこそ，それは信用という形で自己の影を創り出すとともに，より複雑な社会関係を取り込んで資本に発展するのである。新古典派の経済学において現れる一般的な効用は，貨幣という社会化する制度の個人内部における反映にすぎない。

人間は個々の財については，それをもちたい，それを使いたいというニーズを感じるであろうし，また，それを目でみたり手で触ったり，あるいは脳裏に思い浮かべる。しかし，「交換価値」に対して欲望を感じたり，それを思い浮かべたりすることができるであろうか。商品が貨幣に対して交換される経済のもとでは，「交換価値」は貨幣という姿をとっている。しかし，目の前に1万円札があるとして，この紙，この図柄が「交換価値」1万円の実体であると考える人はいないだろう。この図柄をもった紙は1万円として通用することを表示しているだけ（**価値標章**）であることは誰でも知っている。「交換価値」は貨幣の素材の価値とは異なり，貨幣によって表示される，より抽象的で，少な

1）「限界効用」というのは，財の限界的増減（1単位）に依存して増減する消費者の効用であり，財の種類を1種だけとすれば，財の支配数量を x，それから得られる効用を $U(x)$，財の限界的な増減分を $\varDelta x$ として，以下の式であらわされる。

$$MU(x)=\varDelta x\frac{dU(x)}{dx}$$

この「限界効用」が，財の増加につれて減少するというのが，「限界効用逓減の法則」で「ゴッセンの第一法則」とも呼ばれる。もし，そうであるならば，この財種類から得られる効用を最大化するには，$\frac{dU(x)}{dx}=0$ となる数量まで財の支配（x）を増やせばよい。

もし，財の種類が複数あって，$U(x,\ y,\ \cdots)=U(x)+U(y)+\cdots$ で，x，y，… 価格を P_x，P_y，… とし，また消費者は予算に制約 $P_xx+P_yy+\cdots=R$ があって，すべての財の限界効用がゼロになるまでそれらを購入できないとする。その場合，それらの財から得られる効用の全体を最大にするためには，それぞれの財の価格1単位あたりの限界効用が均等になるように x，y を決定しなければならない。

$$\frac{MU(x)}{P_x}=\frac{MU(y)}{P_y}=\cdots$$

これが「限界効用均等の法則」，あるいは「ゴッセンの第二法則」である。

くとも経済活動の領域に関するかぎり強力な一般性をもった「価値」である。

19 世紀のイギリスのように金貨が流通し，銀行券との兌換がおこなわれた時代のたとえば１ポンド金貨をとるならば，この金貨に含まれる金の価値が１ポンドであると言うことができたかもしれない。山吹色にかがやく金は人間の欲望に訴えるし，また貴重な属性をもつ工業材料でもある。さらに，それを取得するのに，多大な量の労働が投じられている。これは，紙幣とは違う**金属貨幣**あるいは**商品貨幣**の特質である。しかし，ポンド金貨で示される１ポンドの「交換価値」は，イングランド銀行券でも，小切手でも，口座残高でも示され，またそれで買われる任意の財貨の価値でもある。市場経済における「交換価値」が貨幣で表され，したがってそれを単位として度量されるが，その実体は具体的な貨幣素材に依存しない抽象的な「価値」であることは，現代と変わりない。

2．価値形態の発展

それでは，具体的・感覚的な事象しか感知しえない人間の世界で，抽象的・一般的性質をもった「価値」が成立し，人々の行動を規制していくことをどのように説明すればいいのだろうか。これを，「交換価値」（他の商品を交換において取得する能力）の表現形態の発展として論じたのが，マルクスの**価値形態論**である。

これは，すでに言及したが，発展した社会の経済的再生産にとって適合的な社会化の形式を発見するという問題である。再生産の基礎には，本章の冒頭に掲げたマルクスの引用文が語るように，発展した社会的労働（分業）が存在する。貨幣を尺度とする一般的な「交換価値」は，そうした社会的労働が自己を維持するために発展させた社会化の形式であり，したがってその数量的側面においても背後にある社会的再生産の要請を容れうる形式でなければならない。

マルクスは，この「価値形態」の発展を４段にわけて論じている。

第１段の**単純な価値形態**というのは，ある商品Ａの一定量の「交換価値」が

Ⅰ　単純な価値形態

A商品 x 量＝B商品 y 量

Ⅱ　総体的または拡大された価値形態

$$\text{A商品量 } x \text{ 量}\begin{cases}=\text{B商品 } y \text{ 量}\\=\text{C商品 } z \text{ 量}\\=\text{D商品 } z' \text{ 量}\\=\text{E商品 } z'' \text{ 量}\end{cases}$$

Ⅲ　一般的価値形態

$$\left.\begin{array}{l}\text{B商品 } y \text{ 量}=\\\text{C商品 } z \text{ 量}=\\\text{D商品 } z' \text{ 量}=\\\text{E商品 } z'' \text{ 量}=\end{array}\right\}\text{A商品 } x \text{ 量}$$

Ⅳ　貨幣形態

$$\left.\begin{array}{l}\text{B商品 } y \text{ 量}=\\\text{C商品 } z \text{ 量}=\\\text{D商品 } z' \text{ 量}=\\\text{E商品 } z'' \text{ 量}=\end{array}\right\}\text{貨幣商品（金）} x \text{ 量}$$

図3-1　価値形態の4段階の発展

特定の1商品Bの一定量で表されている形態である。

これは　A商品 x 量＝B商品 y 量　という式で示される。マルクスは，左辺にたつ商品を**相対的価値形態**にたつ商品，右辺にたつ商品を**等価形態**にたつ商品と呼んでいる。両商品は対等ではなく，交換価値を表現しようとしているのは左辺の商品だけである。つまり，単純な価値形態においては，左辺にたつ商品（A）の交換価値が右辺の商品（B）で表されることによって，自分自身の物的形態（使用価値）と異なる姿を獲得していることを示す。この単純な価値形態に双方の商品の所有者を補ってやると，この式で示された関係がより明解になる。つまり，A商品の所有者はB商品の使用価値に関心をもって，その所有者に交換の希望を出している。B商品の所有者が，A商品に関心をもっているかどうかはわからない。しかし，B商品の所有者にとっては，B商品がA商品に取り替えうることは明らかになっている。つまり，等価形態にたつ商品は自らその交換価値を表現しようとしていないにもかかわらず，A商品に対しては交換可能な位置を与えられているのである。

第2段の**総体的または拡大された価値形態**というのは，左辺にたつ商品の交換価値が多数の商品（B商品，C商品，D商品……）で表現される形態である。なぜこのような拡大が必要になるかといえば，A商品の所有者が社会的分業のなかに位置しているからである。この人は，自分の作る商品だけでは生きていけないから，必要とする多数の商品をA商品と交換に獲得したいと願わざるをえない。しかし，相手の商品の所有者がみなA商品を欲しがるはずはないので，A商品の所有者の希望が，この形態のまま，実現することはありえない。

第3段は第2段の左辺と右辺が入れ替わった**一般的価値形態**である。ここでは，B商品，C商品，D商品といった多数の商品が同一の商品（A）で価値表現をおこなっている。いいかえれば，多数の商品の交換価値が共通の表現形態をもっている。この左辺にたつ商品群が多ければ多いほど，この価値形態は一般性をもった価値形態になる。右辺にたつ商品は，多数商品にとっての**一般的等価**である。商品の所有者を入れて説明すれば，さまざまな商品をもつ所有者がみな共通の一定商品を欲しがっているということである。それに対して，当該の一定商品の所有者は他のどの商品とも交換できるという有利な地位を与えられている。しかし，多数の人が共通の商品に関心を抱き，自分たちの多様な商品に共通の価値表現を与える，そんなことが果たしておこりうるのであろうか。

第2段の**総体的または拡大された価値形態**から第3段の**一般的価値形態**に移る際には，視点が個人の視点から社会の視点に転換している。個人の視点からみた一定商品の多様な価値表現が，社会の視点からみた共通の（一般的）価値表現に転換しているのである。たしかに，第2段のような，1人の個人，あるいは1種の商品の多様な価値表現だけからは，社会的な価値表現は出てこない。しかし，第2段のように多様な価値表現を展開せざるをえないのは，分業のなかで生産される商品，あるいはその商品を交換して生活の糧を得ようとする個人のすべてである。多数の個人，多数の商品が，みな総体的または拡大された価値形態を展開しているとすればどうであろうか。すべての商品が他のすべての商品でもって価値表現をしているとすれば，すべての商品が第3段の一般的等価になりうる可能性をもつことになる。

第4段は，右辺の一般的等価形態が特定の1商品に独占された形態であり，これが交換価値の形態としてみた貨幣，つまり**貨幣形態**である。ここでは，すべての商品の交換価値が特定の商品の形態で示され，他の形態は排除されている。社会的分業が発達している中では，すべての商品が一般的等価になる可能性があった。しかしすべての商品がすべての商品で価値表現するというのは，いかにも効率が悪い。特定の1商品を相手にして価値表現するだけですめば簡単である。したがって，第3段の一般的価値形態が潜在的な可能性から現実に近づいていくにつれ，一般的等価形態に立ち得る商品は限定されていき，最後には1商品に固定するであろう。これが貨幣となった商品であり，多くの場合は審美的魅力と運搬・保管の利便から金銀銅などの金属が貨幣として用いられることが多かった。

これは，実際の交換からいってもそうである。まず，他の商品よりも一般的等価に近い商品と交換し，それが実現すればこの商品でもって本来欲しかった商品を交換に獲得するという間接交換の方法が，直接交換の方法よりも効率的になりはじめるならば，それを見てとった人がますます同様の行動をするようになる。それにより，間接交換の有利さがますます増大する。

第4段の価値表現のうち，左辺にある商品に関する等式を1つだけ単独にとりだせば，A商品 x 量＝貨幣商品 y 量　になる。A商品1単位あたりに直せば，A商品1単位＝貨幣商品 y/x 量　で，これがA商品の貨幣で示された価値，すなわち**価格**である。これは，1つの商品の交換価値が他の1商品（貨幣商品）によって表されているという点で，第1段の単純な価値形態に外見上似ている。しかし，第1段の価値表現が，特殊的で偶然的であったのに対して，第4段の価値表現は，すべての商品が共通商品で価値表現をおこない，他の価値表現が排除されているという意味で，社会的で必然的な価値表現である。いいかえれば，商品の価値表現，個別の商品所有者の感覚のなかに，社会的要素が浸透していく形式がここに成立しているのである。

3．貨幣を介した交換による社会的再生産

価値形態が貨幣にまで発展したあとの商品交換を社会的再生産の観点から考察してみよう。そこで支配的なのは，貨幣を介した間接的交換であって，直接的交換ではない。各生産者は，自分の生産した商品を市場に出して，その交換価値によって消費財と生産財を入手しようとする。しかし，彼がまずおこなわなければならないのは，自らの生産した商品を貨幣に換えることである。彼の商品には貨幣で表された交換価値＝**価格**が付くが，実際に売れるかどうかは貨幣をもった需要者の関心をひきつけられるかどうかにかかっている。この第1の取引（販売）は，商品所有者にとっては，商品の交換価値の実現であるが，それは貨幣所有者にその商品の「使用価値」が認められなければ起こらない。いったん自分の商品を貨幣にとりかえたならば，市場に出ている商品を支出する貨幣額に応じて入手することができる。ここでは彼は，自分の商品の交換価値を実現して得た「一般的等価」である貨幣によって，自分が使用価値として関心を抱く商品を支配する。これが第2の取引，つまり**購買**である。

この販売―購買という2段階からなる間接交換のプロセスは，商品をW，貨幣をGとして，W-G-W′と示せる。最後のWに′がついているのは，最初の商品とは別種の商品（多数でもよい）であることを示す。この2段の過程を遂行しようとする経済主体（最初の商品の生産者）にとって，最初の過程（販売）で実現されるのは自分の商品の交換価値の実現であって，自分が感じているニーズ（使用価値）の実現ではない。しかし，自分の商品が他者にとっての使用価値を充足できなければ，自分の商品の交換価値も実現できない。第2段の「購買」になってはじめて，この経済主体は自分にとっての使用価値を実現できる。第2段目の過程では，すべての商品に対する一般的等価である貨幣を手にしているので，市場にあるすべての商品群から自分の欲する使用価値を自由に選ぶことができる。

この2段階の過程を通じていえることは，商品の使用価値と交換価値という属性が商品と貨幣に二重化し，商品の物的態様はもっぱら他人にとっての使用価値に支配され，貨幣は商品の交換価値を体現する存在になっているというこ

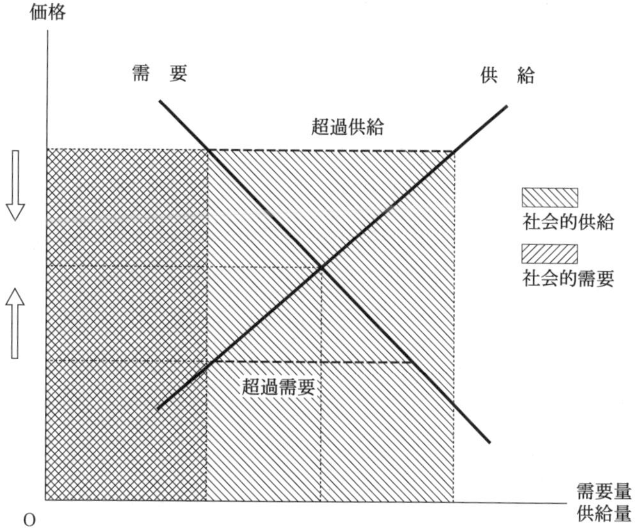

図3-2　需要・供給の貨幣による社会化

とである。商品所有者の立場からいえば，彼の具体的な財に対する使用価値的関心は，第2段階に押しやられ，第1段の取引においては，貨幣の購買力に対しておぼえる交換価値的関心に吸収されてしまっているということである。これは，欲望関心の抽象化と言ってもよい。貨幣によって欲望関心が抽象化されるということは，経済主体の価値関心自体に社会化が入り込むことである。私が食事あるいは衣服にかんしてもつ欲望は，私の貨幣的な所得の制約下で，それぞれを入手するために支出しなければならない貨幣額（価格）を考慮して，私の欲望を総合的に満足させる効率度に応じて順次満たされることになる。

商品生産者が使用価値として関心を抱くのは自分の生産する商品に対してではなく，他者の生産する商品に対してである。しかし，その関心は，対価として支払う交換価値である貨幣で示さざるをえない。特定の種類の商品に対して示されるこの貨幣額が，その種類の商品に対する**社会的な需要**である。逆の観点から見ると，商品生産者は，自分が市場にもちだす商品を交換価値であるとみなし，貨幣額でそれをあらわしてその実現を望んでいる。特定の商品種類ごとにそれを集計したものがその商品の**社会的な供給**である。需要と供給の双方ともに貨幣によって社会化されているからこそ，双方が価格の変動を介して調整されるのである。ある商品の価格が上がれば需要は一般に減少するが，それは使用価値への関心が減退したのではなく，その商品の購買に交換価値＝貨幣をあてることが（他の商品を購買するのに比べて）相対的に非効率になった経済主体がいるからである。供給が増加するのは，その商品を生産・販売することが（他の商品を生産・販売するのに比べて）相対的に有利になった経済主体がいるからである。貨幣による社会化は個々の種類の商品について需要と供給を集計的に社会化しているだけでなく，それ自体のうちに個々の経済主体の選択を通じた他の商品の需要・供給との調整を含んでいる。価格機構が十分に働くならば，可能なだけ販売され，販売が可能なだけ購買される。結局，社会の再生産が貨幣的交換によってもたらされることになる。

4．貨幣の機能

1）価値尺度の機能

上記のような価値形態の説明から直接に引き出される貨幣の機能は，その**価値尺度**（measure of value）の機能である。貨幣が交換価値を表現する唯一の形態であるとすれば，貨幣の額が交換価値の量を示す尺度になることは当然である。

いま金が貨幣商品になったとして，A商品の x 単位が金 y オンスの価値があるとすれば，A商品の1単位あたりの価格は金の y/x オンスである。

$$\text{A商品}\ x\ \text{単位＝金}\ y\ \text{オンス} \quad \rightarrow \quad \text{A商品1単位＝}y/x\ \text{オンス金}$$

たとえば，イギリスの貨幣単位であるポンドは，もともとは貨幣に用いられている金の重量であった。しかし，金貨は使用しているうちにすりへることがあるし，貨幣の鋳造権を握る政府が重量を減らしたりまぜものを増やしたりする（悪鋳）ことがあるので，貨幣の単位呼称と金の重量単位は分かれてしまう。

金が貨幣商品であるならば，本来は金には価格はありえない。しかし，貨幣の単位呼称と金の重量単位が異なるものになるならば，金の1重量単位（トロイオンス）あたりの「金価格」が生まれる。金本位制のもとでは，政府が金貨の鋳造のために金を買い上げたり，発券銀行が準備資産として金を購入したりする際に，この「金価格」が出現する。したがって，通常の商品の価格を金の重量に読みかえるには，それをこの「金価格」（P_g）で割らなければならない。

この「金価格」は単位相互の間にある名目的な比率にすぎない。しかし，金は採掘・精錬に費用がかかる商品であるので，それ自体経済的な価値をもっている。他の商品も同様である。したがって，商品の価格，あるいは一般的な物価に，「金価格」で割ったうえでも変動がある場合，その原因は商品の側ばかりにあるとは限らず金の側にもあるかもしれない。金は貨幣となって他の商品の価値の尺度になってはいるが，それ自体の価値も変動しうるからである。

いま金１オンスの価値を V_g，「金価格」を P_g ドルとすると，V_g/P_g がドル１単位あたりの価値になる。ここで価格が P_a ドル，価値が V_a である商品Aの x 単位が金の y オンスと交換されるとすれば，

$$xP_a = yP_g$$

であるが，両辺に（V_g/P_g）をかければ価格 P_a，P_g を価値 V_a，V_g に変換できるから

$$xP_a \cdot \left(\frac{V_g}{P_g}\right) = yP_g \cdot \left(\frac{V_g}{P_g}\right)$$

$$\rightarrow xV_a = yV_g$$

$$\rightarrow \frac{y}{x} = \frac{P_a}{P_g} = \frac{V_a}{V_g}$$

となる。

金の価値は変動しうるが，それでも金が貨幣であれば，通貨の価値（あるいは物価）は金の価値を基準に安定化するはずである。というのは，いま適当な操作をほどこして金以外の商品のくみ合わせをつくり，その価格の加重平均を**物価**とよぶならば，その逆数が貨幣単位あたりの購買力である。これは金の一定量あたりの購買力になるから，それが上昇すれば金の生産は有利になり，そ

れが下落すれば金の生産は不利になる。金の生産（採掘・精錬）には一定の費用がかかるからである。したがって，貨幣用金の生産費用を基準として，物価が上がった時には貨幣用あるいは貨幣準備資産としての金の供給が増加し，逆の場合にはその供給が減少する。新産金だけでなく，流通の外部にある退蔵金も同様の運動をする。したがって，通貨の購買力の変動は抑えられることになる。

金本位制というのは，政府紙幣や銀行券，さらに取引用預金が貨幣として使用される発展した通貨制度のもとで，それらの通貨価値（購買力）を金の価値と結びつけて安定させることを狙った制度である。具体的には，政府や発券銀行に紙幣や銀行券の兌換（金貨ないし金地金との交換）を義務づけるか，あるいは紙幣や銀行券の流通量を政府や発券銀行の保有する金貨および金地金にリンクさせる制度である。

金本位制が崩壊した現在においては，貨幣には金貨幣のような商品価値，あるいは労働価値の基礎付けは存在しない。靴１足が１万円であるというときに，円は**価格の名称ないし計算単位**という以上の意味をもたない。しかし，共通の価格単位が存在することによって靴の価値は，シャツやパンといった他の商品の価値と容易に比較可能になっている。また，それらの商品の総体，たとえば国民総生産を考えるならば，価値を労働と対応させることもできる。前章で説明したように 2000 年前後の日本全体の国民所得は約 380 兆円であったが，それが日本国内の労働全体が生み出した成果であった。靴１足が１万円というのは，靴を生み出した労働が，それだけの社会的平均労働の可除分（約 3.2 時間分）の生み出す価値に対応することを要求していることになる。

価値形態論にもどって考えてみると，価値を表現するのは一方の商品であって，価値表現の素材を提供する商品（等価形態にたつ商品）ではなかった。したがって，貨幣になる商品に必要なのは，その商品自体の価値ではなく価値の数量的表現を可能とする素材（よりしろ）となることであった。現在ではこの素材自体が，紙幣・銀行券，さらに銀行預金，電子マネーへと進化してきている。このなかで本質的なことは，商品が自分の価値を表現するために等価形態を与える相手を想定することが必要だということであり，相手が素材的に何であれそれに対して自分を購買する力を与えるということである。この価値表現が共通の尺度でおこなわれることが，**貨幣としての信認**である。共通の尺度が得られるならば，この信認が維持されるかぎり尺度の素材は重要でなくなる。

商品の価値表現が相手を必要とするということは，商品の生産の基礎にあるものが労働であるとしても，労働自体が直接に価値を主張できないということである。価値は相手の分量としてしか表現されず，それは現在では円，ドル，ユーロといった名辞でしかない。しかし，この名辞が共通の価値尺度の単位であることによって，社会的労働の生み出す価値を表現しているのである。このような間接的価値表現は，金が貨幣である場合でも同じである。一般の商品生産者は，金生産に必要な労働量を知っているのではなく，金が示している貨幣価値額を交換価値として表現しているだけだからである。

2）流通手段としての機能

貨幣が成立すると商品交換は貨幣によって仲介されるようになる。W-W′という商品交換の直接的形態が，W-G-W′という販売および購買の2段階に分かれるようになる。商品を販売する経済主体にとっては，貨幣を保有する相手でありさえすれば，販売相手を選別する必要がない。他方で貨幣を使用しさえすれば，市場に出ている商品はすべて購買可能である。したがって，商品の流通は容易になる。これを個々の経済主体から見れば，貨幣は交換のための手段（means of exchange）であるが，社会全体から見れば，商品を流通させるための手段（means of circulation）である。また，このように商品の流通に役立っている貨幣のあり方を**通貨**（currency）ということがある。

商品は消費者の手元に移れば，多くの場合，もはや商品ではなくなる。それに対して貨幣はそれを入手した人によってさらに用いられる。同じ1万円札でも，人から人へと持ち主を換えながら何回も使用されることによって，時間の幅に応じて，何万円，何十万円の商品の流通を実現する。したがって，貨幣の流通手段の機能の考察においては，貨幣の存在量（ストック）とそれが機能して実現した商品の取引量（フロー）の区別が必要になる。一定期間（日，週，月，四半期，年など）をとって得られる，この商品取引量（価値額）と貨幣の存

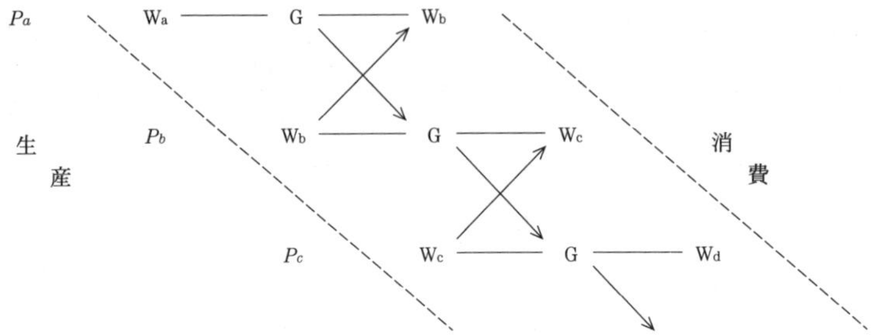

図 3-3　貨幣流通と商品流通

在量（価値額）の比を貨幣の回転数，あるいは流通速度という。いま時間幅を年にとって，その間に取引される財の総量を T，その平均的な価格を P，貨幣の存在量を M，その回転数あるいは流通速度を V とすれば

$$PT=MV$$

という式が成り立つ。商品の取引において財の譲渡には必ず反対方向の貨幣の移動（代価の支払）が伴うから，これは恒等式である。

商業信用　しかし，貨幣ストックと商品取引フローの関連を考える際に，ポンド金貨や1万円札のような現金が，実際に人の手から手へと渡ることを想定するのは素朴に過ぎる。というのは，貨幣的取引は不可避的に信用取引を生み出し，さらに銀行制度の発展とともに信用自体が貨幣になっていくからである。

いま経済主体AがBから商品を購買したいが貨幣の持ち合わせがないとする。その場合でも，AがBに代価の支払いを約束し，Bがそれを信用するならば，Aは必要とする商品を入手できる。この場合，BはAに対して**信用**を与えたという。法学的にいえば，AのBに対する債務関係が生じ，BはAに対する債権を保有することになる。このときAがBに対して代価支払いの約束を証書（「約束手形」）として与える場合，それを受け取ったBは，同じくAの約束を信用する第三者Cに譲渡し，それと引き換えにCから商品を購入することもできる。この場合，BはAの振り出した「手形」を貨幣として用いて，販売だけでなく購買もおこなったことになる。もしも，CがAに対して債務があるとすれば，債権と債務を相殺（手形相殺）して差額だけを取り立てる（支払う）だけで済むだろう。もちろん，掛け売買など，商慣習によって手形なしで信用取引がおこなわれることもあるが，その場合には購入者の会計帳簿には，買掛金が債務として，販売者の帳簿には売掛金が債権として記録されることになる。このような信用取引がおこなわれるならば，実際に流通する貨幣量は商品取引量に比べて少なくなる。これは，流通手段としての貨幣を節約し，同じことだが，その回転数あるいは流通速度を上昇させることになる。

こうした信用売買が，消費者相手に行われる場合と事業者相手に行われる場合では，意味が異なってくることにも注意が必要である。事業者の場合には，信用を与える側から言えば，相手に信用を与えることによって相手の事業を円滑に進行させ，その収益によって返済を期待することになる。つまり，信用を与えることが返済を可能にするという自己実現的な循環がそこには含まれている。逆にいえば，そのように信用されるということ自体が，事業にとって現金同様の役立ちをしているということである[2)]。

こうした商人（事業主体）どうしで与え合う信用は，商慣習として制度化されているが，手形の振出人やその譲渡者（裏書人）の信頼性に依存するもので，その広がりに限界があるだけでなく，事業上の危険や不安によって，あるいは一般経済情勢次第で揺らぎやすい性質をもっている。信用取引の連鎖が円滑に進行していたなかで，その一部にでも不安が発生すると，多くの事業者が債権回収（貨幣化）に走ることになり，取引連鎖が寸断されるとともに，回収できなかった事業者は倒産の危機に瀕することになる。それが大規模な場合には，資金需要の急増によって，金利自体も急騰し，資金獲得が困難になる。これが，信用恐慌で，そこでは信用経済の上部構造が崩壊して貨幣経済の基礎構造が露

2）消費者相手の信用売買の場合には，経済関係の発展が基礎にある商業信用と異なって，信用を与えることが債務の返済につながる関連は存在しない。貸し手は，消費者が保有する資産か，あるいは何らかの収入から返済を期待するだけである。したがって消費貸借は，借り手の窮状につけこんで高利で貸して強制的な取立てをおこなう高利貸がしばしば出現する領域である。過去および現在において多くの文化圏に存在する利子の禁止や規制は，もともとはそうした破壊的な搾取への警戒心から導入されたものである。

呈するのである。

銀行信用　本来は貨幣を代理する信用であったにもかかわらず，現在では貨幣そのものになっているのが銀行信用（銀行貨幣）である。銀行は事業者のそれぞれに対して口座を設けて事業者の金庫業務を担当すると同時に，事業者に対して信用の供与を行っているが，それはその銀行を利用している取引主体の総体だけでなく，資金の融通と決済を相互におこなう銀行システムに支えられた信用として，商業信用とは比較にならない信頼性を有している。したがって，この銀行信用を利用するならば，通常の状態においては，個々の取引主体の信頼性を問われることなく支払いが完了するのである。

銀行は，銀行券の発行と銀行内に設けられる取引用口座に預金（当座預金など）を設定することによって信用を取引主体に対して供与する。銀行の成立期には，多くの銀行が銀行券（もともとは銀行発行の一覧払いの支払手形で，兌換券の場合には，正貨である金貨に交換できた）を発行していた。しかし，銀行にとって最後の貸手となる中央銀行（銀行の銀行）が成立すると，ほとんどの国で銀行券を発行できるのは中央銀行だけに限られるようになり，国家的庇護のもとに集積したその準備資産をもとに中央銀行の発行する銀行券が以前の国家紙幣にとって替わって強制通用力を有した通貨とされるようになった。金・銀などの正貨が存在しない現在では，この中央銀行の発行する銀行券（日本では日本銀行券）が**現金**（cash）である。といっても，中央銀行内に設けられる銀行および政府の口座の預金額も，中央銀行の設定する信用としてその強固さに差異はない。むしろ，一般の銀行にとっての準備資産として，一般銀行が供給する取引用貨幣に大きく影響を及ぼす。したがって，日本など多くの国では，現金および中央銀行預金がもっとも貨幣らしい貨幣（ハイパワードマネー）としてその額が注視されている。

企業どうしの取引においては，ほとんどの場合，企業はそれぞれの保有する取引用銀行口座の預金額を移すことによって支払いをおこなう。手形による取引の場合でも，銀行にもちこめば，支払い期日や手形振り出し企業の信頼度を勘案して若干の割引を経て，自分の口座の預金額をそれだけ分増やしてもらえる。これは，商業信用が銀行信用によって代位されたことを意味する。手形を買い取った銀行は，それが自行に口座をもたない企業が振り出した手形であっても，銀行間の手形決済によって処理することができる。また，企業が資金を必要とする場合，その企業の取引口座の預金額を増やすことによって資金を提供することができる。したがって，銀行信用によって与えられる信用こそが企業にとっての貨幣であり，銀行から信用を与えることが拒否された時が，企業が倒産する時である。

3）価値の保蔵手段

すべての商品にとって一般的等価とされる対象は，そのような関係が続くかぎりつねに交換価値そのものである。それは商品流通の領域から離れた貨幣についても同様である。したがって，貨幣は交換価値＝購買力を時間をこえて保持する手段，つまり**価値の保蔵手段**（store of value）としての機能をもつ。

貨幣は商品生産という形態をとった社会的分業の不可避・不可欠な制度であり，その機能はすべて商品の生産と流通における貨幣の現実的活動に基礎を置いている。しかし，貨幣の価値尺度としての機能だけをとって見れば，貨幣は価値を表現する観念的な存在であってかまわない。また，商品の流通手段としての機能においては，商品流通を実現するという貨幣の役立ちが注目され，貨幣の存在自体が問題ではなかった。それに対して，時間のなかで価値を保蔵するという機能においては，貨幣そのもののストックとしてのあり方が問題になる。価値尺度，流通手段というのは，商品流通の側から貨幣に要求される機能（サービス）であるが，価値の保蔵手段としての機能においては，貨幣の流通に対する自立性が表現されている。

価値の保蔵手段として用いられている貨幣は，非活動的な貨幣なので**遊休貨幣**ともいう。しかし，非活動的であっても貨幣であり続けることが重要である。時間・空間の両面で流通力が限定的な商業信用（手形），ハイパーインフレ時における紙幣などは，当座の取引には何とか役立っても，価値の保蔵手段としては役立たない。価値の保蔵手段として用いられるかどうかは，完全な貨幣とみなせるかどうかの試金石であろう。

だが，時間を超えた価値の保蔵というだけであれば，土地，建物，貴金属，宝石などの資産，あるいは一般の商品の保蔵なども役立つかもしれない。しかし，それらが価値の保蔵に役立つといっても，持続するのは商品としての価値であって，その価値を実現するためには購買者を見つけて貨幣に換えなければならない。社債や株式のような金融資産で価値保蔵をはかる場合には，それらには売買市場が備わっているので換金は容易である。しかし，これらの金融資産には価値変動の危険が伴っている。それに対して，貨幣による保蔵は，つねに即座にその貨幣額どおりに使用でき，いつでも他の商品に換えることができるという**流動性**（liquidity）を保障している。これは，ケインズが重視した貨幣の特性で，彼は不確実性のある経済状態では，商品流通のための貨幣需要と区別される価値保全のための貨幣需要（流動性選好）が重要になると論じている。

遊休貨幣とか，保蔵手段といっても，埋蔵金や隠匿資産のように，隔離された非活動的な形態ばかりを考える必要はない。流動性のある価値保蔵手段であることによって，貨幣は商品流通の外にあっても，いつでも流通のなかに入りうる価値額，つまり**資金**（fund）という性質をもつ。貨幣が流通から引き上げられるならば資金が形成される。大きな事業をおこなうために意図的に資金が形成されることもあれば，事業の縮小や利潤の蓄積によって結果として資金が形成される場合もある。前者の場合には，資金の流通過程への再投下が早晩おこなわれるであろうし，後者の場合には，他の経済主体に貸し付けて，他人の手で流通過程に復帰する可能性がある。資金の形成局面では貨幣が流通から引き上げられ需要が減少し，資金の復帰局面では需要が増大する。このことは流通過程の攪乱と価格変動をもたらすが，それ自体が資本主義的な流通過程の動態の一部である。

貨幣は非活動的にとどまる場合でも，活動的な貨幣に対する**準備金**という形態で商品の流通過程に影響を及ぼすことができる。

金が貨幣であるような場合，財の取引量が何らかの理由で減少して貨幣価値（ポンドやドルの購買力）が金価値よりも下がるならば，金貨は流通から引き上げられて保蔵されるであろう。逆に，貨幣価値が金価値を上回る場合には保蔵

Column 3-1

現代日本の貨幣事情

現在の日本では日常の買い物などには，日本銀行券と政府発行の硬貨（補助貨）からなる現金通貨が用いられていますが，企業間の取引はほとんど銀行の預金通貨（要求払いの当座預金や普通預金）で行われています。日本の通貨統計では，この両者を加えたものをM1と呼んでいます。しかし，定期預金も解約すればすぐに取引に使えます。また譲渡可能な定期預金（CD）も開発されています。これらも通貨に近いので準通貨と呼ばれています。マネーサプライの指標としては，M1だけでなく，それにこれらの準通貨を加えた数値（M2＋CD），2008年からはM3が並行して用いられます。

預金通貨は銀行の信用に支えられている貨幣ですが，銀行は自分の信用だけでなく，その保有する中央銀行の信用を支えにしています。具体的にいえば，日本銀行券と，それぞれの銀行が日本銀行内にもつ当座預金で，これはハイパワードマネー，あるいはマネタリーベースと呼ばれます。日本銀行は市中銀行に貸出しをおこなう際の利率（公定歩合）の操作と，公開市場での債券や手形の売買によって，ハイパワードマネーの民間への供給を調節しています。

M1やM2の拡大（あるいは減少）は実際には銀行の貸付増加（減少）を意味します。ですから，マネーサプライが現実に増加（減少）するかどうか，またどの程度増加（減少）するかは，銀行と企業の双方の事情によります。2000年前後の金融危機後のデフレ的状況に際して，日本銀行は公定歩合をほとんどゼロに近く設定するとともに，公開市場で買いオペを

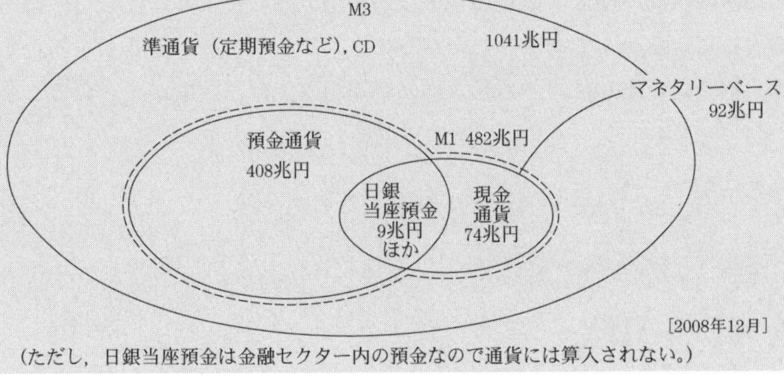

（ただし，日銀当座預金は金融セクター内の預金なので通貨には算入されない。）

展開してマネタリーベースを拡大する金融緩和政策をとりました。しかしマネタリーベースのマネーサプライに対する比率は増加する一方で，期待どおりのマネーサプライの増加は実現できませんでした。このことは，貨幣現象が銀行制度に体現されている通貨・金融制度と実体経済の双方からなる現象であることを示しています。

された金貨が流通に入るであろう。この場合，流通過程から引き上げられて保蔵される金貨幣ないし金地金のストック自体が流通過程内の活動的貨幣に対する準備金として働き，それによって貨幣の購買力の水準が安定化されているのである。

価値保蔵の機能をもたない流通手段の場合には，取引量が減少するか，流通手段の量が増大した場合には即座に価格の上昇がおこる。それだけでなく，購買力低下の予想とともに買い急ぎが始まれば，流通手段の流通速度が上昇してハイパー・インフレーションが起こることすらある。逆の場合は，価格低下の持続ないしデフレーションが起こる。

銀行貨幣の場合には，貨幣には信用の裏づけがあるから，財の取引量が減少して使用されない貨幣が増えた場合でも，すぐにインフレにはつながらず，まずは貨幣の遊休残高を増大させるというのが直接の結果である。しかし，価格は多少は上昇しているであろうし，また遊休貨幣の増加は貸付利子率の低下をもたらすであろうから，投資需要の増加による価格上昇への動きも生まれる。遊休貨幣の残高の増大が銀行の預金準備を増大させたために，銀行の貸出能力が増大しているからである。したがってインフレにつながることを防止するために，銀行の貸出しに対する預金準備率を引き上げる政策がとられることがある。

第4章　資本の登場

この運動の意識ある担い手として貨幣所持者は資本家になる。彼の心身，またはむしろ彼のポケットは，貨幣の出発点であり帰着点である。価値の増加として客観的にあらわれる流通の内容が彼の主観的目的になり，ただ抽象的な富をますます多く取得することを動機として行動するかぎりでのみ，彼は資本家として，または人格化され意志と意識とを与えられた資本として，機能するのである。

——マルクス『資本論』(DKI, S. 168：全 I , 200 頁)

この章の考察対象

この章では，貨幣の運動がどのようにして資本にまで発展するかを説明します。流通過程で安く買って高く売るだけでは，資本は社会の再生産にまで入り込むことはできません。労働力を市場で入手して生産過程を支配してはじめて，資本は社会を形成する存在になります。

1．商業活動　G-W-G′

1）商業活動と流通費用

商品生産者は，自分の商品を販売し，それによって得た貨幣で自分の必要とする商品を購買する。その過程は，商品を W，貨幣を G とすると，W-G-W となるが，はじめに有していた商品と後の商品が別物であることを示すために，後の商品にダッシュを付して W-G-W′ としてもいいだろう。同一の主体が，はじめは商品の販売者（供給者）として現れ，その後には商品の購入者（需要

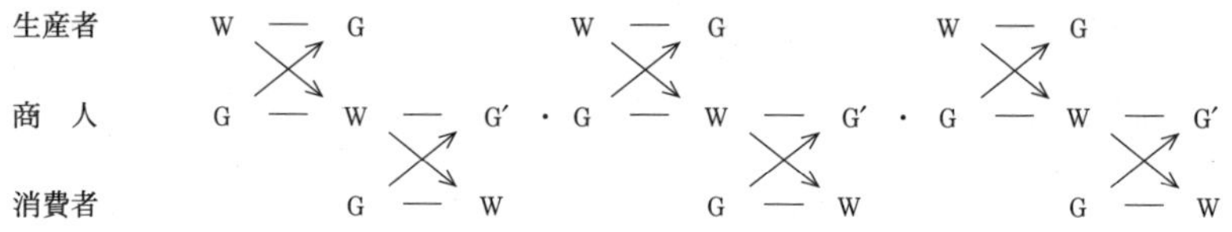

図 4-1　商業活動による商品流通の仲介

者）として現れている。商品の販売（W-G）は相手にとっては購買（G-W）であるから，この循環図式は商品の供給者が互いに相手にとっての需要者になりあう関係を示している。

商品は生産者の手もとから消費者の手もとに流れていくが，1回の取引でこの行程が完了するとはかぎらない。その間には多くの場合，**商業活動**が介在している。商人は貨幣によって商品を購買するが，それは自分が消費するためではなく，転売するためである。先と同じく貨幣をG，商品をWとすると，G-W-Gとなる。しかし，貨幣は消費対象ではないから，商品を転売して得られる貨幣額が最初の貨幣額と同額，あるいはそれ以下であれば，この循環形態は無意味になる。この循環形態が意味をもち，それを担当する主体に動機を与えるためには，転売して得られる貨幣額が最初の貨幣額よりも大きくなければならない。いいかえれば商人にとっての利ざやがなければならない。したがって，あとの貨幣にダッシュを付して，G-W-G′という循環形態が書かれる。利ざや分を$\varDelta g$とすれば，$G' = G + \varDelta g$である。

この場合，商人は同じ商品を異なる価格で購買および販売しているが，取引の相手は異なっている。商品の生産者が直接にその最終需要者に販売できるならば，あるいは同じことだが，消費者が直接生産者から商品を購買することができるならば，このような価格の差異は存在しない。空間的距離や情報不足などによって，そうした直接販売・直接購買に困難があることが，商人による仲介活動を必要にさせているのである。商人は運搬・保管・記帳・展示・宣伝などをおこなうことによってこの困難を克服するが，こうした商品の流通過程において発生する費用を，商品の生産に要する生産費用と区別して**流通費用**とよぶ。商人にとっては，転売するときの利ざやでそうした流通費用をまかなえなければ，この仲介活動は維持できないであろう。この流通費用に支払われる貨

幣額を g_z とすれば，$g_z \leqq \varDelta g$ でなければならない。

2）商業費用と資金費用

商人がその仲介活動をおこなうためには貨幣が必要とされる。その貨幣を調達する費用（**貨幣費用**）もまた流通費用である。といっても，たとえば100万円分の商品の仕入れをおこなうのに100万円の貨幣が必要だからといって，100万円がまるまる貨幣費用になるわけではない。仕入れ分の貨幣額は，商品の生産者にとっての費用を補償する価値であって，貨幣費用も転売時の利ざや分から支払われなければならない[1]。

そのようなことが可能だろうか。ここで，G–W–G′という循環形態を再度考察することが必要になる。この循環においては，ビジネスを開始するための貨幣，つまり資金が最初になければならないかのような外見をとっている。しかし，貨幣が必要とされるのは商品を購買（仕入れ）するためだけであって，いったんビジネスが開始されれば，仕入れた商品の転売によって貨幣が戻ってくる可能性が生まれる。したがって，この商人が信用のある事業者であるならば，現金を用いなくても，将来の貨幣の還流をあてにした債務を設定することによって循環を開始することができる。商人は，銀行のような権威ある貨幣供給者と違って，誰にも受領される貨幣を発行することはできないが，G–W–G′という循環運動の継続が信頼されるかぎりにおいては，信用を貨幣として用いることができる。あるいは，銀行から信用を与えてもらって循環を開始することができる。つまり，G–W–G′という循環は，それ自体が自己実現的な循環である。

こうした自己実現的な信用貨幣によるG–W–G′循環においては，貨幣費用は購入（仕入れ）資金に対する利子という形態で現れる。あるいは，商業信用の場合には，手形の割引分という形態をとるかもしれない。ともかく，先の例

1）金が貨幣である場合には，貨幣として用いられ商品として消費されない金を生産する費用が，社会全体にとっての貨幣費用である。金生産者はその採鉱労働の産物である金を流通に投じて必要とする商品を入手するが，他の商品生産者は貨幣としての金を分有することによって，貨幣費用を負担している。

でいえば，仕入額の100万円がまるまる貨幣費用ではなく，100万円という購入（仕入れ）資金を調達（金融）する際の利子分あるいは割引分が貨幣費用である。この場合には，資金調達の費用であるので，**資金費用**といってもよい。

貨幣以外の流通費用は，運搬・保管・記帳・展示・宣伝などの具体的な商業的活動と結びついている。これは，貨幣費用あるいは資金費用と性格がやや異なるので，**商業費用**と呼んで区別することにしよう。この商業費用は多くの場合，商人自身の労働にせよ，彼に雇われる商業労働者の労働にせよ，現実に行われる労働と結びついているから，これが利ざやによってカバーできないならば，商業活動は継続できないであろう。それに対して，貨幣費用あるいは資金費用は，自己資金でビジネスを開始したり，他の活動から資金をまわす余裕があったりして，とくに非資本主義的な商業では，無視される場合も多い。しかし，その場合でも，資金費用をカバーできない商業活動では，その拡大には制約が伴うので，多くの場合，停滞的な零細商業にとどまるであろう[2)]。

商業費用を g_z，貨幣費用あるいは資金費用を g_g とすれば，転売によって得られる利ざやがまずは商業費用以上であること，また資金費用がかかっている場合には，両費用の合計以上であること（$\Delta g \geqq g_z + g_g$）が，G–W–G′という循環を遂行する際の条件である。このように，流通に要する費用を分離してみると，それらと区別された商品購入のための貨幣額は，生産者を満足させるための費用，すなわち生産費用をカバーするものであることになる。そしてこれらの費用のすべてを差し引いた純利潤が継続的に得られるなら，この商業活動に要する資金[3)]は，利潤を生み出す**資本**とみなせるようになり，G–W–G′という貨幣の循環運動は資本の運動になる。

2）自己資金でビジネスを開始するならば，資金費用はかからない。しかし，その自己資金に対しても，金融投資などに回して利益が得られたはずだという意味では，資金費用を帰属させることができる。また，企業が拡大するときには，早晩，銀行借入，証券発行，株式公開などによって，外部資金を取り入れざるをえないだろう。

3）資金費用 g_g は期末になって支払われることが多いので省いてあるが，商業費用 g_z も同様に販売収益から支払われるとすれば，仕入資金のGだけになる。

資金費用		g_g				
購入資金	G	—	W	—	G′	(=G+Δg)
商業費用		g_z				

図4-2　商業活動の費用

2．資本の循環運動

1）資本としての評価

利ざやのある商業活動G-W-G′が行われているといっても，それだけでは資本主義的活動とはいえない。少なくとも，商業費用を超過した利潤が継続的に得られることが必要であろう。そのようになれば，この商業活動を支配すること自体が利潤を得る根拠になるから，その支配権に対する市場評価が生まれる。ビジネスを構成している個々の要素（店舗・輸送機器・商品）の価値ではなく，それらが一体となって利益をあげる経営体（ゴーイング・コンサーン）となっていることに対する評価である。商品の価値は，生産におけるその難易度，労働価値説でいえば，その生産に必要とされる社会的必要労働量によって測られる。それに対して，資本の価値は，所有者に利潤をもたらす能力によって評価される。投資家たちが，利益をもたらす他の資産の収益性（とくに長期金利）と比較しながらおこなう裁定行動のなかで形成される価格が，資本資産の市場での価値評価である。G-W-G′という商業活動の貨幣的循環運動に対する支配も，このようにして資本としての評価を受ける。この商業活動が法人という形態をとり，その支配権が分割され，有限責任で自由に譲渡されるようになったものが株式であり，株価はそれだけの分割分の市場評価を示している。

2）貨幣蓄蔵者と資本家

貨幣の成立とともに，富は一般的な価値の形態で蓄積できるようになる。貨幣を所持することは，ほかの財を所持することと異なり，特殊な使用価値を支配することではない。市場で得られるすべての商品を購入できる貨幣を所持することは，それらの商品の多様な使用価値を超えた一般的で抽象的な富を所持することである。したがって，貨幣でおこなう蓄積については，財での蓄積の場合のような物理的な制約や欲望の飽和による制約が存在しないので，際限のない蓄積が可能である。

市場経済のもとでは，貨幣の蓄積は流通からの貨幣の引き上げによって行われる。それは，商品を販売しながら，自らは購買しないことを意味するので，そこから，人間らしい生活を放棄してケチに徹しながら貯まった金貨を数えて秘かに喜ぶといった貨幣蓄蔵者の戯画的なイメージが生じた。それに対して，貨幣を流通に投じてビジネスを開始し，それによって利潤を得るのが資本家である。マルクスは，貨幣蓄蔵者と資本家は「絶対的致富衝動」によって突き動かされている点では共通だが，貨幣蓄蔵者は「気の違った資本家」でしかないのに，資本家は「合理的な貨幣蓄蔵者」であるという（『資本論』第 1 巻第 4 章，DKI, S. 168：全 I，200 頁)。貨幣蓄蔵者は，貨幣を流通活動で得るやいなや，すぐにそれを金庫に入れようとする短慮な経済主体であるが，資本家は，貨幣を絶えず流通過程に投じることによって価値の増殖をなしとげるより合理的な経済主体とされている。

近代の金融制度の発展は，こうした非合理な貨幣蓄蔵者と合理的な資本家という単純な対比を不可能にしている。現代の貨幣蓄蔵者の第一は高額資産保有者＝投資家であろうが，その資産のうち，現金はごく一部に過ぎない。大部分の資産は，証券・株式といった金融資産にあてられ，投資に向けられていない貨幣も銀行預金となっている。貨幣蓄蔵者の貨幣蓄積を預金に吸収した銀行も現代の貨幣蓄蔵者に数えられるであろうが，銀行はそれ自体が企業にとっての資金の供給機構になっている。主要には一般商品の生産・流通過程に貨幣を投じて利潤獲得をねらう非金融企業も，金融資産を売買し，遊休資金を銀行に預けている。したがって，現代の蓄蔵者は偏屈な黄金狂ではなく，投資家および銀行，そして一般企業の姿をとっている。これらの経済主体は，状況を判断しつつ，収益の得られる金融資産と収益は得られないが流動性が高い安全資産である貨幣との間でその保有する資産の配分をおこなっている。しかし金融機構が整備されているからといって，貨幣蓄蔵が消滅したわけではない。投資の収益性やその資産価値に危険が感じられるならば，これらの経済主体は，投資家あるいは資本家の姿を翻して資産保全者＝貨幣蓄蔵者の姿を現すからである。

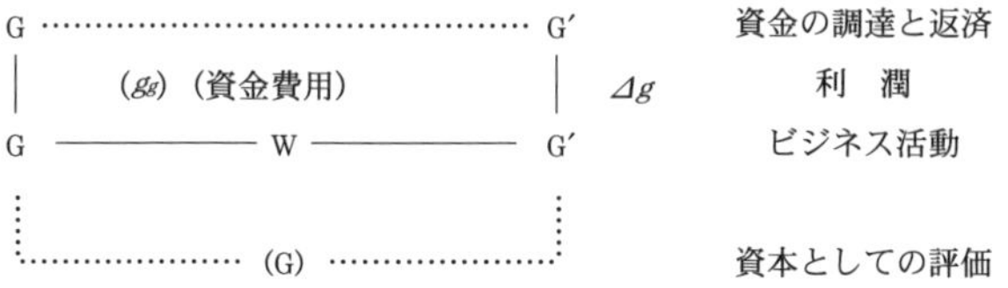

図 4-3　資金調達と資本評価

一般の商品の流通過程に貨幣を投じて価値増殖をはかる現代の資本家は，非金融領域の一般企業である。企業として家計から分離されるなら，そこに個人としての資本家の利潤獲得欲や致富欲を想定する必要はない。利潤によって蓄積がおこなわれ，利潤によってビジネスが評価される営利企業の制度が確立されれば，それでいいのである。

生産をおこなう企業（産業資本）であれ，流通だけをおこなう企業（商業資本）であれ，最初に用意した資金で商品を購買（G-W）し，その他の流通費用をまかないながら，商品を販売し利潤を獲得する（W-G′）という２段の操作を流通過程でおこなうことには変わりない。いいかえれば，G-W-G′ は，流通過程において資本が現れる基本形態である。

生産を行う企業の場合には，第１段の購買活動と第２段の販売活動の間に生産過程が入り，第１段で購買された商品とは異なる商品が販売されるという点に違いがあるにすぎない。異なる商品の販売であるから，流通に格別の支障がない場合でも，最初に購入される商品と販売価格が相違してもかまわない。しかし，生産過程が準備されるためには，第１段階で購買される商品の中には，生産の物的要素（生産手段）と主体的要素（労働力）が含まれていなければならない。これらを購買する費用は，もはや仕入費用ではなく，生産費用そのものである。

したがって，生産手段を Pm，労働力を A，生産過程の経過を…(P)…として表すならば，以下のような範式が得られる。還流してくる貨幣額 G′ が G を上回る差額が利潤 Δg であるが，流通費用がこの利潤分でもって賄われなければならないことは，商業資本の場合と同じである。

$$\mathrm{G} \ — \ \mathrm{W} \begin{cases} A \\ \quad \cdots (P) \cdots \ \ \mathrm{W}' \ — \ \mathrm{G}' \cdot \mathrm{G} \ — \\ Pm \end{cases}$$

図 4-4 生産過程を包摂した資本運動

3．労働力商品とその市場

前節で G-W-G′ という貨幣的循環が，流通過程における資本の一般的範式に発展することを確認した。しかし，流通過程しか視野においていないこの範式だけで利潤の一般的な成立を説明することはできない。範式の第 1 段と第 2 段の取引では，同じ商品が異なる価格で売買されているが，これは，1 物 1 価という市場の法則に反する。第 1 段の取引と第 2 段の取引とでは相手が異なるであろうが，流通に費用がかからないとすれば異なる相手でも同一の価格にならざるをえない。漁港で安く仕入れた魚でも，消費者の多い都市の市場に運んでいけば高く売れるかもしれないが，競争が生まれるならばその利ざやは縮小して，運搬費をようやくまかなう程度にまで下がってしまうであろう。こうした場合には，G-W-G′ が成立して貨幣が資本に転化しているように見えるのは外見だけである。

図 4-4 のように購買と販売の間に生産過程がはさまれて，2 つの取引で売買される商品が別であるとすれば，最初の購買 G-W の価値と後の販売 W′-G′ の価値が異なっても 1 物 1 価の法則を侵害することはない。ただし，その場合には，何らかの生産的労働が必要であり，それに対する支払い（多くの場合賃金と呼ばれる）が必要になる。もし，この対価が先ほどの販売と購買の価値の差より小さいならば，この貨幣循環は，生産過程をとりこむことによって，収益をもたらす循環となり，最初に購買に投じられる貨幣額は利潤を生む資本とみなされるであろう。

マルクスが提案した解決は，最初に購入される商品のなかに，生産的労働を行う能力，いいかえれば**労働力**という特殊な商品が含まれているとすることである。現在の社会では人身売買は許されていないから，奴隷ではない。労働者は，自分自身を売買することはできないが，その労働力の限定的な使用（他者の指示にしたがって労働すること）の権利を売買することは可能である。法律的にいえば，これが雇用契約であり，そのとき時間決め，日決め，週決め，月決め，あるいは出来高払いで支払われるのが賃金である。したがって，この労働力に対して価値どおりの支払いをおこないながら，その支払い分を超過するほどの差額（付加価値）をもたらす生産をおこなうことができれば，市場の法則に反さずに，貨幣循環を，利潤を生み出す資本の循環に発展させることができる。

1）労働力商品の特殊性

労働力商品はさまざまな意味において特殊な商品である。

まず，その価値の面からみると，労働力商品の価値はそれを生産する労働の量によって直接規定することができない。労働力は人間に宿る知的身体的能力にほかならないから，労働力を生産する特別な生産過程があるわけではない。そのようなものがあれば，それは奴隷やロボットの労働力である。現代の市民社会における労働力は，個人および家族の独立した消費生活のなかで（世代交代も含みながら）維持・再生産されている。したがって，労働力商品をその生産（あるいは供給）の面から規定しようとすれば，労働者の消費水準を介して間接的に規定するしかない。労働者の標準的な消費生活を想定し，それを構成する消費財を生産するのに必要な労働の総和を労働力の価値を規定する労働とするのである。

たしかに，労働力とそれを再生産する消費生活に対応関係を付けることは不可能ではない。食料供給に注目したもっとも素朴な見方では，主要穀物（米や麦）の適当な分量が1人の労働者を文字通り養う分量とされることがしばしばあった。このような見方が妥当する場合には，その分量の穀物を生産するための労働量が労働力の価値となる。もちろん，現在ではそれほど単純ではない。労働力の世代をこえての再生産という面からみれば，消費生活のなかには子供を食べさせるだけでなく教育を与えるための支出も含まれる。働けなくなってからの生活費も入るだろう。問題の労働力が高度な知的能力であるとすれば，高等教育の学費も，知識や技能を維持するための支出も含まれるだろう。

労働力の価値というのは，こうした広い範囲の消費を含む価値規定であるから，実質上，その時点ごとの労働者の社会的な消費水準でもって労働力の価値を規定しているに過ぎない。しかし，その消費水準は労働者が受け取る賃金の水準によって規定されている。したがって，近年，労働力の価値を消費財の固定的数量の価値から規定するのではなく，労働者が受け取る賃金が代表する価値量によって規定する考えが現れている。この考えに従えば，労働者の受け取る賃金，たとえば月給 30 万円は日本の国内純生産 380 兆円のそれだけの可除分として，それに対応する国内総労働約 1,200 億労働時間の比率分の社会的労働（約 95 労働時間）を代表している[4]。このような考え方をとる場合でも，賃金水準と消費水準の対応関係が大局的には維持されるとすれば，賃金は労働力の価値が価格として現れたものであるという見解は維持できる。

第 2 は，労働力の資本家にとっての使用価値の特質である。労働力商品の使用とは，労働者を雇用主の指示のもとに労働させることであり，それが生産活動であるならば，付加価値を形成する。労働力自体は潜在的な力能にすぎないから，それから有用でまた高価に売れる商品を生産する労働を引き出すことは，適切な生産条件（設備・訓練など）を整備し，適当な労務管理をおこない，適切な生産決定（何をどれだけ生産するか）をおこなう雇用主の側の能力に依存している。これが雇用主の側で備わっているとして，労働者の側がそれに応えうる能力を有しているかどうかというのが，最近しばしば労働経済学者が口にするエンプロイヤビリティ（employablility）である。これは，基礎知識，身体的知的能力，規律性，協調性の広範にわたって，雇用主の要求に応じうるということであるから，まさに労働力商品の「使用価値」にほかならない。個々の労働者，個々の企業には多様な差異が存在するが，国民経済，あるいは産業における平均的な生産条件のもとでおこなわれる労働の平均的な価値生産性を想定することは不可能ではない。雇用主の側，雇用される側にそれぞれ標準的能

4）こうした考え方は，J. ロビンソンが彼女のマルクス経済学論評のなかで示唆したことがあるが，最近では価値の生産価格への転化論の「ニュー・アプローチ」と結びついてさまざまな議論がおこなわれている。D. フォーリー『資本論を理解する』（竹田茂夫・原伸子訳）法政大学出版局，1990 年，50-52，58-59 頁を参照せよ。

Column 4-1

マルクスの基本定理

マルクスの搾取理論が成立するのは，商品が労働価値にしたがって交換されるという仮定をとっているからで，他の価格の場合には成り立たないだろうという批判があります。この批判をしりぞけるのが，利潤が存在するならば必ず剰余労働が存在するという「マルクスの基本定理」です。これを，もっとも簡単なやりかたで説明しましょう。

生産手段の価格を p_1，消費手段の価格を p_2 とし，また，生産手段と消費手段を各1単位生産するために，生産手段と労働がそれぞれ，a_1，a_2，λ_1，λ_2 必要であるとします。労働者の時間あたりの貨幣賃金率は w ですが，それで購入できる消費手段の量 b は，労働者の労働力の再生産に必要な量に等しいとします。つまり，$w=bp_2$ です。そうすると，生産手段の生産部門と消費手段の生産部門でともに利潤が生じ，労働者は賃金のすべてを消費手段に支出しているという状態が，次の2式によって示されます。

$$p_1 > a_1p_1 + \lambda_1 bp_2$$
$$p_2 > a_2p_1 + \lambda_2 bp_2$$

この2つの式から，生産手段と消費手段の相対価格についての次の2つの式が導かれます。

$$\frac{p_1}{p_2} > \frac{\lambda_1 b}{1-a_1}$$
$$\frac{p_1}{p_2} < \frac{1-\lambda_2 b}{a_2}$$

この2式がともに成り立つためには，

$$\frac{\lambda_1 b}{1-a_1} < \frac{1-\lambda_2 b}{a_2}$$

でなければなりません。この式を整理すると次の式が導かれます。

$$1 > b\left(\frac{a_2\lambda_1}{1-a_1}+\lambda_2\right)$$

この式の右辺の括弧の内の式は，33ページの本文（2-5）式が示すように，消費手段1単位に投下されている労働量です。したがって，この式は労働者が1単位の労働をおこなう際に受け取る実質賃金（消費手段）に含まれる労働量が1単位以下であること，いいかえれば，労働者が剰余労働をおこなっていることを示しています。

（参照：置塩信雄・鶴田満彦・米田康彦『経済学』大月書店，1988年，209-211頁）

力が備わっているとすれば，労働時間に応じて付加価値が生産されるとして，賃金として労働者に支払った価値を取り戻す時間とそれをこえた労働時間を区分することができる。賃金を超える付加価値としての利潤は，労働者の労働力の再生産に必要な労働時間を超えた剰余労働時間の産物である。

労働力商品の以上の2つの特質から，資本家（雇用主）は労働者に対して，その労働力の価値どおりの賃金を支払いながらも，それ以上の付加価値を得て，その差額である剰余価値を取得することができる[5)]。

2）自由の歴史的・社会的条件

社会経済学においては，労働市場で取引されるものをたんなる労働サービスとはみなさず，労働者の人格・心身と結びついた労働力であるとみなす。労働サービスという場合は，たとえば理髪サービスであるとか，大工作業というように作業内容あるいはその効果が特定されている事態を指す。このように捉える場合には，その労働サービスの使用価値は特定の効果（整った髪形，あるいはうまくできた木組みなど）であり，それに対する仕事賃（あるいはサービス料）の水準は，それらの労働サービスを需要する側に主として依存するであろう。

5）しかし，ここで述べられたことは剰余価値生産，したがって貨幣的循環の資本への転化の形式的な可能性にすぎない。とくに，賃金が上昇して利潤が吸収される可能性が否定されなければならない。利潤を生み出しうる「労働」が希少であれば「労働」の対価は需要に応じて上昇する。同様に「労働」を提供する「労働力」も希少であれば，賃金も，その「労働力の価値」＝労働者の生活費を超えて上昇するであろう。したがって，この可能性が実質的なものになるためには，「労働力」の需要面および供給面の双方で，資本が労働市場を支配するという条件が必要である。いいかえれば，資本の「労働力」支配は，労働者の「労働力」を雇用主が利用するという個別的関係に止まるものではなく，社会的な支配を意味しているのである。

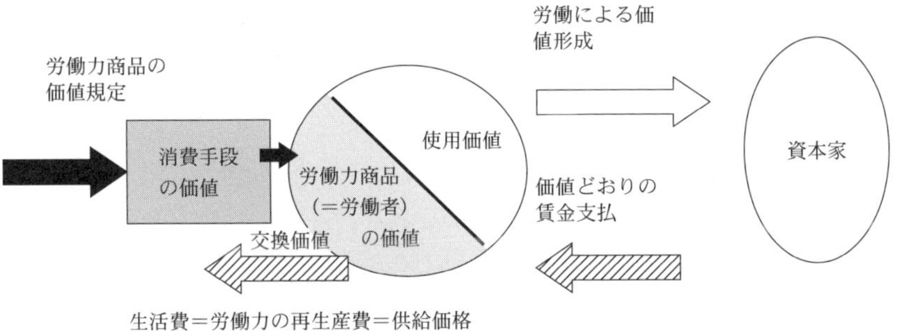

図4-5　労働力商品の価値と使用価値

また，こうした労働サービスの場合には，作業内容とそれに対する対価との関係が特定されているから，雇用関係が形成される必然性は存在せず，理髪店や工務店，あるいは各種のフリーランサーのような顧客関係でも対応できるであろう。それに対して，労働力が取引されているとみなす場合には，雇用主のもとで一定の範囲内で指示どおりの作業に従事する雇用関係に入ることを重視し，賃金は特定の作業内容に対してではなく，包括的な内容の作業に対応できる労働能力に対して支払われているものとみなすのが適切である。

歴史をふりかえると，奴隷労働を除くと，労働力商品の販売という意味での，自由人の労働市場が広範に成立したのは，それほど古いことではない。歴史のなかでは，資本主義の成立以前にも，賃労働や賃仕事の多くの事例がみられるが，それらのほとんどは周辺的な現象であり，経済生活の中心は農民や職人などのように土地や仕事場と結びついた生産者によって支えられていた。彼らは，農村共同体やギルドその他の都市共同体の成員であり，それらの共同体はまた封建領主の支配下にあった。周辺的な賃労働があったとしても，ほかに生活の支えがある労働者の副業的な労働は，学生のアルバイト賃のように高低さまざまになるし，他方，生業を失って窮迫した労働者はどのように低い賃金を示されても拒否できないであろう。どちらの場合も，労働力を再生産する消費水準との対応関係は存在しない。この対応関係が存在しないということは，産業的労働に対応した労働力自体が未成立であるということを意味する。封建的な農業社会のなかで周辺的に存在する賃労働者は，近代的産業が要求する包括的な作業能力と規律を欠いていた。それらの能力は，自然に与えられたものではなく，消費生活も含む社会的再生産のなかで形成されるものである。

マルクスは，労働市場が成立するためには，「二重の自由」が必要であったという。

> 貨幣を資本に転化するためには，貨幣所持者は商品市場で自由な労働者に出会わなければならない。自由というのは二重の意味でそうなのであって，自由な人として自分の労働力を自分の商品として処分できるという意味と，他方では労働力のほかには商品として売るものを持っていなくて，自分の労働力の実現のために必要なすべての物から解き放たれており，すべての物から自由であるという意味で自由なのである。 (DKI, S. 183：全 I , 221 頁)

彼が指摘している第 1 の自由は，人格的自由である。封建領主による支配からの解放だけでなく，自由な経済的取引を規制する村落共同体やギルドからの解放も必要であった。第 2 は，生産手段からの自由であり，経済的自立の喪失と賃労働への依存を意味する。過去の大多数の生産者は，人格的自由を欠いていたかもしれないが，土地や仕事場と結びついていた。労働の対象的条件と結びついていない労働者の大量の出現は，社会の安寧を損なう事態として極力防止する方策がとられた。したがって，労働市場が成立するための「二重の自由」自体が，社会構造と権力機構の歴史的な変容を前提にしている。

3）資本の支配する労働市場

労働市場においては，労働力という商品の価格である賃金が，一般の商品と同様に需要と供給によって定まる。労働市場において供給が需要を超過していれば，失業者がいることになる。失業者が多数存在するならば，いつでも現在雇用されている労働者に代わりうる**産業予備軍**が存在していることになり，賃金は労働力の供給費（生活水準）を上回ることはできない。しかし，好況が続いて産業予備軍が消滅するなら，賃金はこの水準を超えて上昇しうる。

労働力商品は需要に応じて企業によって迅速に生産されるような商品ではな

い。新規の労働力は高卒であれば18歳，大卒であれば22歳以上が入職年齢になるし，既存の労働力の他部門への転換も，非熟練職種を除けば容易なものではない。しかも，労働力は意思をもつ商品であるから，個人的にも集団的にもその利益を主張する。したがって，労働人口の成長率がそれほど高くないとすれば，労働力に対する需要が増加すれば賃金は上昇しやすく，需要が減少する場合にも，とくに長期雇用者については賃金の引き下げには抵抗がともなうであろう。もし，そのように賃金に上昇傾向があるとすれば，利潤の部分が侵食されてしまわないだろうか。

もちろん資本は利潤めあてに生産するから，利潤がある程度の期間ゼロになるならば新規の生産を停止する。利潤がゼロになった生産部門の労働需要はゼロとなり，それまでその部門で働いていた労働者が労働市場に放出される。経済全体で賃金の上昇による利潤率の低下が起きれば，それは企業家の投資意欲をそいで不況要因になる。したがって，労働需要についても全般的な減少がおこり，賃金に対しても押し下げの圧力が生まれるであろう。

しかし，利潤が低下しても生産がおこなわれないわけではない。どの部門でも利潤率が低下するならば資本は逃げ場を失い，利潤率の低下を受け入れざるをえなくなる。そのような過程が続くならば最後は利潤率がゼロに近くなり，もはや利潤目的の資本主義的な生産とはいえなくなるであろう。利潤と利潤率についてのこのようなビジョンは，古典派および新古典派の経済学者の資本主義認識を曇らせている。彼らは，市場均衡の行きつくした状態として，余剰としての利潤が消失し，生産された価値のすべてが労働（力），資本（財），土地という生産要素の供給価格に吸収される状態を想定して，資本が労働を雇用するといっても，労働が資本を雇用するといっても同じであると見なしているのである。

古典派および新古典派の経済学者が忘れているのは，企業あるいは資本家は生産方法の決定権をもっているということである。企業あるいは資本家は，現行の賃金と価格のもとで費用を低下させ利潤を増加させる新技術を採用するだろう。とりわけ，労働者を機械で代替する労働節約型の技術革新あるいは組織革新を採用するならば，労働の需要がそれによって低下し，既存の生産部門に

Column 4-2

資本の原始的蓄積

しっかりとした経営組織が成立し，労働者に労働市場の状態に応じた賃金を支払った上で残る利潤をもとにしておこなわれる資本の蓄積は，確立した資本主義の蓄積です。それが可能になるためには，いくつかの歴史的条件が必要です。そのような条件として，持続的経営を可能にする資本の蓄積と資本家の存在，安定的な労働市場の成立，そして生産される商品の市場の存在をあげることができるでしょう。これらの条件を成立させる経済的過程のことを，マルクスは「原始的蓄積（primitive accumulation；ursprüngliche Akkumulation）」（「本源的蓄積」と訳されることもあります）と呼んでいます（『資本論』第1巻第24章)。

マルクスにヒントを与えたのは，これもまたアダム・スミスの「先行的蓄積（previous accumulation）」の議論です。スミスは『国富論』の第2編序論で，生産性の高い分業が可能になるには，商品が完成して，さらにそれが売れてお金に換わるまでのあいだ職人たちの生産と生活を支えるだけの財がどこかにまえもって蓄積されていなければならないと論じました。それだけ分の財を貯めた人が雇う側になり，貯められなかった人が雇われる側になるというのですから，これは資本主義の成立についての1つの見方です。

マルクスは，スミスの議論を子供だましの愚説であるとこきおろしました。人間にはつねに，あるいは，どこでも，用心深い人とそうでない人がいるでしょうから，資本主義の起源をそのような個人的性向の違いに求めるならば，資本主義はいつでも，どこでも成立したはずです。これは明らかに歴史的事実に反します。資本主義以前の社会では，ほとんどの場合——農業的な封建制社会を考えればわかるように——，生産者と生産手段が結びついていましたから，そもそも「先行的蓄積」が意味をなさない経済なのです。資本主義の成立にとってもっとも基礎的な問題は，誰が蓄積し誰が蓄積しなかったかではなく，どのようにして生産者と生産手段の結合が解体し，労働力を商品とする市場が成立したかです。

「原始的蓄積」は資本主義を社会の経済的再生産を担うメカニズムとして確立する過程ですから，それ以前の経済社会からの歴史的移行の過程と重なり合います。人々を土地あるいは親代々の職業に縛りつける封建的支配は，自由な市場，ことに労働市場の発展と対立します。しかし，西欧の場合には，新大陸とインドを結びつける世界商業の成立と金銀の流入によって貨幣経済が浸透して封建的な支配体制に変質がおこり，社会の商業化が生み出されました。とくにイギリスでは，封建領主自身が「囲い込み」をおこなって，資本主義的農業経営者に土地を貸す近代的地主に転化しました。土地を追われた農民は，賃金に生活を依存する労働者になるしかありませんから，労働市場は，それによって，経済社会の基本要素となったのです。労働市場を基礎にして農業と分離した工業が成立するならば，農業と工業の双方にとっての国内市場が成立するでしょう。

世界経済を全体として見るならば，中心的な諸国における資本主義的蓄積と周辺の諸国における原始的蓄積が結びついています。中心諸国における近代産業は，周辺の諸国の資源を必要とするだけでなく，周辺諸国に市場を創出するために，それらの国の人々の既存の生活様式と生産様式を解体します。第2次大戦後の日本経済の資本主義的蓄積が1960-70年代に国際化したことが，韓国，台湾などの東アジア諸国の工業化，東南アジアの社会の商業化を促進しました。これらの諸国では，農民の土地喪失，都市労働者の成立，強権的な労働規律，低賃金，財政・金融による資本形成，政治と経済の癒着と腐敗等々のような原始的蓄積期の状況が出現しました。なかには，国民の民主主義的権利を制限しながら，国家政策を支えにして経済開発を推進する「開発独裁」が成立した国もありました。

その革新が及べば，労働の供給をも増加させることによって，労働市場を雇用者側に有利なように変化させるという効果を有することになる。マルクスは，資本の蓄積は生産方法の不断の変更を伴い，それによって資本は労働の需要側だけでなく供給側も支配していると考えた。

技術革新は労働節約型とばかりは限らない。また，企業は市場における地位を確保するために利潤率の低下を覚悟しても投資をおこなうことがある。企業が価格支配力をもつ場合には，労働費用の上昇を価格の引き上げでしのぐかもしれない。しかし，国際競争が存在するならば，価格転嫁には上限がある。賃金（労務費）の上昇が収益性を脅かしていることが認識されるならば，労働節約型の技術革新はそれだけ魅力的になるであろう。経済全体にとっても，賃金の上昇による収益性の全般的低下が生じるならば，企業家あるいは資本家は労働市場の全般的変化をもたらす政策を求めるようになるであろう。

1970年代の原油危機は，産油国でもあるアメリカの経済には，日本や欧州ほどの影響を与えないはずであった。そのアメリカで1970年代に経済の停滞が起きたことについて，アメリカの急進派経済学者たちは，完全雇用状態を離れて労働者のポジションを弱めるために意図的に引き起こされた不況であるという見方をとっている[6)]。失業率が上昇して産業予備軍が生まれるならば，賃金の上昇が抑制されるからである。この政策的不況は賃金の上昇圧力を停止させることに成功したが，労働生産性の上昇には貢献せず，資本の収益性改善につながらなかったというのが彼らの不況分析である。しかし，1990年代になると情報通信技術の導入と新産業の出現による好況が出現する。このいわゆる「ニューエコノミー」期には，賃金の上昇が労働の生産性の上昇に立ち遅れる傾向が鮮明にあらわれている。それに先行する不況期において労働市場における労働者のポジションが悪化し，労働運動も弱体化したことがニューエコノミー期における利潤率の回復の基礎になっているのである[7)]。

6）S. ボールズ，D. M. ゴードン，T. E. ワイスコフ『アメリカ衰退の経済学』（都留康・磯谷明徳訳）東洋経済新報社，1986年。
7）第7章第3節3）を参照。

第5章　支配された生産

蜘蛛は織匠の作業にも似た作業をするし，蜜蜂はその蠟房の構造によって多くの人間の建築師を赤面させる。しかし，もともと最悪の建築師でさえ最良の蜜蜂にまさっている。というのは，建築師は蜜房を蠟で築く前にすでに頭のなかで築いているからである。

――『資本論』第1巻第5章（DKI, S. 193：全Ⅰ，234頁）

この章の考察対象

この章では，労働と生産が人間の活動としてもつ構造を示すとともに，それが資本によって支配され，剰余を取得することが生産の目的になることを説明します。市場経済のもとでは，この剰余は価値の形態であらわれますが，その基礎は労働の生産性の向上です。

1．労働と生産

1）楽園追放

人類の祖先であるアダムとイヴは，生きるために労働をしないですむ楽園に住んでいた。額に汗して働かざるをえなくなったのは，禁断の木の実を食べて楽園を追放されたためである。禁断の木の実を食べた2人は，自分たちが裸でいることが恥ずかしくなって，楽園の主から身を隠そうとした。邪悪な蛇が薦めた禁断の木の実は，智慧の木の実であった。

労働の起源についてのこのような伝承は，『聖書』の「創世記」とかぎらず，世界の多くの民族に伝わっている。しかし，楽園とは何であろうか。裸で暮らし，自然に与えられた食べ物で満足している生活は，自然のなかで生きる動物そのものの境涯である。楽園からの追放は，智慧のめざめとともに起きている。それ以降の人類の歴史は，自ら生産をしなければならなくなった人間の労働の所産であった。人間は智慧とともに，自然界と人間界の境界を越えた。

生物としての人間種における生産と労働の起源は，きわめて興味深い問題であるが，それは「人間化（hominization）」を研究する進化論者[1)]にまかせよう。一般の生物にとっては，外界から養分を摂取し，不要になった物質や毒素を体外に排出する物質代謝の過程（生命そのものの過程）と区別される生産活動は存在しない。しかし人間という生物種においては，生活に要する物資を獲得する活動（生産活動）が，その生命過程への取り込み（消費活動）とは別に存在し，場合によっては別人の活動になっている場合もある。したがって人間の生活圏のなかには，自然が与えたそのままのものとは異なる，人間の手の加わった生産物が存在し，そのやりとりが生産から消費に及ぶ人間の経済生活をかたちづくっている。そのなかにさらに，生産活動をおこなう際に用いる素材や道具が入り，それら自体が生産され，人々のあいだでやりとりされている。生産活動が消費（養分の体内摂取）と分離され，生産活動自体に生産された素材と道具（生産手段）が加わることによって，人間の生活は他の生物種とは比較にならないほど多様で，適応力に富むものになった。人間は，生産と消費の活動を基礎にして，自然環境自体をつくりかえ，人為的な生活環境をつくりだし，それを日常的な生活空間としている。しかし，生物種としての人類がどれほどの自然征服能力をもっているとしても，その生息環境が地球表面で水・空気・土壌・生物群が構成するごく限定的な物質環境の範囲を超え得ないことは明らかである。人為的な生活環境を自明のものとした生産・消費の活動の拡大は，過去にもしばしば地域的な環境破壊の危機をもたらしているが，現在ではそれが地球規模の環境の危機にまで進んでいる。

1）長谷川寿一・長谷川眞理子『進化と人間行動』東京大学出版会，2000 年，はこの領域の現在の研究水準を反映したすぐれたテキストブックである。

2）労働の 2 つの側面

生産活動における人間のかかわりを，人間が有する心身的な能力の行使としてみたものが労働である。まず，その社会的側面を捨象して考察してみると，それは自然のなかでの過程であるという客観的な側面と，自然的過程のなかで目的を実現する活動であるという主観的な側面をもっている。

労働の自然内的性格について，マルクスは次のような指摘をおこなっている。これは，労働が筋肉作業を中心としたものから神経および頭脳を中心としたものに変わってもあてはまる。

> 労働は，まず第一に人間と自然とのあいだの一過程である。この過程で人間は自分と自然との物質代謝を自分自身の行為によって媒介し，規制し，制御するのである。人間は自然素材にたいして彼自身一つの自然力として相対する。彼は，自然素材を，彼自身の生活のために使用されうる形態で獲得するために，彼の肉体にそなわる自然力，腕や脚，頭や手を動かす。人間は，この運動によって自分の外の自然に働きかけてそれを変化させ，そうすることによって同時に自分自身の自然〔天性〕を変化させる。彼は，彼自身の自然のうちに眠っている潜勢力を発現させ，その諸力の営みを彼自身の統御に従わせる。　(DKI, S. 193：全 I，234 頁)

自然内の活動である労働が，同時に制御的な活動であるというのは，それが人間の必要とするものを生産することを目的にし，それを実現するための活動だからである。人間の自然に対する働きかけは，他の生物種のように遺伝的プログラムによって固定されたものではない。そのかわり，人間は何を生産するかを自ら決定し，さらにそれをどのように生産するかを自分自身の意識のなかで組み立てなければならない。何を生産するか（ニーズ），またその生産の方法（技術）は，それ自体が歴史的な所産である人間の知識に依存している。この知識の重要部分は，人々の生活と労働のあり方に応じた嗜好および技能として人々の心身と一体になっている。他方では，技術的知識は，自分の身体の延長としての各種の道具を手始めにして，熱や電気などの自然エネルギーを利用した機械，さらに通信や情報処理のシステムのなかにその客観的な姿を有している。

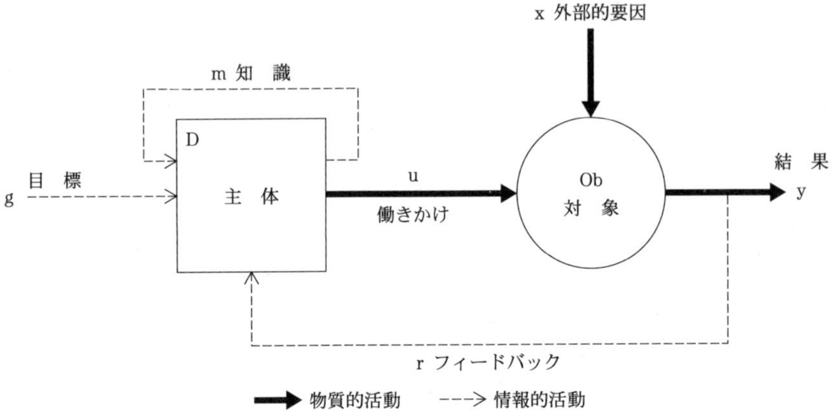

図 5-1　制御的活動

労働の目的達成活動としての性質は，意識的かつ能動的であることで人間の主体性を示している。しかし，人間はその生産活動を社会の中でおこなっているので，その主体性のあり方も社会関係に依存する。何をどれだけ生産するか，またそのためにどのように労働するかが，他人によって定められることもある。その場合には，自分が決定したのではない目的とその達成活動に従事しなければならないだけに，自分自身を統制する意志と作業の全段階にわたる注意力がそれだけ多く必要になる。それが自発的に保証されない場合には，労働は他人による看視と統制のもとで行われることになる。

制御的活動を工学的に再構成して現実に応用するという考えは，N. ウィーナーによってサイバネティックスとして発展させられた[2)]。それにしたがって人間の制御的活動を図式化したものが，図 5-1 である。目標（g）と知識（m）は意思決定主体（D）の意識の領域にあるが，主体の対象（Ob）に対する働きかけ（u）の結果（y）を観察して主体に伝えるフィードバック（r）が存在することによって，希望に近い状態を環境のなかに物質的に実現できるように働きかけを調整することが可能になる。このような調整が必要なのは，環境世

2）飯尾要『産業の社会的制御』日本評論社，1981 年，参照。図も同書による。

界における変化は人間による働きかけ（u）も含めて，物質とエネルギーの状態に依存していて，そのなかには既存の知識（m）だけでは処理できない偶然的あるいは外部的要因（x）が存在するからである。

たとえば鉄鉱石から鉄を取り出すには1,500度以上の高温のもとで酸化還元反応を起こさせる必要があり，そのためにコークスを燃料とした炉が築かれる。この炉中で化学反応を定常的に進行させるため，炉の状態に応じて，鉄鉱石の投入量，コークスの量，送風量を調整する。土で築いた炉（タタラ），木炭燃料，ふいごを用いた送風によって鉄をつくる伝統的な製鉄法（タタラ製鉄）も近代的な高炉製鉄もその点では変わらない。小規模な伝統的製鉄は容易なように思われるかもしれないが，中国で「大躍進」期（1958-59年）に全国でおこなわれた「土法製鉄」は，多くの場合，使い物になる品質の鉄をつくりだすことができず，経済に大きな損害を与えた。大型高炉による製鉄は，小規模製鉄以上に制御が困難であり，また失敗も許されない。現在の製鉄所では，炉内の状態を刻一刻制御ルームに知らせるセンサーが高炉の各所にとりつけられ，24時間看視のもとで，送り込む熱風やダストの量，鉄鉱石・コークス・石灰石の挿入量などを調整している。

生産とは人間の働きかけの加わった環境世界の結果状態のなかに人間のニーズにこたえる物質，つまり生産物を生み出すことである。この過程は，実際には，人間のニーズに適しない副産物や環境の全般的変化も生みだしているが，多くの場合それらは無視される。もっぱら有用な生産物だけに注意を集中すれば，その生産物の物質的な素材，それを生産するのに必要な道具・機械や燃料などの物質的要素はとりまとめて生産手段とよばれる。先の製鉄の場合でいえば，溶鉱炉，鉄鉱石，コークス，送風設備がそれである。

それに対して，生産の主体的要素，物質的世界における生産過程を統御的に遂行する力能を有する労働者は，労働力とよばれる。機械化されない時代の製鉄では，鉱石，コークスの投入，ふいごを踏む肉体労働によって労働力が発揮されたが，現代の製鉄所での労働は，与えられた目標のもとで設備の稼動計画をたて高炉の状態を監視しながら制御機に指示を出す頭脳労働になっている。人間的な労働の本質は，物質的世界にかかわる合目的的な制御活動であり，それを可能にする人間にそなわった力能が労働力なのである。

有用な財を獲得する活動という観点からは，生産は主体的要素である労働力と客体的要素である生産手段の結合である。両者を貨幣的価値で支配する資本主義的な生産関係が，こうした狭い見方を一層助長する。しかし，すでに注意したように，生産過程は物質的な環境世界（自然）のなかでその特定部分だけを取り出したものにすぎない。生産物のなかに入り込まない大地，水，空気，などもみな生産の諸条件である。それと同様に，労働者の労働力能の発揮も，個人をこえた社会的な知識と協働的な関係を前提している。資本家が貨幣でもって購入した生産手段は現実の生産諸条件の一部に過ぎず，同様に資本家が賃金によって支配しうる労働能力も，労働者とその背後の社会的能力のわずかな一部に過ぎない。

2．剰余価値の概念

1）剰余価値と国民経済計算

資本が生産手段と労働力を支配して生産をおこなうとき，生産物の価値のなかに入り込む生産手段の購入価値額が物的費用になり，労働力を支配する価値（賃金など）が労務費となる。マルクスは，まず資本の側からみて，生産手段に投じられる資本部分を**不変資本**，労働力の支配（労働力商品の購買）に投じられる資本部分を**可変資本**と名づけた。それは，企業会計上，購入価値で評価される物的財は貨幣から物的財に姿を変えても価値が不変な資本とみなされるのに対して，賃金はいったん支払ってしまえば労働者の所得となってしまい，賃金分を，あるいは賃金部分を超えて支出分を回収できるかどうかは，資本家の生産過程の支配，あるいは商才に依存しているからである。不変資本の価値は，生産手段が生産的に消費されて生産物が生み出されれば，生産物の商品としての価値のなかに移転する（価値移転）。しかし，可変資本は，賃金として支払われれば労働者の所得になってしまうから，企業会計のなかで資産として残る価値ではない。生産によって回収すべき費用（労務費）として記帳されるだけである。労働力の購買に投じられた可変資本は，資本の資産としてはいったんゼロになり，その後，生産的労働が行われるにつれて生産物のなかに新たに価値を形成する。新生産物の販売価値のなかに実現されたこの新生産価値から賃金などの労務費を回収してさらに残る部分が企業の営業余剰である。営業余剰は，非法人企業の場合には，労働報酬分と未分化の場合があるが，雇用関係が確立した資本主義的な法人企業を想定するならば，新たに生産された価値のうち労働者に支払われる価値をこえた価値，すなわち，マルクスのいう剰余価値である。

商品の価値は，不変資本が価値を移転した部分＋可変資本にあたる労務費＋剰余価値の3部分からなる。不変資本をC，可変資本をV，剰余価値をMとして，さらに回転を捨象して，不変資本，可変資本がそのまま物的費用と労務費に対応するとすれば，商品の価値構成は $C+V+M$ となる。

ここで不変資本，可変資本，剰余価値の3概念と，現行の国民経済計算の概念を対比しておこう。注意しなければならないことは，現行の国民経済計算の基礎になる「付加価値」の概念は，その算定法からして，生産手段のうちの固定資本の価値移転分（減耗分）を含んでいることである。

生産手段には原料・燃料のように生産量に応じて使われていくものがあり，これらの調達にあてられる資本部分は賃金などにあてられる資本部分と合わせて流動資本と呼ばれる。この資本部分については，生産物の商品価値を構成する費用との対応関係ははっきりしている。それらの費用は，実際に支出されてもいるからである。しかし，機械・建物のように長期にわたって存在する固定資本については，事態は簡単ではない。これらの固定資本の存在量や物理的耐用年数は，それを用いておこなわれる生産量とは直接の対応関係をもたない。これらの固定資本の生産物への価値移転は，会計期間ごとにその減耗分を見積もる減価償却の操作で行うしかない。それは，固定資本を適当な時期に更新するための名目的な会計操作であって，実際の貨幣的支払いを伴っていないのである。各段階における生産物の販売価額から中間投入の価値額を差し引いた付加価値を集計して得られたGDP（国内総生産）は，この減価分を差し引いていない[3)]。それと同様に，生産物の商品としての販売価値からその生産に直接要した物的および人的経費を差し引いた粗利潤も，まだ固定資本減耗を含んでいる。剰余価値を得るためには，粗利潤からこの減耗分を差し引かなければならない。

資本家は労働力を支配するために，賃金だけでなく，社会保険・福利厚生などの付随的な労働費用を支払っている。医療保険，廃疾保険，年金保険，失業保険への拠出は労働者およびその家族の生活を，労働者の個人所得ではなく，プールされたファンドによって保障する趣旨の支払いであるから，「社会化された賃金」とみなしていいだろう。企業独自の福利厚生費も，それが関連従業員の生活に役立つかぎりは，同様に「集団化された賃金」とみなせる。これらを加えたものが「雇用者所得」である。

企業は営業余剰から借り入れた資金および土地その他に対して，利子，地代その他の賃借料を払い，残ったものが企業会計上の経常利益である。国民所得論では，利子，地代その他の賃借料に，株式に対する配当も加えて財産所得とし，それらを支払った後にのこる余剰を企業所得としている。一国内で新たに生産された価値の総額は国内純生産であり，それは国内純所得でもある。租税は，所得税以外のものもみな所得によって負担されるので無視できる。この国内純生産＝純所得に対する雇用者所得の比率が労働分配率である。

マルクスは，労働者に支払われた価値と支払われずに資本家（企業の支配者）の手元に行く価値の比率を重視して，**剰余価値率**，あるいは**搾取率**と呼んだ。この比率と労働分配率の関係は明瞭である。

剰余価値率＝剰余価値／可変資本
＝営業余剰／雇用者所得

労働分配率＝雇用者所得／（営業余剰＋雇用者所得）
＝1／（剰余価値率＋1）

3）現実のGDPではさらに間接税による価格上乗せ分が含まれているので，これも差し引かなければ国内純生産にならない。なお国民生産，国民所得は，国の領土ではなく国民を範囲としているので，国内生産，国内所得から，国内で生じた他国民の所得を控除し，自国民に帰属する国外で生じた所得を加えたものである。

2）剰余価値の生産

企業が生産活動をおこなうのは労働者に雇用を与えるためではなく，営業余剰，すなわち剰余価値を獲得するためである。それではこの剰余価値を増加させる方法，あるいは剰余価値率を高めるためには，どのような方法があるだろうか。

それを知るためには，まず剰余価値率がどのような要因によって規定されているかを知らなければならない。

いま生産手段と消費手段の２種の財を商品として生産する資本主義経済があるとする。どちらの生産においても生産手段が，それぞれ１単位の生産あたり，a_1 および a_2 単位必要とされる。同じく，それぞれ１単位の生産あたり，同種の労働力からの労働の支出が λ_1 単位，および λ_2 単位必要とされる。労働者は１日あたりＢ単位の消費手段を消費して，その労働力を再生産している。さらに生産手段，消費手段，労働力はみな価値どおりに交換されているとして，その価値をそれぞれ，t_1，t_2，t_l とする。

ここで，生産手段を生産する部門を第１部門，消費手段を生産する部門を第２部門として，両部門で生産手段と消費手段が１日あたり X_1，X_2 単位生産され，また L_1，L_2 人の労働者（＝労働力）を雇用しているとすると図５-２のような関係になっているであろう。実線が価値の動き，その他の線が財および労働の動きである。

ここで，第１部門の剰余価値は $t_1X_1-t_1a_1X_1-t_lL_1$，剰余価値率はこれを t_lL_1 で割った商，第２部門の剰余価値は $t_2X_2-t_1a_2X_2-t_lL_2$，剰余価値率はこれを t_lL_2 で割った商である。

労働力の１日あたりの価値はその消費する消費手段の価値に等しい $t_l=Bt_2$ である。また，同種の労働力を用いる生産であるから，両部門とも１日あたり労働時間が同一の k 時間であるとすれば，時間あたりの実質賃金率 $b=B/k$ も共通である。したがって，

$$t_lL_1=Bt_2L_1=bkt_2L_1=b\lambda_1t_2X_1$$
$$t_lL_2=Bt_2L_2=bkt_2L_2=b\lambda_2t_2X_2$$

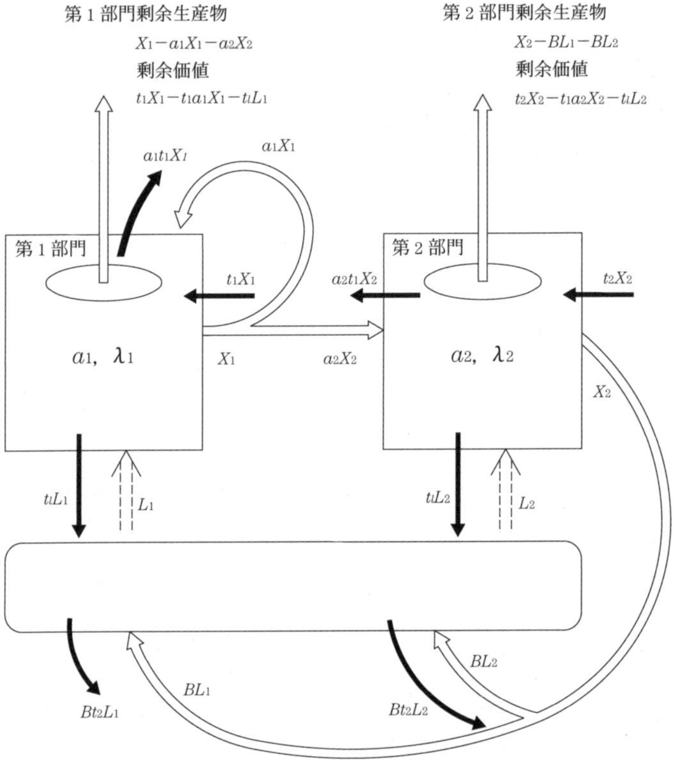

図 5-2　剰余生産物と剰余価値

注）実線矢印は価値の動き，それ以外は実物の動き。

であるから，剰余価値率 e は，第1部門と第2部門で，それぞれ，

$$e_1=\frac{(1-a_1)\,t_1-b\lambda_1 t_2}{b\lambda_1 t_2}$$

$$e_2=\frac{(1-b\lambda_2)\,t_2-t_1 a_2}{b\lambda_2 t_2}$$

となる。これを

$$t_1=\frac{\lambda_1}{1-a_1}$$

$$t_2=\left(\frac{\lambda_1}{1-a_1}\right)a_2+\lambda_2$$

であることに留意しながら整理すると，

$$e_1=e_2=\frac{1-bt_2}{bt_2}$$

となる。したがって，剰余価値率を上げるためには，b を引き下げるか，t_2 を引き下げるかの2つの方法がある。この式は分母・分子に k を乗じると，

$$e=\frac{k-kbt_2}{kbt_2}=\frac{k-Bt_2}{Bt_2}$$

になり，分母は労働者が賃金を介して受け取る消費手段の価値，つまり労働力商品の価値，分子は労働者が労働をおこなうことによって生産しながら受け取らない価値額である。つまり，資本の側から見た剰余価値の成立条件は，労働者の側からみれば正の搾取率の存在である。労働者の消費水準が一定とすれば，この率を引き上げるためには，1日の労働時間 k を増加させるか，消費手段の価値 t_2 を下げるかの2つである。

時間あたりの実質賃金率 b の引き下げを，1日あたりの労働時間 k を増加させることでおこなう。これが，第1の方法である。1労働時間あたりの価値生産量が労働時間の延長によっても変化しないとすれば，この方法は生産量，新生産価値，剰余価値のすべてを増加させる一番分かりやすい剰余増加法である。マルクスはこれを**絶対的剰余価値の生産**と名づけている。産業革命の時代には，深夜労働によって労働時間が際限なく延長される傾向が生まれたため，労働時間を立法によって制限する運動（10時間運動）が生まれざるをえなかった。現代でも過労死ということばを生むほどの残業労働がおこなわれている。残業によってたとえ労働者の1日あたり総収入（B）が増加したとしても，労働時間が増加する率以上に総収入が増加しないかぎりは剰余価値率は増加する。残業

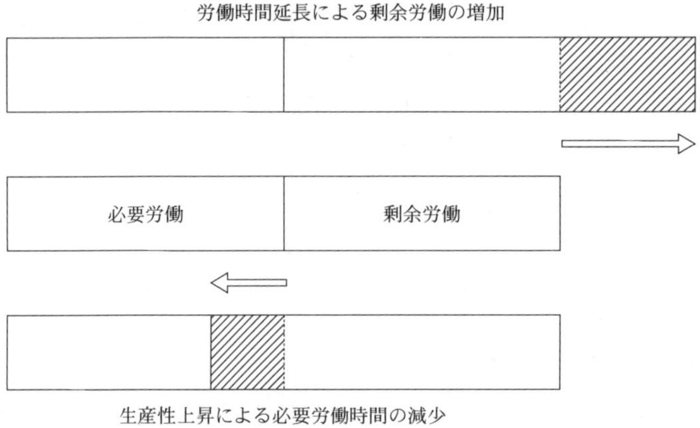

図 5-3　絶対的剰余価値の生産と相対的剰余価値の生産

に賃金が払われる場合でも，社会保険・福利厚生費などの固定的な労働費用も算入して割増がつかなければ，資本側の長時間労働に対する渇望を抑制することはできないのである。

実質賃金率 b を引き下げずに消費手段の価値 t_2 を引き下げることは，労働生産性を向上させることによって実質賃金率を維持しながら生産単位あたり実質賃金費用を引き下げることである。これは労働量＝新生産価値量を増大させずに，その剰余価値側の配分率を引き上げるので，マルクスによって**相対的剰余価値の生産**と名づけられた。生産性の向上によって消費財の価格が低下し，労働者の消費水準（実質賃金）を引き下げずに貨幣賃金を引き下げることができるようになるというのがその典型ケースである。実質賃金（b ないし B）が上昇する場合でも，その上昇率が消費手段の価値低下に反映する労働生産性の上昇率を下回る場合には，剰余価値率は上昇する。管理通貨制度がおこなわれている現代では，生産性の上昇が価格の低下に直結しないことが多いが，そのような場合には，貨幣賃金が上昇しても相対的剰余価値の生産が起こる場合がある。たとえば労働生産性が 10 パーセント上昇しながら物価はそのままである状態で賃金が 5 パーセント上昇すれば，労働者の実質賃金は 5 パーセント上昇しているが，純生産に占める利潤の割合は増大して，相対的剰余価値の生産

Column 5-1

付加価値・剰余価値と国民経済計算

試験をすると一番多い初歩的な間違いは，「付加価値」と「剰余価値」との混同です。英語でも，前者はadded value，後者はsurplus valueで，確かに語感が似ていますから，勉強をしていなければ間違えるのも無理はないでしょう。

「付加価値」というのは，企業の生産高（あるいは販売高）から原材料その他の投入価値（購買高）を差し引いて得られた価値額ですが，賃金などの労働費用は差し引かれていません。ですから，「付加価値」には，利潤などの「営業余剰」（つまり剰余価値M）だけでなく賃金部分（可変資本V）も含まれています。さらに「資本減耗」分も差し引かれていないことは本文でのべたとおりです。

「付加価値」を足し合わせて得られる「国内総生産（GDP）」から「資本減耗」を差し引き，さらに海外への所得支払いと所得受け取りを調整して得られる「国民所得」をもとに，剰余価値の規模と率について考えてみましょう（なお，市場価格表示での国民所得には間接税や補助金も含まれていますから，それらを含まない要素費用表示の国民所得がより適切です）。

内閣府の「国民経済計算確報」によれば，2006年（平成18年度）の日本の国民所得373.6兆円のうち，雇用者報酬は70.7パーセントで，非企業部門の財産所得は4.7パーセント，分配所得受払い後の企業所得は24.5パーセントです。「雇用者報酬」をV，それ以外を「剰余価値」Mとみなせば，「剰余価値率」M/Vは41.4パーセントです。しかし，「企業所得」には個人業主の所得も含まれますから，そのうち半分が賃金部分にあたるとみなせば，「剰余価値率」は32.0パーセントにまで下がります。

しかし，これは現在行われている国民経済計算の数字に「剰余価値率」の概念をあてはめただけです。注意しなければならないことは，社会経済学的な分析では，研究者の関心に応じて「生産」の範囲や「価値」の尺度が設定されるということです。国民経済計算では，金融部門や政府部門も価値の生産をおこなっているものとされています。しかし，実体的な経済活動を重視する場合には，貸し付けた資金の利子と金融手数料からなる金融業の「売上高」は生産からは除外されますし，政府も支出主体ではあっても生産者であるとはみなせないでしょう。金融・保険業と政府サービスの2部門における雇用者報酬を分母から差し引き，他方で国内総生産と国民所得（要素価格表示）の比率で調整したこの2部門の「生産」額を分子の剰余価値分に加えるならば，2000 年代初頭の数値でも剰余価値率が 70 パーセント近くに達します。かといって，「生産」の範囲を物的生産だけに限定すると，商業やサービス業などを含む第 3 次産業のほとんどが「生産」から除外されてしまいます。これは，現代の日本で過半数を占める労働者を「不生産的労働者」とすることにもなり，現代の社会経済学的な分析に適していません。「生産」を，物的形態にとらわれずに「使用価値の生産」として考えれば，商業やサービス業の大部分も「生産」をしていることになるでしょう。

また，国民経済計算が商品の市場価格を基礎にした統計的数値であるのに対して，社会経済学では，労働価値（商品の生産に要した投下労働量）によって価値および剰余価値を考えるのが普通です。それは，社会的労働による価値の生産とその階級間分配を重視しているためです。労働価値説を基礎にして現実の経済を考えるためには，生産に投じられる社会的労働と市場価格表示の国民経済計算の数値との対応関係を考えなければなりません。そのもっとも簡便な方法が，本文でも採用しているような，国内の労働量の総量と国民所得を等しいとおいて，両者（社会的労働時間と円）を換算しあう方法です。

が起きている。

3．剰余価値生産の社会システム

1）企業内の交換

前節での剰余価値の生産の説明は，労働力商品の価値とその使用価値，つまり労働の価値形成力を一定としたものであった。しかし，現実には，たしかに労働市場で決まる（とくに不熟練職種の）賃金はあるが，多くの企業はその従業員に対してそれを上回る賃金を払っている。他方で，労働の効率は労働力の質，あるいは労働させる時間だけでなく，労働者がどれほど努力するかにかかっている。企業は大卒，あるいは大学院卒の労働者を何らかの能力指標を基準に優秀な労働力として雇い入れることができる。しかし，彼（彼女）らが怠けるならば，その労働は雇い主が希望した量および質の生産を実現しないであろう。逆に，彼（彼女）らが努力するように仕向けることができれば，高給を払ってもおつりがくるような効率的な生産を実現できるかもしれない。これは，労働力からの労働をいかに引き出すかという問題である。資本家は労働力の価値である賃金を支払って労働者を雇用する。しかし，剰余価値を生産する労働という，資本家にとっての使用価値の実現は自動的にはおこなわれない。そこには，市場での契約取引に還元されない雇用関係，あるいは企業組織にかかわる問題領域がある。

前章でわたしたちは，産業予備軍が存在する労働市場では資本が労働を支配するということを見た。それでは，なぜ賃金が低下して失業を解消しないのであろうか。答えは賃金が低下して労働力の価値以下になるなら，労働力が再生産できないからである。しかし，労働力が再生産できるかどうかは労働者の側の事情であって，資本家の側は労働者側の生活事情がどうであれ賃金の低下を歓迎するはずである。資本家がそうしないのは，失業が存在する状況下でも，賃金をむやみに下げるよりも一定水準以上の賃金を払った方が労働者の努力を引き出すことになり，賃金費用に対する価値生産の効果比において有利になることが多いからである。

雇用されている労働者は失職すれば，収入が途絶えるかあるいは失業手当に頼らざるをえなくなる。直ぐに仕事がみつかる場合でも，大幅な賃金の低下をがまんしなければならない。努力しないことが露見して労働契約の更新が打ち切られる，つまり解雇されるならば労働者はそれだけの不利をこうむる。これが，労働者にとっての失職のコストである。失職して再就職する場合の賃金の水準と現在の賃金に差がなければ，労働者は雇い主を満足させるように努力する気持ちにはならないかもしれない。現在の賃金がその水準を上回れば上回るほど失職の際のコストは高まり，労働者は解雇をさけるためにそれだけ一層努力するであろう。したがって，企業が払う賃金と労働者の努力水準の関係は図5-4のような，市場で代替的に与えられる留保賃金に対応したミニマムな努力水準からはじまる右上がりの曲線（労働抽出曲線）を描くと考えられる。もちろん，この曲線は企業の側の監視の目が行き届くならば急な傾きになり，監視がルーズであれば緩い傾きになるであろう。監視と努力というといかにもドラ

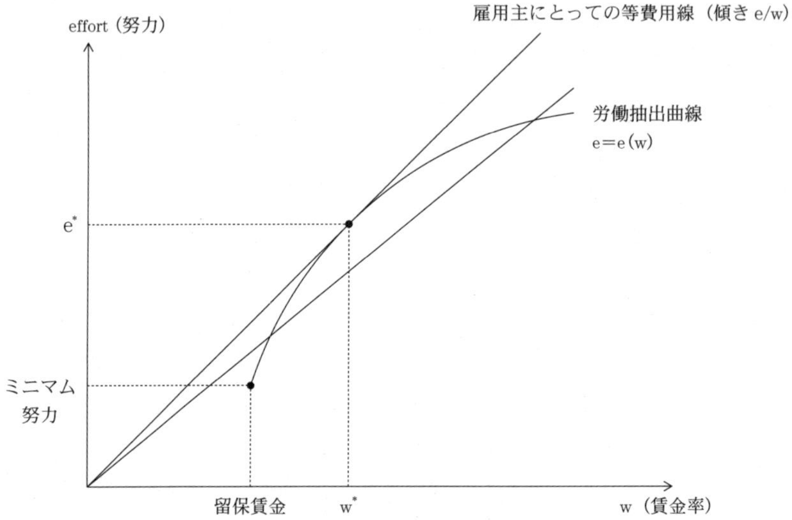

図 5-4　対抗的交換

イであるが，日本的経営のように，労働者を定着させ，技能を継続的に高めさせ，それを「査定」などで評価すると表現してもかまわない。定着性，忠誠心，向上心も「努力」のあらわれであり，評価も「監視」と同義である。

しかし高賃金による労働効率の増進効果には限界がある。企業は労働効率の増進による利益とプレミアム賃金を払う費用を天秤にかけなければならない。したがって，賃金引上げの効果が労働 1 単位（時間あるいは日）あたりの生産物あたりの労働コストを下回るならば，賃金プレミアムを与えすぎていることになる。図 5-4 では，単位賃金コストの逆数（e/w）を傾きとする直線と労働抽出曲線の接点が企業と労働者の双方にとって最適点であることを示す。労働抽出曲線は企業の賃金政策に対する労働者の反応を示す関数であるが，企業はその曲線上で企業にとって単位賃金コストを最も低くする（利潤幅を最大にする）点（w*）をえらびとるからである。

労働者はロボットでも奴隷でもないから，資本家も労働者の意思を完全に支配することはできない。努力水準を決定するのは労働者であり，彼（彼女）は，失職のコスト，監視の程度，余暇の魅力などを勘案しながら，賃金の高さに対応する努力水準を決める。しかし，資本家は失職コストや監視の実効度を高めることによって，労働者の意思決定を実質的に支配できる。この理論を提唱したボウルズとギンタス[4]は，このような交換を**対抗的交換**と呼んでいる。労働力は，他の商品のようにはじめからその属性（使用価値）をすべて規定して引き渡すことのできる商品ではないからである。

2）特別剰余価値の追求

絶対的剰余価値の生産にくらべて相対的剰余価値の生産は理解しにくい。たとえば，生産手段を生産する産業の資本家は他産業の生産物である消費手段の価格は所与であると考えるかもしれない。また消費手段産業の資本家は，労働力の価値が低下しても同じ割合で消費手段の価値が低下すれば剰余価値率の増加は望めないと思うかもしれない。しかし，両者とも間違っている。生産手段生産部門における生産性の向上は消費手段のなかに価値移転する不変資本の価値を低下させて消費手段の価値低下に貢献する。消費手段の価値低下は，それが消費手段産業での生産性向上によるものであろうと，生産手段産業のそれであろうと投入・産出の比率をどこかで改善したことによるものであるから，消費手段部門においても剰余価値率の上昇をもたらすのである。

そのような社会的関連はなかなかみえにくいので，それ自体が剰余価値生産の動機にはなりにくい。しかし，市場機構には，生産性改善を促進し，相対的剰余価値生産を実現するメカニズムが存在する。それは，生産性の向上に成功した企業は，その技術が産業全体に普及して，低下した価値に対応して価格が下落するまで，超過利潤を獲得するので，それをめぐって技術革新とその獲得競争，そして普及が実現するというものである。マルクスはこの超過利潤を，価値論・剰余価値論の段階で「特別剰余価値」と名づけている。

もし新技術による生産性向上（費用削減）を実現した企業が最後まで技術独占をまもる場合には，価格は従来どおりか，あるいはこの独占企業が独占利潤を得る価格にとどまり，消費手段の価値低下にまで行き着かない。しかし，市

4）S. ボウルズ，H. ギンタス「資本主義経済における富と力」横川信治・野口真・伊藤誠編『進化する資本主義』日本評論社，1999年，を参照せよ。

場経済では，新技術を体化した生産手段自体や新技術自体も商品として取引される，あるいは，類似した技術や代替的な技術も出現するであろうから，競争が存在するかぎり，超過利潤はいつか消滅する。もちろん，その産業でカルテル型の独占が形成されるなら，その産業は他の産業あるいは消費者を犠牲にして独占的要素のある価格を押し付ける。しかし，これに対しては，独占から逃れる利益や，他産業からの参入，他産業での代替的財の創出などの要素があるので，この産業的独占も早晩崩れて，価格下落を通じて生産性上昇の効果が他産業の生産費や労働者の生活費にも影響を与えるようになる。そうなると，消費手段の価値低下による労働力商品の価値低下が起き，相対的剰余価値の生産が実現するのである。

3）フォード主義

労働生産性が上昇したとき労働者の実質賃金をそのままに据え置くならば，労働生産性上昇の成果はすべて資本家のものになる。しかし，そのような一方的な関係にはいくつかの問題がある。第1は，労働生産性の向上は通常より高度な労働力能（知識・技能・教育など）あるいはより高い労働密度を伴うので労働者により高い報酬を与えなければ，労働意欲の喪失や不満が生じ，また高い労働力能の維持ができないであろう。第2は，労働生産性の上昇は同数の労働者でより大量の商品を生産できることを意味するから，増加した商品の需要が存在しなければならない。それが見つからない場合，労働時間を短縮しないかぎりは雇用を減らさざるをえない。生産が増加しなくても収益性を高められる場合もあるが，労働生産性の向上が大規模生産の実現と結びついている場合には，そのようなわけにいかない。したがって，拡大する安定的な需要がない場合には，生産性の上昇をもたらす技術革新は経済に不安定をもたらす。

その典型的な経過をみれば以下のようである。

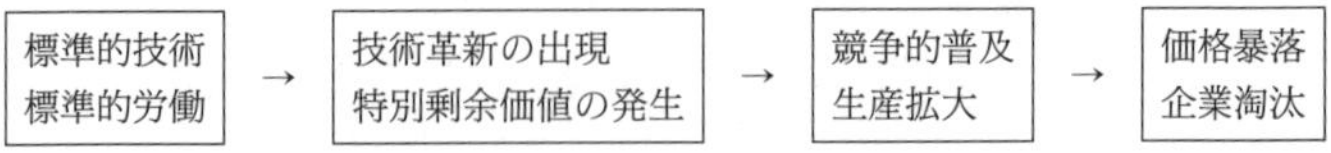

図 5-5 技術革新の不安定なプロセス

たしかに，恐慌を経験して，1サイクルまわった後では，労働力商品の価値低下も含めて，新技術に対応した価値体系が成立し，資本の収益性が向上しているであろう。それに対して労働者は，実質賃金（生活水準）は維持されるものの，雇用が不安定で，場合によっては失業が増大している。富裕層の消費といった剰余価値の支出による需要の増大に多くを期待することはできないから，新技術の登場や大市場の出現の期待によるブームがなければ経済成長は起きない。期待されたブームはまたより深刻な恐慌を生み出すことになる。現実の経済がそれほど不安定でなかったとすれば，それは価格低下とともに労働者の実質賃金が増加し，大衆的需要が多少とも生まれたためであろう。

M. アグリエッタやR. ボワイエなどのフランスのレギュラシオン学派は，20世紀においては資本と労働の**階級的妥協**によって大衆的需要の欠落による経済の不安定を克服する蓄積様式が成立したと論じている[5)]。彼らは，その先駆を大量生産方式によって自動車を大衆化した1920年代の自動車王ヘンリー・フォードの高賃金政策に認めて，それをフォード主義と命名している。フォードは自社の従業員が自社のフォードT型車を買えるようになることを望んだ。フォード社は1企業にすぎないが，ニューディール期のアメリカでは，全国的な団体交渉制度が確立し，労働の生産性の向上と賃金引上げを連動させる制度的基礎が作られた。これを基礎として生まれた大量生産と大量消費の両輪が揃った国民経済的に整合的な資本主義の発展様式がフォード主義である。これは，国ごとに種々の差異はあれ，第2次大戦後に欧州や日本でも同様な蓄積体制が成立し，1970年代の半ば頃まで，深刻な不況なしに国民の生活水準を引き上げた「資本主義の黄金時代」が生み出された。

この「フォード主義」の理論の各要素間の因果関係を示したのが図5-6である。その基礎にあるのは，生産性の向上の成果を資本と労働の双方で分配するという合意である。しばしばフォード主義の指標とされる，労働生産性と賃金のインデクセーションは，労働分配率（剰余価値率あるいは搾取率としてもよい）

5）M. アグリエッタ『資本主義のレギュラシオン理論』（若森章孝・山田鋭夫・大田一廣・海老塚明訳）大村書店，1989年；R. ボワイエ『レギュラシオン理論』（山田鋭夫訳）藤原書店，1990年；山田鋭夫『レギュラシオン・アプローチ』藤原書店，1991年，参照。

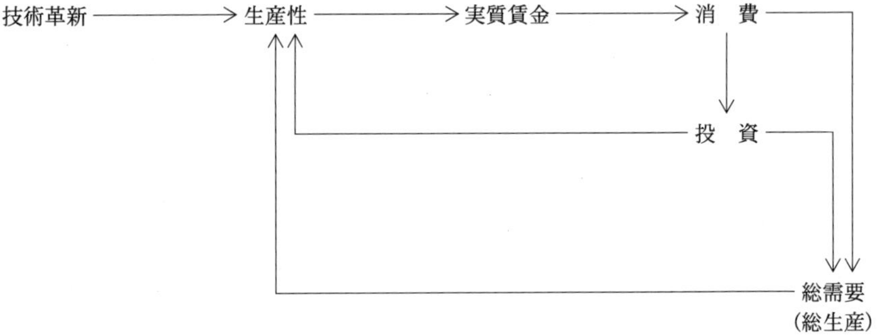

図5-6　フォード主義の好循環

出典）山田鋭夫『20世紀資本主義』有斐閣，1994年，80頁。

を一定に維持する合意を意味する[6]。それは，1970年代に，単調高密度労働への反抗や環境・資源制約，経済の国際化などによって機能不全に陥るまで，資本・労働関係を維持しながら，経済成長・資本蓄積・消費増大の3者をともに実現させることができたのである。

6）日本の労使関係は企業あるいは企業グループ内にとどまることが多いので分配に関する合意が国民経済レベルで成立しているとはみなせない。そのため，日本に「フォード主義」が存在したかどうかをめぐって論争がおきている。

第6章　回転する資本

年間生産物は，社会的生産物のうちの資本を補塡する諸部分すなわち社会的再生産を含むとともに，消費財源にはいって労働者や資本家によって消費される諸部分を含んでおり，したがって生産的消費とともに個人的消費を含んでいる。それはまた資本家階級と労働者階級との再生産（すなわち維持）を含んでおり，したがってまた総生産過程の資本主義的性格の再生産を含んでいる。

——マルクス『資本論』第3巻第23章（DKIII, S. 391：全III，482頁）

この章の考察対象

前章では，資本にもとづく生産によって剰余価値がどのようにして生産されるかを説明しました。この章では，剰余価値を生み出す資本が時間のなかでどのように運動し，そのなかで資本制生産の基礎になる社会関係をどのように再生産するかを論じます。それは，資本主義の経済の成長と分配関係を理解するための基礎です。

1．資本循環の3つの視点

労働力を支配し，生産過程を自らのうちに組み込むようになると，資本は剰余価値を自ら生産できるようになる。利潤追求の活動はもはや状況次第，相手次第の不安定な活動ではなく，反復的に追求できる活動になる。獲得した利潤を元の資本に追加して，より大規模な生産を組織して，より大きな剰余価値を獲得することが可能になる。このような反復的循環のなかでは，貨幣という姿をとるにせよ，生産過程にある原材料や生産設備であろうとも，あるいは販売中の商品であろうとすべて共通のものの現れになる。外形は違っても共通なものというのは，具体的なものではなく抽象的一般的な存在，つまり価値であるが，もはや静態的に同一の大きさにとどまる価値ではない。剰余価値を生み出す価値，増殖する価値として，価値は資本となっている。

ここで生産過程を含む資本の循環を，図で示すと次のようになる。

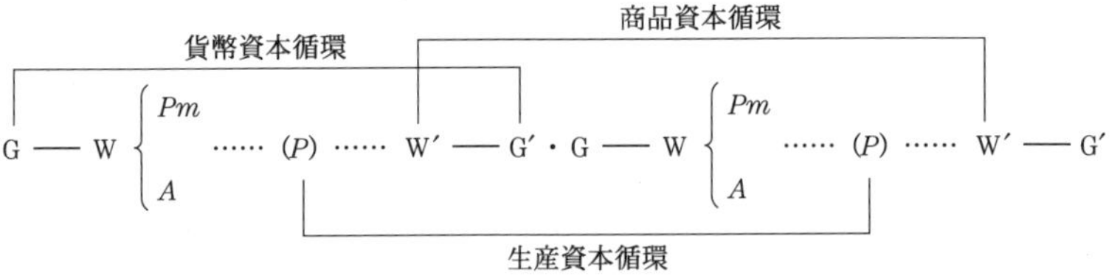

図 6-1　資本の 3 循環

資本がとるさまざまな形態はそれぞれに独自の特質を有している。資本が循環運動を通じてどのように変化しているかということ自体，同じ形態のもとで比較してはじめてわかることである。したがって，資本の循環は，貨幣的形態から貨幣的形態にもどる循環運動（貨幣資本循環）として考察する視点，生産的形態から生産的形態にもどる循環運動（生産資本循環）として考察する視点，商品の形態から商品の形態にもどる循環運動（商品資本循環）として考察する視点の 3 視点から考察することができる。

第 1 の貨幣資本循環の視点は，価値増殖，あるいは利益の獲得という資本の目的の達成度（収益性）を直接に示すことのできる視点である。はじめに 1,000万円でスタートした事業が 1 期後に 1,200 万円になっていれば，200 万円の利潤をあげ，20 パーセントの利益率をあげたことが分かる。また，貨幣は自立的な価値として循環を開始することのできる形態であると同時に循環から引き上げることもできる形態である。したがって，貨幣資本循環の視点は，資本運動に対する権利関係を示すと同時に資本の処分・転用の可能性をも示す。最初の 1,200 万円が誰の出資によるものか，200 万円の利益をどのように処分するか（出資者に配当するかそれとも資本循環に留めるか），さらに利益率をにらんで，この資本循環を継続するか，中断するかを決定する際の視点でもある。

第2の生産資本循環の視点では，資本は労働力を支配する可変資本と生産の物的要素である不変資本からなっていて，工場などでおこなわれている生産活動がその現実的な姿である。健康で高度な知識技能を有する労働者がどれだけいるか，機械，生産設備がどれだけあり，その性能はどのくらいかという1企業，1産業，1国の生産面における基礎がこの視点によって考察される。こうした労働力や生産設備には多かれ少なかれ固定性があり，貨幣のように自由に処分できる存在ではないから，この視点においては資本の連続性・安定性が強調される。

しかし，生産的資本において示されるのは資本の生産的基礎であって，その結果としての生産ではない。資本循環の商品生産における結果を，市場における商品流通として総括するのは第3の商品資本循環の視点である。生産資本の循環においては，剰余価値は生産資本の増強に向けられた部分しか入ってこない。それ以外の，資本所有者の所得となる剰余価値は，貨幣資本循環の視点でも利益処分の前に一時現れるにすぎない。しかし，贅沢品であれ何であれ，資本家その他の財産所得から購入される商品もすべて——労働者用消費手段や生産手段と同様に——利益を実現するための商品資本である。したがって，商品資本の循環には，資本価値の流通だけでなく所得流通が含まれている。マルクスはケネーの『経済表』に，この商品資本循環の視点を読み取り，それにならって後に説明する再生産表式を作成した。

2．資本の回転

資本の循環には現実には時間がかかる。それは生産に要する時間だけではない。流通過程においても，生産した商品を販売する時間とともに，生産手段を購買し労働力を調達する時間がある。資本は，この各段階を経てもとの形態に戻る。もし，ある資本のすべての価値部分が，揃って貨幣資本から生産資本へ，さらに商品資本から販売をへて貨幣資本に復帰するなら，資本の回転期間は，生産手段・労働力の購買期間（t_1），生産期間（t_2），そして販売期間（t_3）の和である。このうち，生産期間においては剰余価値の生産がおこなわれる。また，

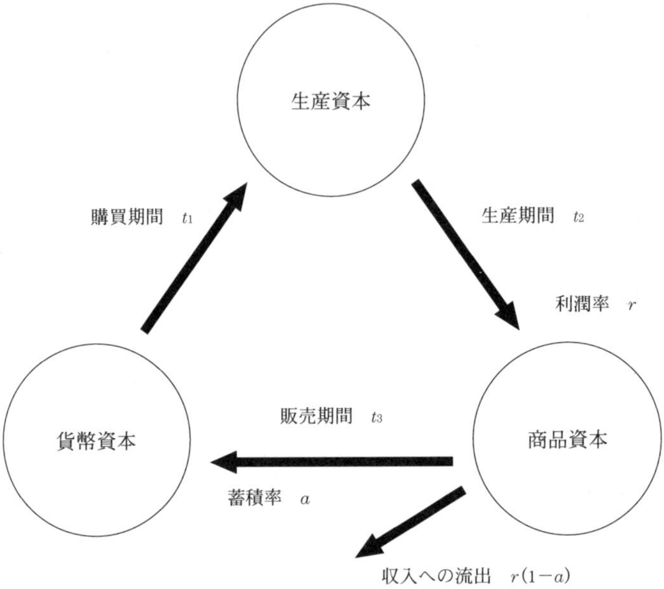

図 6-2 資本の循環・回転運動

販売期間を経て貨幣形態に復帰した価値額のうちの一部は，資本循環の支配者によって収入（配当・利子・地代など）として引き出されるので，その全部が生産手段・労働力の購買に当てられるのではない。したがって，生産資本が商品資本に移行する際の資本価値の増加率が 1 回転をつうじての利潤率となり，この利潤率に蓄積率を乗じたものが 1 回転をつうじての資本の成長率となる[1)]。

$$\underset{(\text{成長率})}{g} = \underset{(\text{利潤率})}{r} \cdot \underset{(\text{蓄積率})}{a} \tag{6-1}$$

時間を入れて資本の循環を示すと図 6-2 のようになる。

注意しなければならないことは，これが 1 回転期間あたりの利潤率，成長率だということである。もしこの利潤率が変化しないならば，回転期間が短けれ

1）資本回転論は D. フォーリー『資本論を理解する』が開拓した領域であるが，最近日本でも守健二『資本と時間の政治経済学』八朔社，2004 年が出現した。

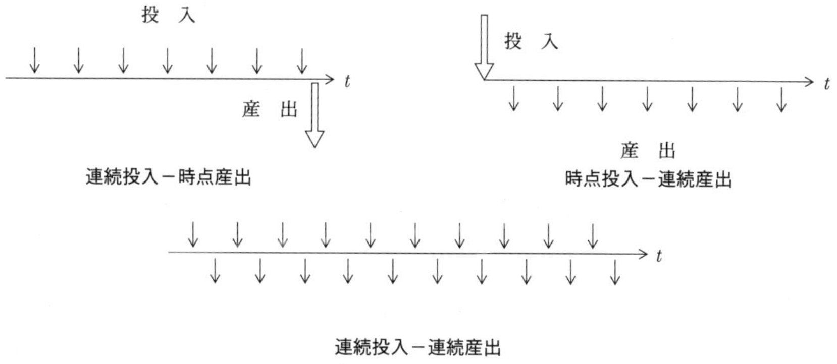

図 6-3　投入と産出のパターン

ば短いほど年あたりの回転期間数 n_y がふえ，年あたりの資本利潤率 r_y（$=r \cdot n_y$）が上昇する。

1回転ごとに資本価値が成長していることを考慮に入れるならば，1回転ごとに利潤も増加しているので $r_y=r\dfrac{(1+g)^{n_y}-1}{g}$ である。

しかし，販売や購買に要する期間は，マーケティングや情報収集活動によって短縮できるとしても，生産技術によって規定される生産期間を大幅に短縮することは難しい。回転期間数の増加は流通期間の短縮にかかっている。しかも生産期間が剰余価値を生産する期間であるのに対して，流通期間はそうではない。したがって，年あたりの資本利潤率は，生産期間と流通期間の比によって規定される。資本にとって，流通期間の短縮が死活の問題になるのはそのためである。

生産費は，生産量に応じてかかる変動費用と生産量にかかわらない固定的な費用に分かれる。前者には労賃，原材料費，燃料・電力費などが含まれ，後者の中心は生産設備の維持費（償却費）である。したがって，費用におけるこの区分は，流動資本と固定資本に対応するものとみなしてよい。

流動資本の支出は生産物の販売価値によって全額回収されるが，**固定資本**は部分的にしか回収されない。いま物的資本だけを念頭において，生産期間との関連で区分するならば，その耐久期間が生産期間よりも短いものが流動資本，それが生産期間よりも長いものが固定資本になる。さらに，生産過程への投入と生産物の産出の対応という視点からみると，流動資本は生産過程に継続的に累積し生産物が完成した時点でそれとともに流出する**連続投入一時点産出**という様式をとっている。それに対していったん工場に据え付けられると長期にわたって生産に貢献する固定資本は，**時点投入一連続産出**という様式をとっている。

ここで，流動資本と固定資本を資本の循環・回転の視点から対比してみよう。そのために，STELLA という時間的経緯を分析するのに便利なシミュレーションソフトを用いる。

i）まず生産が流動資本によっておこなわれる経済モデルからみていこう。購買期間は 2 週間で，貨幣資本は週ごとにその 1/2 が生産資本に移るとする。生産資本は，連続投入一時点産出という流動資本の投入・産出様式にしたがって，生産期間 10 週間ごとに完成した生産物を生み出し，商品資本に移行する。その際 0.3 の収益率で価値を増加させている。最後に，販売期間は 4 週間で，商品資本は週ごとにその 1/4 が販売されて貨幣となるが，剰余価値からの収入への流出率を 0.5 として，それを控除した数値が貨幣資本に再転化する。こうした想定のもとで，貨幣資本 1,000，生産資本 0，商品資本 0 からスタートして，貨幣資本，生産資本，商品資本のストックの価値の変動を第 75 週までシミュレートしたのが図 6-4 である。

商品資本が 0 のままの最初の 10 週間は，貨幣資本が生産資本に継続的に移行し，生産過程が構築されていく期間である。その後，10 週間ごとに生産過程に滞留した生産資本が商品資本に移行する。急激に増加した商品資本は連続的に売れていって貨幣資本を介して，その後 10 週目を迎えるまで生産資本を増加させる。この場合の回転期間は 16 週間であるが，販売と購買は連続的であるので，不連続的な移行期間である生産期間が資本ストックの変動を規定しているのである。

しかし，貨幣資本が生産過程に投下されるごとに，それだけの生産資本で

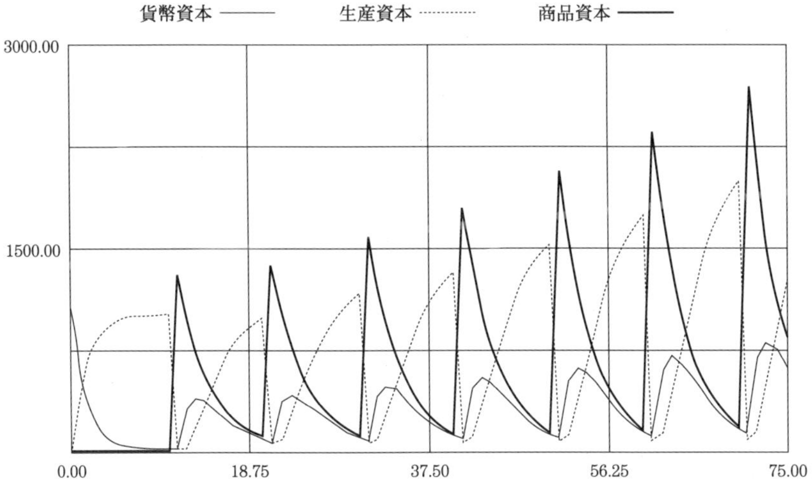

図 6-4　流動資本による生産（1）

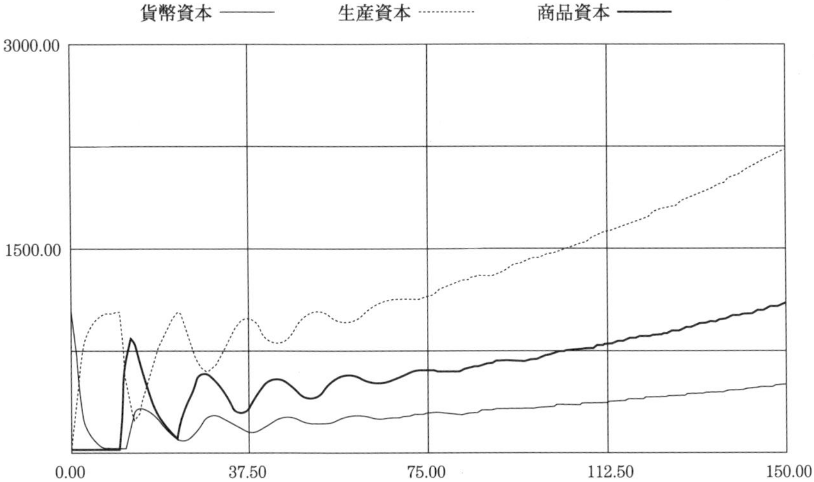

図 6-5　流動資本による生産（2）——分割・併行型生産

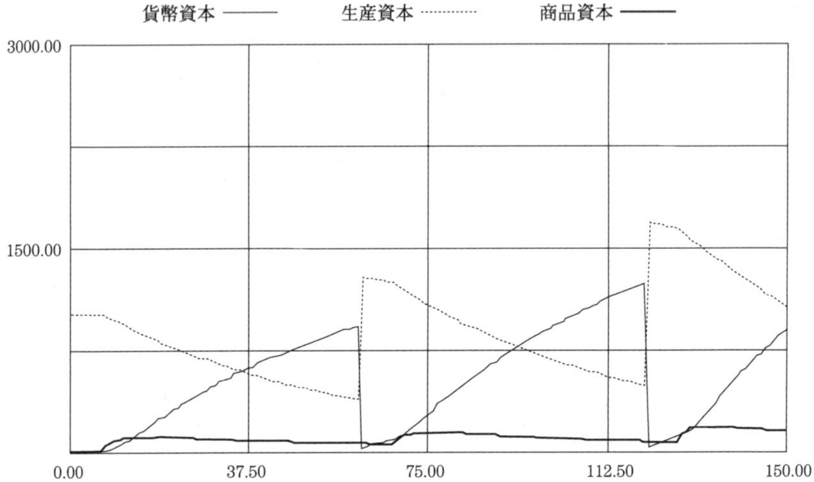

図 6-6　固定資本による生産（1）――一挙的更新の場合

10 週間の生産期間が開始されるという分割型の並行的生産をとった場合にはどうなるだろうか。その点だけを変更しておこなったシミュレーションの結果が，図 6-5 に示されている。この場合も，最初の 10 週間は生産過程を構築する期間であるが，その後，3 種の資本の比率の変動が調整されはじめ，80 週目頃にはどの資本も滑らかに成長するようになる。安定化した資本の構成比率は，生産資本が 59 パーセント，商品資本が 28 パーセント，貨幣資本が 12 パーセントである。この比率は，回転期間の構成に利潤率，蓄積率が影響して決まったものである（利潤率 0 の場合には，回転期間の構成比率になる）。

ii）次は，固定資本モデルのシミュレーション例である（図 6-6）。ここでは時間の単位を月としよう。固定資本の更新期間は 60 カ月，つまり 5 年，生産期間は 6 カ月，販売期間 3 カ月，購買期間 1 カ月である。初期状態には，生産過程に価値 1,000 の固定資本があり，商品資本，貨幣資本はともに価値 0 である。生産期間は 6 カ月なので，固定資本は 6 カ月後に自分の価値の 1/10 を商品資本に移し，その際 100 パーセントの剰余価値が付加されている。商品資本は，毎月その 1/3 の価値を貨幣に変えるが，剰余価値の 50 パーセントは収入

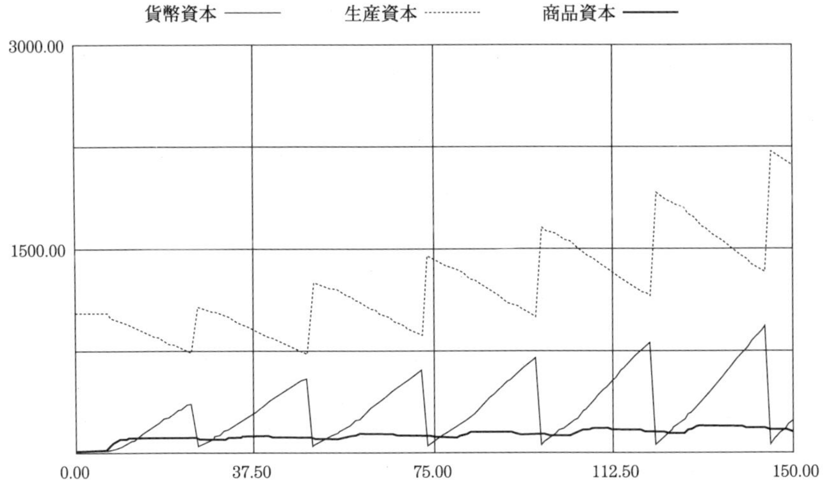

図 6-7　固定資本による生産（2）——複数設備の順次更新の場合

として流出している。固定資本の特質である**時点投入一連続産出**は，60 カ月ごとに累積した貨幣資本が一挙に生産資本に変わることによって表現されている。

この場合は，流動資本モデル以上に大きな周期的変動が起きている。固定資本の更新期間である 5 年ごとに，資本の主要部分が貨幣資本から生産資本に入れ替わる。商品資本は生産期間に対応して半年周期で増減しているが，その大きさは生産資本の価値に依存している。剰余価値を入れても 1 月あたりの生産物（商品資本の追加分）の価値は固定資本の 1/30 でしかないから，このモデルでは商品資本の比率は僅少である。

固定資本による生産モデルの資本構成の不安定性は，巨大な設備をそなえた現代産業の不安定性を示唆する。巨額の投資を細々とした販売収益で数年もかけて回収し，償却資金を貯めて設備更新に備えなければならない。そのサイクルの局面ごとに企業の財務状況がまったく異なっているからである。しかし，固定資本を複数配置し，更新時期をずらしていけば，この不安定性はかなり削減される。ここでは，24 カ月ごとに蓄積された貨幣資本で固定資本投資をおこなう場合（図 6-7）のシミュレーション結果を示している。更新間隔が短くなればなるほど，貨幣資本の滞留率は減少し，生産資本（固定資本）の変動の幅が小さくなる。1年毎の更新になると，生産資本の価値量は，更新間隔に対応した小幅な波は残るものの，コンスタントな成長を続けることが見てとれる。更新間隔が極小化すれば，もちろんスムーズな成長経路にのることであろう。

更新期間の極小化は，個々の企業をとるならば，極小な価値でも固定資本投資がおこなわれると想定することに等しいので，非現実的である。日本で最大級の製鉄所でも高炉は 4-5 基程度であるし，3-4 隻程度の船舶をやりくりしている海運会社もざらである。しかし，範囲を大きな国の経済全体にまで広げるならば，固定資本が毎期ほぼコンスタントに更新されている状態が成立することも不可能ではない。そのためには，設備の更新期がまだ来ていない企業が積み立てた償却資金を，他の企業が設備更新の資金として利用できるような金融の仕組みが生まれていなければならない。

経済が成長・拡大の過程にある場合，現在の償却基金は更新期が到来した固定資本の更新費を上回るのではないかという問題が減価償却にかかわって議論されたことがある。しかし，更新の時点で課題となるのは，成長過程のなかでの設備更新であって，耐用期間の切れた設備を同一規模で更新することではない。そう考えると今度は，更新のために必要な資金が過去から貯めてきた償却資金を上回ることになる。この問題は，企業が償却資金を成長率に対応する適切な金利で運用することができれば解決する。

問題なのは，後の章で触れるが，資本主義の下におこなわれる固定資本投資は，時間軸にそって満遍なくバラされるというよりも，むしろ集中化する傾向があることである。多くの企業が競って固定資本投資に走るようなブーム期には，金融機構が存在したとしても資金需要が増大して，利子率を急上昇させたり，資金の手当てができない企業を生み出したりするかもしれない。他方投資意欲が沈滞している時期には，遊休資金が増加して利子率を引き下げるかもしれない。多くの経済学者が，周期的恐慌の原因を固定資本（設備投資）の循環に求めたのも，当然であろう。

この2つのモデルは流動資本，固定資本だけで生産がおこなわれるモデルであるが，現実にはどの企業，産業であれ，両方の資本を用いて生産がおこなわ

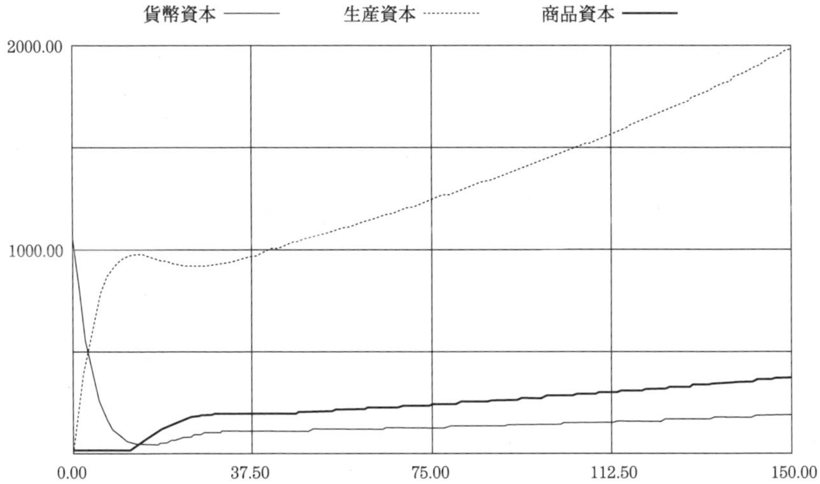

図6-8　同時化がはかられた生産――貨幣資本1,000から出発する場合

れている。しかし，流動資本，固定資本のどちらについても，上にその可能性を述べたように，分割投資による同時化がはかられているとすれば，どちらについても**連続投入―連続産出**とみなせるようになっている。そのような効率化が産業レベルで実現しているとすれば，固定資本・流動資本の区別なく，資本全体について平均的な，購買期間，生産期間，販売期間を求めることができるであろう。図6-8はそのような想定で，貨幣資本1,000，生産資本0，商品資本0から出発したシミュレーションである。回転あたりの収益率は0.4，収益からの蓄積率は0.5，購買期間は4週間，生産期間は10週間，販売期間は6週間としている。この場合には，生産期間のために生じる最初のラグを解消するのに30週程度を要しているが，その後資本構成の安定化が実現している。貨幣資本，生産資本，商品資本の割合は，それぞれ6.9パーセント，78.8パーセント，14.2パーセントとなっているが，これは上記のような回転期間の構成と利潤率によって決まっている。

3．再生産

1）資本関係の再生産

資本の循環は価値の運動を時間軸に沿って考察したものだが，それは資本の取引がすべて円滑に進行することを前提している。しかし，生産手段にせよ，労働力にせよ，資本が必要とするときにそれを調達できなければ，貨幣資本を生産資本に移行させることはできない。また，生産手段にせよ消費手段にせよ，商品の需要がどこかで生まれていなければ，商品資本を貨幣形態に移行させることができない。資本はそれぞれが取引相手を有していて，また自分自身が他の資本にとって取引相手となっている。また，資本の取引相手には，労働力商品を売って賃金を受け取る労働者階級，資本に対する支配から収入を得て消費する広義の資本家階級も加えなければならない。これらの経済主体が経済のなかに配置され，経済の空間的な構造を形成している。資本の循環・回転はこの経済的空間のなかで行われるのである。

ここで本章冒頭の資本循環の範式（図6-1）を再度ながめてみよう。

貨幣資本が最初に与えられたとして，この循環が円滑に進行するための経済的空間の中での条件は，第1に，資本家が労働力を提供する労働者，生産手段を提供する他の資本家と出会い取引が成立すること，第2に，生産物が商品として需要する他の経済主体に出会い，彼らに商品を販売して貨幣を得ることである。しかし，最初の取引の相手が保有していた生産手段と労働力はこの循環のなかの生産過程で消費されている。また，第2の取引相手が保有していた貨幣はこの資本の側に移っている。したがって，資本が2回目の循環に入って再度生産をおこないうるためには，最初の循環の際に存在していた条件が再度回復されていなければならない。そのためには，第1に，今期の生産で消費される生産手段が経済空間のどこかで今期中に生産されていること，いいかえれば今期の生産で生産される商品のなかに，今期消耗した生産手段を補塡し，来期の生産に用いることのできる生産手段が含まれていることが必要である。第2に，労働者が今期の生産において消耗した労働力を適切な消費生活によって回復していることが必要である。これは，今期の生産物のなかに労働者の消費生活に入る消費手段が含まれていることを意味する。第3に，企業にせよ，家計にせよ，今期に商品を購買してくれる顧客が，来期もまた顧客として登場してくれるように貨幣が循環することである。

この条件がどのように満たされるかを考察するために，先の資本循環の図式に取引主体をも明示して，商品と資本価値の流れを追跡してみよう。

まず，労働者に払われた賃金は消費手段を購買するために用いられ，来期の労働力を労働者が供給することを可能にする。賃金として労働者が受け取った貨幣価値は，消費手段を生産する資本のもとに復帰する。次に，生産手段に支払われた資本価値は，この受け取り企業自体による生産手段と労働力の購買に用いられ，それによって来期の生産に必要な生産手段が生産される。貨幣フローのうち前者は生産手段を生産する資本の手元に入り，後者は労働者家計を経由して消費手段を生産する資本の手もとに復帰する。最後に，生産手段にせよ，消費手段にせよ，その販売価値のなかには剰余価値が含まれている。この剰余価値のうち，生産的投資に回されない部分は，広義の資本家階級の消費にあてられる。労働者の賃金と資本家の消費的支出は，消費手段を生産する資本のもとに集まるが，その一部はこの資本の必要とする生産手段を購入するために生産手段を生産する資本に移る。

こうした生産物の流通と貨幣の流れの総体のなかで見えてくる事態は次の2つである。第1は，生産手段は資本どうしの取引はあるにせよ，資本制企業の内部にとどまり続ける。第2は，労働者の消費生活はそれ自体としては人格的自由が保障された領域であるが，経済システムの総体的な視点からは，資本が必要とする労働力を維持・再生産する領域とみなされる。この2つの事態は同一の事態の両面である。なぜなら，労働者に生産手段を取得する可能性が閉ざされるには，労働者の手元に入る賃金が消費の必要のために出て行ってしまうからである。逆に，生産手段を取得する可能性が労働者に閉ざされているから，労働者は賃金をもっぱら労働力の維持・保全のために用いるのである。

結局，資本主義のもとで生産が継続される（再生産がおこなわれる）ことが意味することは，生産手段と労働力の分離が維持されること，いいかえれば，生産手段をもたないために資本への雇用に依存せざるをえない労働者が再生産されるということである。それは，生産手段を支配する資本家に対して，労働者が従属するという生産関係の再生産である。

2）再生産表式

この説明から分かるように，再生産の条件を理解するためには，生産手段を生産する第1部門と消費手段を生産する第2部門に生産部門を分け，また家計を賃金によって生活する労働者家計と剰余価値から引き出される収入を基礎とする（広義の）資本家家計とに分けることが有益である。マルクスは，これを「再生産表式」というモデルであらわした。第1部門の生産物の総価値を W_1，同じく不変資本を C_1，可変資本を V_1，剰余価値を M_1 とし，また第2部門も同様に表すならば，以下のようになる（なお，再生産表式においては，固定資本は捨象され，すべての不変資本の価値が生産物に移転するとされている）。

$$
\begin{aligned}
W_1 &= C_1 + V_1 + M_1 \\
W_2 &= C_2 + V_2 + M_2
\end{aligned}
\qquad (6\text{-}2)
$$

マルクスはこの表式を容易に理解させるために，まず剰余価値がすべて消費され蓄積がおこなわれない単純再生産を説明し，そのあとで蓄積をともなう拡大再生産に進んでいる。

［単純再生産の数値例］[2)]

$$
\begin{aligned}
&\text{I} \quad 4{,}000c + 1{,}000v + 1{,}000m = 6{,}000 \\
&\text{II} \quad 2{,}000c + 1{,}000v + 1{,}000m = 4{,}000
\end{aligned}
\qquad (6\text{-}3)
$$

第1部門は生産手段 6,000 を供給しているが，生産手段に対する需要は，第1部門と第2部門の不変資本 C_1 および C_2 から生まれている。この場合，需給が一致している。第2部門は消費手段 4,000 を供給しているが，需要は第1

2）『資本論』(DK II, S. 505：全II，632 頁）では，単純再生産の数値例では両部門ともに有機的構成（C/V）を 4 としているが，拡大再生産の数値例では第 1 部門の有機的構成が 4 であるのに対して第 2 部門のそれが 2 となっている。ここでは混乱を避けるために，単純再生産の数値例においても，拡大再生産の数値例の想定に従った。

部門と第2部門の労働者が得た賃金 V_1, V_2 と剰余価値 M_1, M_2 から生じている。資本蓄積がないので，剰余価値はすべて資本家消費として消費手段に向けられるとすれば，消費手段の需給も一致している。この需給一致の条件は，生産手段需要が C_1+C_2，消費手段需要が $V_1+V_2+M_1+M_2$ であるから，先の表式を供給される生産手段と消費手段の価値構成とみなして，等号で結びつければよい。

$$
\begin{aligned}
C_1+V_1+M_1&=C_1+C_2\\
C_2+V_2+M_2&=V_1+V_2+M_1+M_2
\end{aligned}
\qquad (6\text{-}4)
$$

どちらの等式からも，$V_1+M_1=C_2$ という関係が引き出される。

次に剰余価値の一部が資本の蓄積に回される拡大再生産については，次の数値例を与えている。

［拡大再生産の数値例］

$$
\begin{aligned}
&\text{I}\quad 4{,}000c+1{,}000v+1{,}000m=6{,}000\\
&\text{II}\quad 1{,}500c+750v+750m=3{,}000
\end{aligned}
\qquad (6\text{-}5)
$$

マルクスはここで第1部門の剰余価値1,000のうち50パーセントが蓄積にまわされるとする。第1部門の資本の有機的構成（C/V）は4であるから，追加資本500のうち400が追加不変資本 $\varDelta C_1$，100が $\varDelta V_1$ となる。したがって，第1部門で生じる生産手段の需要は4,400となり，1,600が他部門に供給できる生産手段の量になる。マルクスは資本の蓄積を生産手段の配分から捉えているので，第2部門がこの1,600を購入すると，$\varDelta C_2$ は100となり，第2部門の有機的構成を2と想定すれば，$\varDelta V_2$ は50となる。したがって，第2部門では剰余価値750のうち蓄積は150であるので蓄積率は20パーセントとなる。しかし，2年目以降は，第2部門の蓄積率は30パーセントに固定するが，これは第2部門を毎期10パーセントで成長させる。これは，蓄積率50パーセントと想定した第1部門の成長率と同率であり，第2期以降の第1部門と第2部門の生産比率は2.06で安定している。つまり，第2期以降は，均衡成長が実現する（図6-10を参照)。もちろん，これは一定率で成長する第1部門の生産

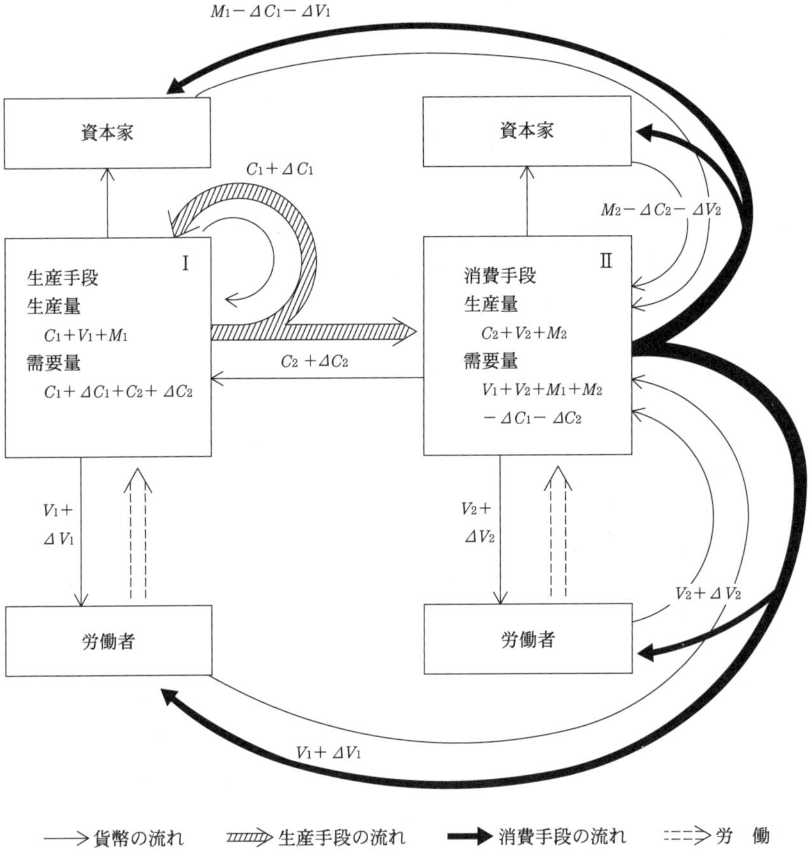

図 6-9　再生産表式の図解（拡大再生産の場合）

手段供給に適合するように第 2 部門の成長が決定されるようにモデルが組まれているからである。両部門でそれぞれ独立した意思決定がおこなわれるならば，均衡成長どころか，需給一致でさえも実現しないであろう（図 6-11 参照）。

ともあれ，数値例を離れて拡大再生産における均衡条件を整理するために，生産手段と消費手段の需要と供給を記号で表し，それを等号で結びつけてみよう。

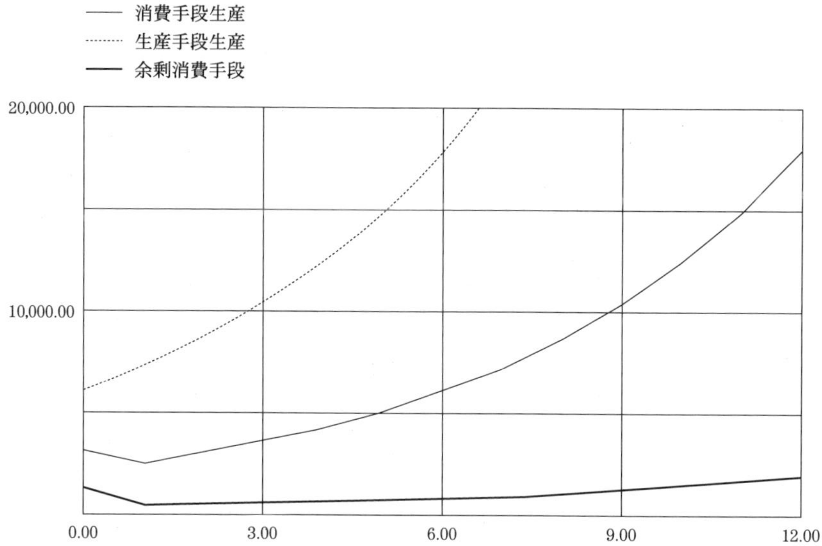

図 6-10　第 1 部門先決の成長

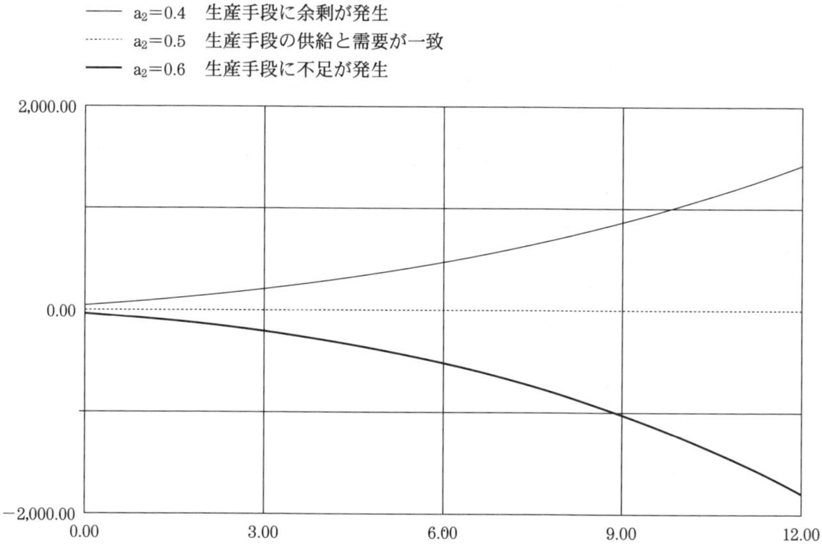

図 6-11　第 1 部門と独立に第 2 部門が蓄積率を決定する場合

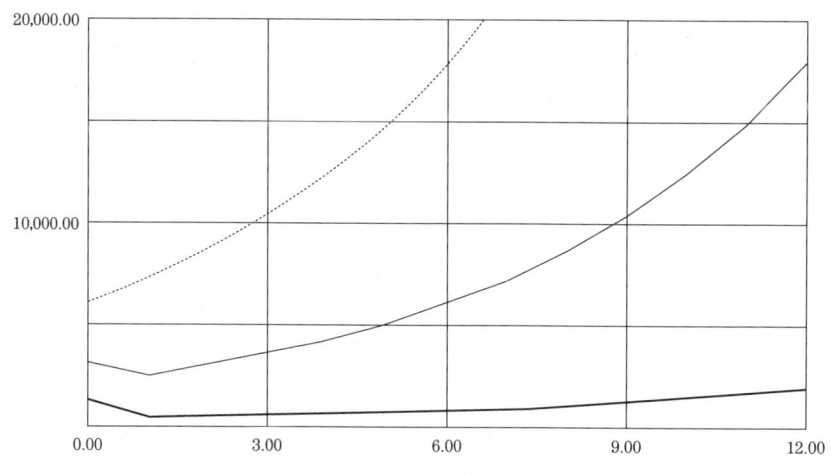

［生産手段］

$$供給\quad C_1+V_1+M_1=C_1+\varDelta C_1+C_2+\varDelta C_2\quad 需要 \tag{6-5}$$

［消費手段］

$$供給\quad \begin{array}{l} C_2+V_2+M_2=V_1+\varDelta V_1+V_2+\varDelta V_2+ \\ (M_1-\varDelta C_1-\varDelta V_1)+(M_2-\varDelta C_2-\varDelta V_2) \end{array}\quad 需要 \tag{6-6}$$

単純再生産の場合同様，どちらの等式からも同一の条件

$$V_1+M_1=\varDelta C_1+C_2+\varDelta C_2 \tag{6-7}$$

が導出される。

剰余価値率（M/V）はどちらも1であるとして，第1部門の有機的構成をω_1，第2部門のそれをω_2とする。拡大再生産を通じて均衡成長が実現するには成長率が等しくなければならないからそれをｇとする。そうするとこの等式は

$$2V_1=g\omega_1 V_1+(1+g)\,\omega_2 V_2 \tag{6-8}$$

となり，これを整理して

$$\frac{V_1}{V_2}=\frac{(1+g)\,\omega_2}{2-g\omega_1} \tag{6-9}$$

となる。この可変資本の比率を生産量の比率に読み替えるには，分母に（$2+\omega_2$），分子に（$2+\omega_1$）を乗じなければならない。

$$\frac{W_1}{W_2}=(1+g)\frac{\omega_2(2+\omega_1)}{(2-g\omega_1)(2+\omega_2)} \tag{6-10}$$

先のマルクスの拡大再生産表式を延長して得られた均衡成長は成長率10パーセント，両部門の生産比率2.06対1でこれに合致している。単純再生産は均衡成長率が0パーセントの場合で，その場合の両部門の生産比率は1.5対1である。最大可能成長率は成長率20パーセントで両部門の生産比率は3対1

Column 6-1

ケネー『経済表』

経済学者のことを「エコノミスト」というのも，18 世紀半ばのフランソワ・ケネーの学派に始まります。ケネーはポンパドゥール夫人の侍医としてヴェルサイユ宮殿に住んでいましたが，旧体制下のフランス経済の危機を憂えて，経済の再生産の原理を表に示して改革の指針としようと考えました。それが有名な「経済表」です。

「経済表」は，一国の人口を，農業を営む「**生産的階級**」，生産的階級から原材料・食料となる「**生産物**」を購入して工芸品をつくる「**不生産的階級**」，そして生産的階級から地代および租税を「**収入**」として受け取る「**地主および主権者**」の 3 階級に分けます。ケネーの学派を「重農学派」とよぶのは，収入がもっぱら農業から得られるとする特異な想定に由来します。「経済表」には，地主および主権者による収入の支出が，生産的階級と不生産的階級の相互の支出・購買を生み出していく一種の波及過程を示した「原表」(1758 年）と，階級間の支出・購買関係を総括的に示した「範式」(1766 年）の 2 種がありますが，ここでは「範式」を紹介します。

「範式」では，収入および年前払いから斜めにおりる点線およびそれを折り返して延長した点線によって，生産物および工芸品の購買＝販売が示されています。生産的階級は 50 億の生産物を生産し，うち 30 億を外部に売上げていますが，不生産的階級から工芸品を 10 億購買しているだけなので，差し引き 20 億の貨幣を余し，それを地主・主権者に収入として支払うことができます。工芸品を購買した 10 億の年前払い（の貨幣額）は原前払いの利子分と考えてもいいでしょう。最後に自分の手元に残る 20 億の生産物で年前払いへの支出を補塡しています。不生産的階級は，10 億の前払いで生産を開始し 20 億の工芸品を売り上げていますが，前払いからの支出も含めて 20 億の生産物を購買していますから，結局もとの状態と同じになります。

「経済表」によってケネーが示したかったことは，生産的および不生産的階級の経済活動が，彼が「**前払い**（avances)」とよぶ両階級の資本に基礎を置いていて，経済の維持と成長がこの前払いの維持と蓄積にかかっていることでした。農業は固定資本をも含む前払いによって支えられるならば，生産に要した投入分を超えた「純生産物」を生産できます。交易を妨げる制約を除去して大きな市場が生み出されるならば，消費された前払いを補塡するだけでなく，地主および主権者に収入を与えうるような価格

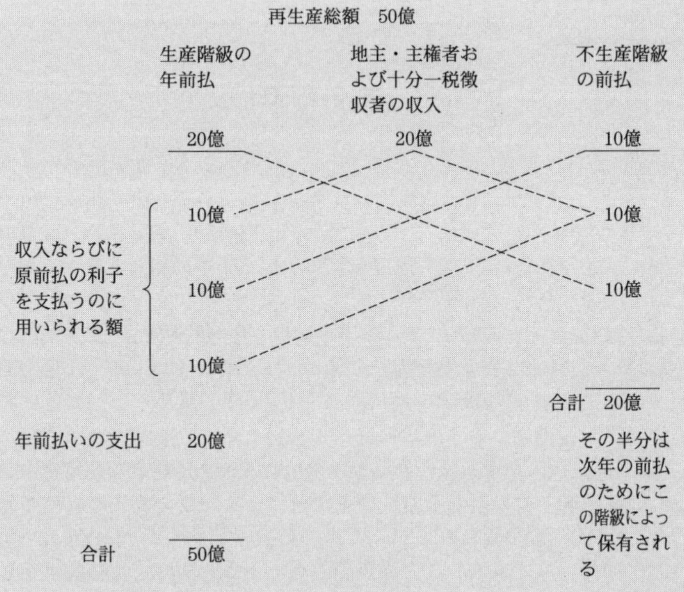

経済表の範式

(「良価」) が実現します。市場を制限するならば良価は実現しません。また地主・主権者が限度以上に収入をとりたてるならば，前払いの維持・再生産ができなくなります。

ケネーの「経済表」は，農業だけが生産的とされ，地主および主権者がすべての剰余を収入として獲得することになっているので，資本主義以前の封建的農業社会のような外見をもっています。しかし，資本（前払い）を経済の中心に据えるとともに，資本の維持・蓄積が流通によって媒介されることを示したものですから，理論の内実は資本主義です。生産物と工芸品の交換比率が変われば，不生産的階級にも利潤が生まれます。市場への制約を取り払い，需要の成長とともに資本が蓄積されていくなかで，遅かれ早かれアンシャン・レジームは解体することになるでしょう。

(参照：『ケネー経済表』〔平田清明・井上泰夫訳〕岩波書店，1990 年。平田清明『経済科学の創造』岩波書店，1965 年)

である。この場合，資本の有機的構成が高い第1部門の資本家は消費せずに剰余価値のすべてを資本蓄積にまわしているが，有機的構成が低い第2部門の資本家にはまだ剰余価値を消費にまわす余裕が残っている。

成長率が高くなるにつれ生産の構成において第1部門の比率が増加するのは，蓄積が剰余価値からおこなわれ，それだけ分資本家の消費手段の需要が減少することによる。第1部門の有機的構成が第2部門の有機的構成より通常高いことが，この傾向を拡大するが，それが両部門で同一であったとしても，成長率の高低と第1部門の比率の大小の関連があることは，先の式で$\omega_1=\omega_2$とした場合を考察してみればわかるであろう。

4．成長と分配

マルクスの再生産表式は，しばしば20世紀に成立した経済学のマクロ分析の先駆けとして評価されることがある。事実，ケインズ理論の同時発見者とされるミハウ・カレツキは，簡略化した再生産表式によって有効需要と所得量のマクロ経済的関係に到達したのである。しかし，再生産表式には，通常のマクロ経済学には含まれていない変数が存在する。それは，VとMの関係，いいかえれば剰余価値率という分配変数である。『雇用，利子および貨幣の一般理論』のケインズは，労働の限界生産性によって賃金が決まるという仮定を受け入れていたため，そのマクロ分析のなかに分配関係を登場させなかった。しかし，再生産表式を知っていたカレツキは，投資と貯蓄は資本家の取得する剰余価値にかかわる現象であり，マクロ的分析が階級間の分配関係を前提していることを十分に認識していた。マクロ経済学者のなかでも，カレツキに端を発して分配問題を重視する有力な流れが存在している[3)]。現在では，国民所得に占める投資率と労働分配率のあいだの関係は，経済分析にとって常識に属するものとなり，資本家による投資決定が分配関係を規定するという理論も登場している。最後に，蓄積と分配の関連を再生産表式によって論じることでこの章を閉じよ

3）野口真『現代資本主義と有効需要の理論』社会評論社，1990年；鍋島直樹『ケインズとカレツキ――ポスト・ケインズ派経済学の源泉』名古屋大学出版会，2001年を参照。

う。

再生産表式をマクロモデルとして解釈する際にまず理解しておかなければならないことは，この表式における等式について２とおりの解釈ができるということである。第１の解釈は，生産された財がどのように配分されるかがそれで示されているとするもので，実物的な古典派的な解釈である。第２は，社会的再生産に基礎をおいてあらわれた需要が生産量を決定する関係を示しているとするもので，これがカレツキ的な読み方である。マルクス自身は再生産表式内部の取引にかかわる貨幣の動きについて関心をもった点で実物主義的な視野を超えてはいるが，後者の見方には残念ながら到達していない。

先ほどからの固定資本のない再生産表式を用いて考えるが，簡便のために両部門とも資本の有機的構成が同一（ω）であるとする。剰余価値率は部門をこえて同一（e）である。両部門の資本家はその利潤（剰余価値）から一定割合（α）の消費をおこなう。このようにして，両部門を実質的に統合できるモデルで，成長率（g）と分配変数（e）の関係を考えてみよう。両部門の資本家が成長率 g を選択して，それに対応して不変資本と可変資本を増加させた場合に，変数間にどのような関係があらわれるであろうか。

まず，第１部門の供給（左辺）と需要（右辺）である。

$$C_1+V_1+M_1=(1+g)(C_1+C_2) \tag{6-11}$$

第２部門の需要には，可変資本の成長分だけでなく，資本家からの需要も加わる。

$$C_2+V_2+M_2=(1+g)(V_1+V_2)+\alpha e(V_1+V_2) \tag{6-12}$$

両部門の供給と需要を足し合わせると，以下となる。

$$\begin{aligned} &C_1+V_1+M_1+C_2+V_2+M_2 \\ &=(1+g)(C_1+V_1+C_2+V_2)+\alpha e(V_1+V_2) \end{aligned} \tag{6-13}$$

左辺は $(C_1+V_1+C_2+V_2)+e(V_1+V_2)$ であるから，両辺を整理移項して

$$e(1-\alpha)(V_1+V_2)=g(C_1+V_1+C_2+V_2) \qquad (6\text{-}14)$$

となり，さらに $C_1/V_1=C_2/V_2=\omega$ を仮定したことから

$$e(1-\alpha)=(1+\omega)g \qquad (6\text{-}15)$$

という関係が得られる。これを参照して，蓄積需要（純投資）$g(C_1+V_1+C_2+V_2)$ に対する総供給＝総需要の比率を求めると，$\dfrac{1+e+\omega}{e(1-\alpha)}$ となる。分配関係（剰余価値率）と資本家の消費性向が一定であるとすれば，これは，蓄積需要（純投資）によって総需要＝総供給を決定する乗数であると解釈することができる。

ここで（6-15）式の意味をもう少し考えてみよう。この式を，資本家消費を控除した剰余の率によって成長率が決定される関係を示すと読むならば，それは古典派的解釈である。逆に有効需要を規定する成長率によって剰余価値率が決定されると読み取るならば，ケインズ的である。後者の解釈を取るためには，いくつかの補足的前提が必要である。第1には，資本家が自分に帰属する利潤（剰余価値）から独立して成長率を決定することができることであり，これは投資資金を社会全体から調達できる金融機構が発達していることを前提とする。第2には，資本家の消費性向が一定であるという仮定が必要になる。資本家の消費は不要不急な奢侈財の消費も含むから，これは労働者の消費水準一定という仮定以上に脆弱な仮定である。しかし，この資本家消費を徴税などによる国家の不生産的消費などを含むとすれば，この消費部分の硬直性もある程度の現実性をもちえるかもしれない。あるいは，g の上昇はまず α の低下でまかなわれるが，α が最低限度に達するならば，e の上昇がはじまるという解釈もできるかもしれない。たとえば，産業予備軍が存在し，同じ剰余価値率のまま雇用を増加させられる場合である。α が最低限度に達しない前に労働力の完全雇用が実現するならば，賃金の上昇が e の下落すら引き起こすかもしれない。しかし，α が0あるいは最低限度に到達したならば，e の上昇は必須である。

経済成長に生産性上昇による相対的剰余価値生産が組み込まれている場合に

は，このような剰余価値率の上昇も労働者の実質賃金を変化させない。しかし，生産性上昇を伴わない場合には，資本家の投資拡大による労働分配率の下落は，労働者の生活水準の低下につながるので，労働者の側から抵抗が起こる可能性がある。実際には，成長過程における労働分配率の低下は，賃金の切り下げによってではなく，消費者物価の上昇によって，目立たない形で進行する。したがって，労働者の側の抵抗は事後的になりがちである。それでも，賃金交渉や所得政策への関与によって分配率の低下分を埋め合わせることに成功するかもしれない。マクロ経済的には，所与の労働分配率のもとでインフレーションを起こさない成長率が想定できるが，過剰競争やブームなどにつられた資本家がなおも高すぎる成長率を追求する場合には，さらにインフレーションが進んで労働分配率は再度低下する。これに労働者側がさらに反撃する……。これは，物価上昇→賃金上昇→物価上昇というインフレーションのスパイラル的昂進のシナリオである。

第７章　利潤と価格

雇主は，職人たちの製品の販売から自分の資本を回収するにたりる以上のものを期待するのでなければ，彼らを雇用する関心をもちえないであろうし，彼の利潤が彼の資本の大きさにあるつりあいをもつのでなければ，小さい資本でなく大きい資本を使用することに関心をもちえないであろう。

——スミス『国富論』(WNI, p. 50：岩 (1) 93 頁)

この章の考察対象

この章では，循環・回転をへて経済の全領域を支配するにいたった資本が相互に競争しあうなかで，利潤率を均等化させ，それに応じた価格形態を生み出すことを論じます。個別の資本＝企業は社会全体の再生産には関心がありませんが，労働の生産性や労使の分配関係といった社会全体の状況は利潤率の動向に反映します。

1．生産価格

これまでの説明では商品はその生産に要した労働量に比例する価値で取引されるという想定のもとに議論してきた。商品の価格は貨幣の単位量（円，ドル，ユーロ）によって示されているが，貨幣を共通の尺度として表された商品の価値はそれぞれの商品に投下されている社会的労働の分量に比例しているというのである。それは，商品の生産には労働が不可欠であり，生産手段もまた労働によって生産されるという生産の基本条件にもとづく想定であった。市場経済のもとでは，生産物を商品として販売することによって受け取る代価によって，その商品の生産に直接間接に参加した労働者の生活を維持できなければ，その生産は維持できない。これは市場経済のもとで分業がおこなわれる基本条件であり，労働価値説はこの認識に基礎を置いている。しかし，労働の生産性が向上し，労働力の再生産に要する以上の剰余の生産が可能になると，価格は剰余を配分する機能をもつことになる。価格は，分業に参加する労働者に労働力の価値を与えてその生活を維持させるだけでなく，それに加えて剰余価値を獲得させるものにならざるをえない。

このような視点から見ると，これまでの想定は，資本主義の生産関係に適合したものとはいえない。というのは，利潤を目的に資本を投下して生産をおこなう資本家は，投下された労働ではなく，投下された資本価値に対してどれだけの剰余価値が得られるかで，その生産を評価するからである。これまでの想定では，労働だけが価値を生産し，生産手段は価値を移転するにとどまるとされていたから，労働者を多数雇用する企業では大きな剰余価値を生産することができるが，労働者を少数しか雇用しない企業では小さい剰余価値しか生産できない。したがって，同一の資本価値を投じる企業でも，可変資本の比率の高ければ高いほど大量の剰余価値を得ることになる。資本は利潤率の高い生産部面に移動するであろうから，これまで想定された価値体系のもとでは，生産手段を大量に用いる生産は存続し得ない。しかし，現実には，生産手段を大量に使用し，不変資本の比率の高い企業も存続し，労働を機械に代替することも資本主義の通常の現象である。

資本主義に適合しているのは，投下される資本に応じて利潤が得られる価格である。利潤を求める資本の移動が自由であれば，産業間の利潤率は平準化する。収益性の高いとされる産業でも，資本の流入が多ければ価格が下がり，利潤率が低下する。収益性の低いとされる産業でも，それが過剰生産によるものである場合には，資本が流出することによって価格が上がり，利潤率が回復することがある。このような資本移動の可能性の下でどの産業でも均等な利潤率（一般的利潤率）が成立するならば，生産費を回収する価値分に加えて，一般的利潤率に対応した利潤分を資本に与える価格が，資本家を満足させ，産業間の資本移動を終息させる価値の体系として考えられる。これが「生産価格」である。

$$P=k+rK \tag{7-1}$$

前章で説明したように，投下資本Kはストックであり，生産費kはそれがフロー化されたものである。いま投下資本の価値をKとして，それが不変資本Cと可変資本Vからなるとする。不変資本の年あたり回転数をn_{c}，可変資本のそれをn_{v}とすると，年あたりの生産費は$k_{\mathrm{y}}=n_{\mathrm{c}}C+n_{\mathrm{v}}V$である。回転を無視すれば，$k=C+V$である。

問題は利潤率rである。剰余価値率をeとすれば，年あたりの剰余価値は可変資本のフロー（労務費）にこの率をかけた$en_{\mathrm{v}}V$である。したがって，年あたりの利潤率r_{y}は次のようになる。

$$r_{\mathrm{y}}=en_{\mathrm{v}}V/(C+V)=en_{\mathrm{v}}/(C/V+1)$$

不変資本の可変資本に対する比率（これを資本の有機的構成という）をωとし，回転を無視すると，利潤率は，剰余価値率と資本の有機的構成で決まることがわかる。

$$r=e/(\omega+1) \tag{7-2}$$

先に労働価値説を説明した箇所で，労働価値は生産がもっぱら労働によっておこなわれる経済のもとで分業を維持する価値体系であると説明した。それに対して，生産価格は生産が資本によっておこなわれる経済での分業を維持する価値体系である。そこには，再生産を可能にする価値体系という共通性がある。再生産を可能にする価値体系という枠内で，労働力の再生産を可変資本＝賃金によって包摂し，不変資本も含む資本価値全体に対する利潤を要求するという資本制的な行動原理を反映したものが生産価格である。

それでは資本主義経済の分析には，労働価値説は無意味なのであろうか。そうではない。第1に，労働価値説が価値の実体とする社会的必要労働は，純粋に生産における技術的条件だけで決定できるという点で，生産価格よりもより基礎的である。生産価格には，利潤率と賃金率の関係という特定の分配関係が含まれていて，この分配関係次第でその数値が変化する。労働価値説ではそのようなことが起こらないので，分配関係に影響されない考察をおこなうことができる。第2に，労働価値説はたしかに資本家の行動原理ではないが，労働者の行動原理と結びついている。労働は労働者にとって，自分自身の心身を緊張のもとに活動させる「労苦（toil and trouble）」である。彼（あるいは彼女）は，作業の複雑度・強度による「労苦」の度合いを勘案しながら，労働支出に対して報酬の高い雇用を求め，低い雇用を忌避するであろう。したがって，労働移動に制限がないとすれば，同一時間の労働に対して同一の賃金をもたらす，あるいはそのような傾向を生むことが労働市場の作用である[1)]。この労働と賃金の比率は，価値を形成する労働と労働者が受け取る価値の関係であるから，労働市場の作用によって経済全体をつうじて同一の比率が成立することは，均等な剰余価値率が成立することと同義である。もし，(7-2) 式のような剰余価値率が利潤率を規定する関係が生産価格の体系のもとでも成立するなら，資本の移動の結果生まれる一般的利潤率は，経済全体を通じた剰余価値率を否定するものではなく，かえってそれによって基礎づけられる価値体系であることになる。

2．価値の生産価格への転化

資本制企業の行動原理を反映して形成される生産価格の背後には，投下労働で規定される価値の体系が存在する。問題は，価値の体系において示される基礎的な関係が，生産価格の体系をどのように規定しているかということである。

1）第5章第3節で説明した「対抗的交換」の理論では，失職後に労働市場で得られる賃金と現在の雇用関係のもとでの賃金に差があるとされていたので，この文章の記述に抵触すると思われるかもしれない。しかし，雇主は労働者の努力水準に応じて高賃金を払っているので，高賃金を受け取る労働者は低賃金の労働者以上の価値を生産している。したがって，労働者は努力分だけ多量の労働を支出していると考えれば，剰余価値率の均等性は成り立つ。「対抗的交換」のモデルでは，労働者は移動の自由だけでなく，賃金報酬に応じて努力水準を決定する自由も有している。もし，労働者がみな同質であるとすれば，継続的雇用者と労働市場における求職者との表面上の分断にもかかわらず，労働者はみな同様の意思決定をしていると考えることができ，剰余価値率の均等化が成り立つ。

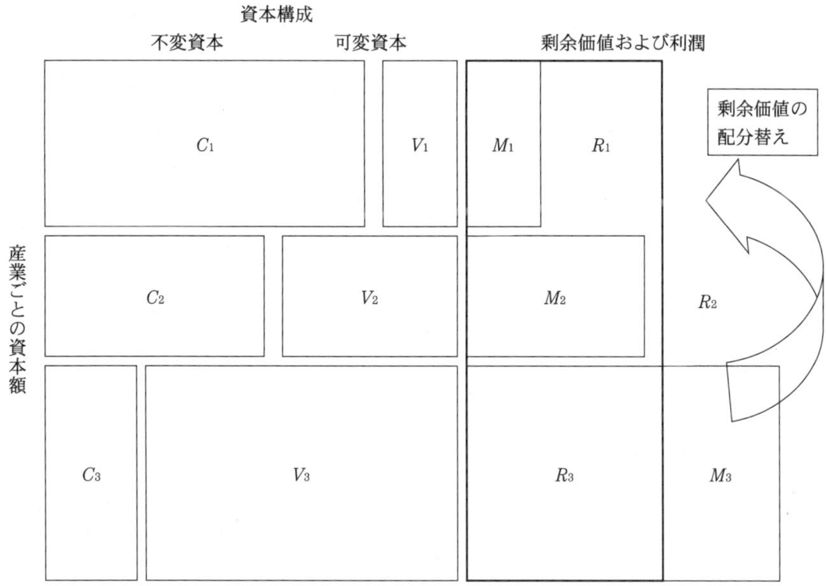

総剰余価値＝総利潤　$\Sigma M_i = \Sigma eV_i = \Sigma rK_i$

図 7-1　マルクスの転化論

とくに，労働価値の体系では必要労働と剰余労働の関係（剰余価値率）として鮮明にあらわれた対立的な分配関係が，生産価格の体系をどのように規定するか，また，剰余労働と等しいとみなされた剰余価値が生産価格の体系のもとではどのように分配されるのかということである。

この問題は，『資本論』では，まず労働価値の体系のもとで剰余価値率を利潤率に転化させ，次に一般的利潤率の形成によって価値を生産価格に転化させるという2段階の手続きによって解かれている。

わかりやすくするために1種類の生産手段（たとえば鉄）産業と1種類の消費手段（たとえばパン）産業からなる経済を例にとろう。経済全体をつうじた剰余価値率は1である。単純化のために，不変資本・可変資本ともに回転数を1とし，また生産数量はそれぞれの産業の労働量に比例するとしている。表7-1は，価値の次元での各種の数値を示したものである。

第Ⅰ産業は資本の有機的構成が4で資本の割に雇用量が少ないので，この産

表 7-1　価値体系のもとでの数値

資　本	不変資本	可変資本	剰余価値率	剰余価値	生産物の総価値	利潤率	生産量	商品１単位の価値
I（鉄）	6,000	1,500	100％	1,500	9,000	20％	3,000	3
II（パン）	2,000	1,000	100％	1,000	4,000	33.3％	2,000	2
合　計	8,000	2,500		2,500	13,000			
平　均			100％			23.8％		

表 7-2　『資本論』の方式による生産価格への転化

資　本	不変資本	可変資本	利潤率	配分された剰余価値	生産物の総価値	生産量	商品１単位の価格
I（鉄）	6,000	1,500	23.8％	1,785	9,285	3,000	3.095
II（パン）	2,000	1,000	23.8％	715	3,715	2,000	1.857
合　計	8,000	2,500		2,500	13,000		
平　均			23.8％				

業内で生み出される剰余価値はそう多くない。7,500 の資本で剰余価値 1,500 を得ているのでこの産業の利潤率は 20 パーセントである。第II産業は資本の有機的構成が 2 で，3,000 の資本価値で 1,000 の剰余価値を生み出しているから，利潤率は 33.3 パーセントである。生産量は第 I 産業で 3,000 単位，第II産業で 2,000 単位とすると，商品 1 単位の価値は，第 I 産業（鉄）3，第II産業（パン）2 である。ここで資本総計に対する剰余価値総計の比率を求めると 23.8 パーセントとなる。資本間の産業をこえた競争によって一般的利潤率が形成され，その際資本量に変化がないとすれば，この一般的利潤率に応じて剰余価値の配分替えがおこなわれるとみなせるであろう。その結果，商品 1 単位あたりの価値は，表 7-1 とは異なるものになる。これは，投下労働量に比例してはいないが，2 つの産業に均等な利潤率を与えている点で，生産価格の属性を有している。これが『資本論』で示された価値を生産価格に転形させる手続きであった。

しかし，この転形手続きでは，鉄とパンの価格が変化しているにもかかわらず，不変資本と可変資本の数値がそのままにとどまっている。結果としての生産物だけを生産価格にするのではなく，資本自体も生産価格によって表現されなければ転形手続きは完了しない。これは，マルクス経済学者のなかで長年議論されていた問題であり，異なる 2 つの方針によって一応の解決がもたらされている。2 つの方針は，生産手段からなる不変資本については，変化した価格によって評価替えをおこなわなければならないという点で一致している。相違は，可変資本を労働者の消費する消費手段とみて，こちらでも評価替えをおこなうかどうかである[2)]。

第 1 の方針はそのように考え，労働者が労働力の再生産のためにおこなう消費を，生産における物的な生産手段の投入と同様に固定的な係数と考え，連立方程式によって生産価格の体系を求める。しかし，このような転形手続きによっては，『資本論』が想定したような総生産物価値＝総価格，総価値生産物＝総労働量，総剰余価値＝総利潤，剰余価値率不変という属性は通常得られないことが明らかになっている。

他方，第 2 の方針は，可変資本は直接には労働者に与えられる賃金であって消費手段ではないから，可変資本部分については評価替えを適用する必要はないとする。労働力の価値は市場では賃金として貨幣額で表現されているから，貨幣の 1 単位が表現する労働価値量が与えられれば，賃金を価値に読み替えることができる。そのためには，経済全体をとって，総労働量と貨幣額表示の純生産物価値を等号で結べばよい。この新しい方針は，労働者の消費生活を固定的にとらえることを止め，国民所得（ないし国内純生産物）分析と結びつけて分配を考察する道を開く点で，魅力のある考えである。しかし，それは剰余価値率を説明するのではなく，それを所与として，それが生産価格の体系のもとでも妥当することを要求する考えである。そのため，「労働力」商品の価値を客観的に決定することに固執する研究者からは抵抗を受けている。

2）第 1 の方針は，ボルトキェヴィッチから置塩に受け継がれて以来，正統的となってきた考え方である。その到達点は，高須賀義博『マルクス経済学研究』新評論，1979 年を参照。第 2 の方針は，1990 年代になって「新しい解釈」として登場したもので，D. フォーリー，A. リピエッツ，G. デュメニールが代表である。翻訳されているのは，D. フォーリー『資本論を理解する』126-133 頁だけであるが，和田豊『価値の理論』桜井書店，2003 年は，「新しい解釈」も含めて，転形論の論争をレビュウしている。

表 7-3　第 1 の方針による生産価格への転化

資　本	不変資本	可変資本	利　潤	付加価値	生産物の総価額	利潤率	生産量	商品 1 単位の価格
I	6,602	1,463	1,838	3,301	9,903	22.8%	3,000	3.301
II	2,201	975	724	1,699	3,900	22.8%	2,000	1.950
合　計	8,803	2,438	2,562	5,000	13,803			
平　均						22.8%		

いずれの方針に従うにせよ，先の表 7-1 と表 7-2 の数値例では，価値と生産価格を規定する技術的関係が明示的でなかった。生産手段の価値が 3 ということであるから，第 I 産業の生産に不変資本として投入されている生産手段の数量は 6,000/3=2,000 である。第 I 産業の生産量が 3,000 単位であるから，投入係数 a_1 は 2/3 である。また，この部門でおこなわれている労働量は V_1+M_1 =3,000 であり，生産手段 1 単位を生産するのに必要な労働係数は 1 である。同様に，第II産業における生産手段の投入係数は 1/3，労働係数は 1 であることがわかる。第 1 の方針では，さらに労働力を再生産するための必要消費手段量についての規定が必要になる。第 I 産業の可変資本価値が 1,500，第II産業のそれが 1,000 であるから，これを消費手段の価値 2 で割ると 750 単位，500 単位の消費手段となり，1 労働量あたりの必要消費量は 1/4 になる。これによって労働力の価値が規定され，それを保証するような賃金についての式が立てられる。

第 2 の方針では，この式は不要である。その代わりに，賃金であらわされる労働量が転形の手続きのなかでも不変であることが想定される。具体的には，第 I 産業の可変資本は 1,500，第II産業の可変資本は 1,000 のままである。労働量は第 I 産業で 3,000 単位，第II産業で 2,000 単位で，労働 1 単位あたりの賃金の価値は 1/2 であり，転形の手続きをつうじてこれが保存される。

先の転形手続きの問題点は，資本制的な行動原理に対応するものとして，本来生産価格の次元で算定される一般的利潤率を価値体系の次元で求め，それを転形手続きで用いたことである。一般的利潤率は生産価格の次元で，求められなければならない。

第1の方針では，それは次のような3式で与えられる。

$$P_1=(1+r)\left(\frac{2}{3}P_1+w\right) \tag{7-3}$$

$$P_2=(1+r)\left(\frac{1}{3}P_1+w\right) \tag{7-4}$$

$$w=\frac{1}{4}P_2 \tag{7-5}$$

この3式から $r=22.8\%$，$\frac{P_1}{P_2}=1.693$ が求まるが，絶対価格を与えるためには，何らかの基準化の操作をおこなわなければならない。純生産総価値＝総労働としてこの基準化をおこなうために，先の生産量の想定にしたがって次の式を付け加える。

$$3{,}000\left(P_1-\frac{2}{3}P_1\right)+2{,}000\left(P_2-\frac{1}{3}P_1\right)=3{,}000+2{,}000 \tag{7-6}$$

［第I産業の新生産価値］　［第II産業の新生産価値］　　［総労働］

これによって，$P_1=3.301$，$P_2=1.950$ が求まる。

この方式の長所は，基準化の操作をほどこす前の段階で，投入係数，労働係数，消費係数といった固定的な条件から利潤率と相対価格が引き出されていることである。しかし，総付加価値を総労働量に等しくなるように基準化した後では，利潤の総量はもはや総剰余価値と一致しない。生産物の総価額も総価値とは一致しない。とくに，経済全体をとってみた可変資本に対する利潤の比率が剰余価値率から乖離しているので，価格体系と価値体系の関連が希薄になっている。もちろん，総利潤＝総剰余価値，あるいは，総価額＝総価値というように基準化することもできるが，その場合には総付加価値はもはや労働量とは一致しない。

第2の方針では，はじめから次の3式が立てられ，この3式から第1の方針と同一の結果が得られる。

表 7-4　第 2 の方針による生産価格への転化

資　本	不変資本	可変資本	利　潤	付加価値	生産物の総価額	利潤率	生産量	商品 1 単位の価格
I	6,585	1,500	1,791	3,291	9,876	22.2%	3,000	3.292
II	2,195	1,000	708	1,708	3,903	22.2%	2,000	1.951
合　計	8,780	2,500	2,499	5,000	13,779			
平　均						22.2%		

$$P_1=(1+r)\left(\frac{2}{3}P_1+\frac{1}{2}\right) \qquad (7\text{-}3')$$

$$P_2=(1+r)\left(\frac{1}{3}P_1+\frac{1}{2}\right) \qquad (7\text{-}4')$$

$$3{,}000\left(P_1-\frac{2}{3}P_1\right)+2{,}000\left(P_2-\frac{1}{3}P_1\right)=3{,}000+2{,}000 \qquad (7\text{-}7)$$

この 3 式から，$P_1=3.292$，$P_2=1.951$，$r=22.2\%$が得られる。

この方針による場合には，付加価値 1 を形成する労働 1 単位に対して，賃金として付加価値の 1/2 を与える関係が，価値の次元と生産価格の次元で保存されているから，当然なことに総利潤＝総剰余価値，総労働＝総新生産価値＝総付加価値という関係が成り立っていて，利潤は剰余価値の配分形態であるというマルクスの議論に適合している。しかし，総価格＝総生産物価値は成り立っていない。

第 1 の方針による転化とのもっとも大きな差異は，利潤率が式（7-3′）と式（7-4′）の両式だけからは定まらないことである。両式に，産業構成を表現した式（7-7）が加わってはじめて利潤率が定まる。これは技術的要因だけでなく，産業構造（およびその基礎にある需要構造）が一般的利潤率に影響するということである。産業ごとの投入係数，労働係数が与えられていても，各産業への資本配分（労働配分もそれに従う）によって，一般的利潤率が異なってくる。これは，第 2 の方針による「生産価格」が，リカードからスラッファにいたる古典派の価値理論とは性格が異なるものになっていることを示す。第 1 の方針では，分配あるいは賃金決定自体が，消費手段の投入係数のような技術的変数の

Column 7-1

3経路価格

剰余がまったくない生産では，生産物の配分もひととおりしかないので，交換比率である価格の体系もひととおりしかないでしょう。それに対して，剰余（利潤）が生まれ，それが価格によって配分される場合には，さまざまな価格体系が考えられます。社会主義時代のソ連・東欧では，改革派の経済学者たちは，計画経済にとってもっとも適切と考えられる価格体系の探究を続けました。

そうした探究のなかで，チェコスロヴァキアのO. キーンらは，さまざまな価格体系を統合できる「3経路価格」という理論を提出しました。それは，生産に「物質的費用」と「賃金費用」，そして「資本ストック」が必要であるとして，利潤を「物質的費用」に比例して配分する第1経路，利潤を「賃金費用」に比例して配分する第2経路，最後に「資本ストック」に比例して配分する第3経路を併せ持つ価格でした。この3経路のそれぞれの剰余配分パラメーターの1つの値をゼロにすれば2経路価格，2つの値をゼロにすれば1経路価格です。

まず，第3経路の剰余配分パラメーターの値をゼロとおいた2経路価格を考えると，これは投入費用を基礎においた価格です。これはさらにいくつかの価格にわけられます。「物的費用」への剰余配分パラメーターの値をゼロとすれば，費用はすべて賃金費用に還元されることとなり，剰余をそれにうわのせして価格が形成されますから，これはマルクスの「価値価格」で，剰余のうわのせ率は，剰余価値率です。物的費用と賃金費用が対等に剰余を要求するならば，「費用価格」が形成されます。さらに，賃金費用が費用としても取り去られる価格体系を考えると，物的費用に対して所得（付加価値）が配分される「費用型所得価格」が形成されます。

次に第1経路の物的費用への剰余配分パラメーターの値をゼロとおくと，ストックとしての資本を重視した2経路価格のグループが得られます。ここでも資本ストックへの剰余配分パラメーターの値をゼロとすれば，「価値価格」が得られます。賃金費用への剰余配分パラメーターの値をゼロとすれば，資本ストックが均一の利潤を得る「生産価格」になります。また，賃金費用が付加価値の形成者としても無視される場合には，資本ストックに対して所得が形成される「資本型所得価格」が出現します。

本書では，労働価値説を採用した『資本論』にならって，「価値価格」から「生産価格」への転化を説明しました。単純な価格形成原理からより複雑な価格形成原理に進んだのです。それと反対に，キーンたちはすべての経路から剰余が形成される一般的な価格形成原理をまず考えて，それを単純化していって「価値価格」に到達します。「費用価格」や「生産価格」も，一般的な価格形成式を特定化していくなかで位置づけられます。

計画経済は指令によって価格を定めていましたが，価格体系の合理的基準をもっていなかったので，市場の需給が一致しないだけでなく，企業の合理的経営も不可能でした。キーンらの３経路価格の理論は，計画経済に合理的価格基準を与え，計画経済への市場メカニズムの導入を助けようとするものでした。しかし，現実の経済においては，価格の形成原理は背後における社会的な利害関係を反映したものです。賃金費用への剰余の配分にせよ，資本ストックへの剰余の配分にせよ，それに対して利害を有して行動する社会的主体を導入しなければ，改革は実現しません。旧社会主義体制の下におけるすべての改革は，この壁にぶつかって挫折しました。

（参照：O. キーン，B. セケルカ，L. ヘイル「価格の計画化の模型」，C. H. フェインステーン編『社会主義・資本主義と経済成長』〔水田洋ほか訳〕筑摩書房，1969 年所収）

形態をとっていた。それに対して，第２の方針では，労働分配率あるいは剰余価値率は，所得政策などによって事前的に決定されるにせよ，物価変動を相殺したあとで事後的に決定されるにせよ，もはや客観的な技術的条件ではないのである。いいかえれば，第２の方針における「生産価格」の概念は，第１の方針による概念以上に，理論的内容が希薄な，現実に近い概念である。

3．利潤率は低下するか

1）マルクスの利潤率低下論

資本主義のもとでは利潤の獲得を目的として生産がおこなわれるとすれば，利潤率の動向は資本主義の一般的状態を示す指標であろう。古典派経済学には，資本主義の発展にしたがって利潤率が低下するという認識があり，利潤率がゼロとなれば資本蓄積は停止するという長期的なビジョンが存在した。ただし，利潤率の低下は，食料増産のためにますます痩せ地に耕作を拡大し，高価な食料で労働者を養わなければならなくなることに求められていた。資本蓄積にとっての外部的な条件である自然制約にその根拠が求められていたのである。マルクスも，利潤率の低下と資本主義の運命を結びつけたが，彼は資本の蓄積自体における矛盾にその根拠を求めようとした。資本主義は，剰余価値を増加させるために，機械を導入し生産力を上昇させる。しかし，生産過程において生産手段が増加すればするほど，資本の構成における不変資本の割合が増大して，資本全体に対する利潤率は低下せざるをえないというのである。

マルクスは生産力の進展が，資本中の不変資本の比率に反映するとみなしていた。先の式（7-2）を見ればわかるように，利潤率は資本の有機的構成（$\omega=C/V$）[3]と剰余価値率（$e=M/V$）によって決まるから，資本の有機的構成が上昇すれば，利潤率は低下する。一時的には，生産手段の節約によって資本の有機的構成の上昇を抑えたり，労働強化や労働者の消費水準の抑制によって剰余価値率を増大させたりして利潤率が上昇することもあるが，それは長期的には続かない。「反対に作用する諸要因」と対抗しながらも，利潤率は長期的には低下する傾向があるというのがマルクスの主張であった。

このマルクスの利潤率低下論に対しては，理論面，実証面の双方にわたって，批判者と擁護者の論争が繰り広げられてきた。

まず，技術進歩は必ずしも資本の有機的構成を高めるとは限らないというJ.ロビンソンの批判がある[4]。彼女によれば，マルクスは労働節約的あるいは資本集約的な技術革新を前提しているが，通常の技術革新は資本中立的である。

いま何度も用いた，生産手段を生産する産業と消費手段を生産する産業の固定資本のない2部門モデルで考えることにしよう。生産手段を生産する第I部門では，生産1単位あたりa_1単位の生産手段とλ_1単位の労働の投入が必要とされ，消費手段を生産する第II部門では，生産1単位あたりa_2単位の生産手段とλ_2単位の労働の投入が必要とされる。生産手段の投入と労働投入の比を

3）マルクスは「資本の価値構成が資本の技術的構成によって規定されており，これを反映するかぎりで，われわれはこの価値構成を資本の有機的構成と名づける」(DKIII, S. 155：全III，185頁)。おそらく価格の変動による撹乱を避けるためであろう。しかし，技術の変化による価値の変化までを捨象することはできないはずである。

4） J. ロビンソン『マルクス経済学』(戸田武雄・赤谷良雄訳）有斐閣，1951年。

生産の技術的構成とよぶとすれば，両部門のそれは $\frac{a_1}{\lambda_1}$，$\frac{a_2}{\lambda_2}$ である。生産性を向上させる新技術は，生産手段の投入係数と労働係数のどちらか，あるいは双方を低下させるものであるが，それが生産の技術的構成を上昇させるものとは限らないことは明らかである。

労働単位あたりの実質賃金は両部門とも共通で，消費手段 b 単位であるとすれば，この技術的構成によって規定された資本の価値構成を考えることができる。これがマルクスのいう資本の有機的構成である。生産手段の価値を t_1，消費手段の価値を t_2 として，両部門の有機的構成 ω_1 を考えると以下のようになる。

$$\omega_1=\left(\frac{a_1}{\lambda_1}\right)\left(\frac{t_1}{bt_2}\right),\quad \omega_2=\left(\frac{a_2}{\lambda_2}\right)\left(\frac{t_1}{bt_2}\right) \tag{7-8}$$

この式で示されているように，生産の技術的構成の変化を資本の価値構成の変化に結びつけるには，さらに生産手段と消費手段の価値の比率の影響を考慮しなければならない。ここでは，価値タームで考えているが，価格タームで考えれば，資本の有機的構成の変化は，生産の技術的構成の変化に加えて，生産財と消費財の相対価格の変化の影響を受けるということである。第 2 章で求めたように，$t_1=\lambda_1/(1-a_1)$，$t_2=a_2t_1+\lambda_2$ であるから，第 I 部門だけで生産性を向上させる技術変化が起きた場合には生産財の相対価格（価値）が低下し，第 II 部門だけで生産性を向上させる技術変化が起きた場合には，消費財の相対価格（価値）が低下する。

さらに，P. スウィージーは資本の有機的構成の上昇は剰余価値率の上昇によって相殺されると論じた[5)]。第 5 章で相対的剰余価値について論じた箇所で説明したように，労働生産性の上昇は消費手段の価値低下を通じて労働力の価値を低下させることによって剰余価値率を上昇させるのであった。剰余価値率を規定する要因を消費手段の価値にまで遡って示すと次のようになり，どちらの部門の投入係数あるいは労働係数の引き下げも剰余価値率を上昇させること

5） P. スウィージー『資本主義発展の理論』（都留重人訳）新評論，1967 年。

がわかる。

$$e=(1-bt_2)/bt_2$$
$$=\frac{1-b\left(\frac{\lambda_1}{1-a_1}a_2+\lambda_2\right)}{b\left(\frac{\lambda_1}{1-a_1}a_2+\lambda_2\right)} \qquad (7\text{-}9)$$

両部門の利潤率 r_i を示すと以下のようになる。

$$r_i=e/(\omega_i+1)$$
$$=\frac{e}{(a_i/\lambda_i)(t_1/bt_2)+1} \qquad (7\text{-}10)$$
$$=\frac{1-bt_2}{(a_i/\lambda_i)\,t_1+bt_2}$$

変形した最後の式の分子は１単位の労働が生み出す価値のうちの剰余価値であるが，分母の第１項は生産の技術的構成に生産手段の価値を乗じたものである。これから，生産の技術的構成が上昇しても，生産手段と消費手段のどちらの価値低下も，それによる利潤率の低下を相殺する方向に働くことがわかる。

生産力の増大は剰余価値率の増加をもたらしているという批判に対して，マルクス擁護者は，可変資本ゼロ（いいかえれば剰余価値率無限大）の最大利潤率の式をもちだして反駁するのが通例である[6]（Nは労働量で $V+M$ に等しい）。

$$r=M/(C+V)<N/C \qquad (7\text{-}11)$$

分母は資本蓄積につれいくらでも増加するが，分子は総労働量を超えることはできないので有限である。したがって，この最大利潤率という上限が資本主義の発展とともに低下する以上，現実の利潤率もこの上限に画された許容範囲内の変動はあるにせよ，早晩低下せざるをえないというのである。これは，資

6）冨塚良三『経済原論』有斐閣，1976年，ほか。新生産価値 $V+M$ を「生きた労働」N に書き換えるのは置塩信雄による。なお，置塩は資本の有機的構成も，C/N として定義した方が適切としている。

本の蓄積につれ生産手段が莫大な数量になるというイメージに依存した議論に過ぎない。分母・分子を生産量で除して技術的係数に置きなおして考えれば，これは純生産率のことである[7)]。それが歴史的に低下するというのは，生産力の発展という仮定に反するといわざるをえない。

2）柴田＝置塩定理

資本家が技術選択において合理的であれば，利潤率の低下が起こることはないというのが，柴田＝置塩定理である。この名前の由来は，1961年に置塩信雄が，マルクスの利潤率低下論を検討して，現行の価格体系のもとで費用を低下させる新技術を資本家が採用するかぎり，利潤率は必ず上昇することを発見し，また同様の見解に到達した先行者として柴田敬の名前をあげたことによる[8)]。これを，例の2部門の生産価格モデルで説明しよう。消費手段の価格をニューメレールとして1に設定しているので賃金率wは実質賃金率である。

$$\begin{aligned} P_1 &= (1+r)(a_1P_1+\lambda_1 w) \\ 1 &= (1+r)(a_2P_1+\lambda_2 w) \end{aligned} \qquad (7\text{-}12)$$

資本家は以下のような場合に，旧技術（a_i，λ_i）にかえて新技術（a_i^*，λ_i^*）を導入する。ここでは，第II部門で新技術が導入されたとしよう。

$$a_2P_1+\lambda_2 w > a_2^*P_1+\lambda_2^* w \qquad (7\text{-}13)$$

7）この最大利潤率 $\bar{r}$ を資本装備率 μ と生産手段価値を用いてかきかえ，さらに資本装備率を生産手段部門における率（a_1/λ_1）とすると，この率は以下のように変形される。

$$\begin{aligned} \bar{r} &= 1/\mu t_1 \\ &= 1/\mu\{\lambda_1/(1-a_1)\} \\ &= (1-a_1)/a_1 \end{aligned}$$

8）Nobuo Okishio, "Technical Change and the Rate of Profit", *Kobe University Economic Review*, 7 (1961)；置塩信雄『マルクス経済学II』筑摩書房，1987年，第3章第3節に訳載。柴田論文は，Kei Shibata, "On the Law of Decline in the Rate of Profit", *Kyoto University Economic Review*, 9-1, July 1934; "On the General Profit Rate", *Kyoto University Economic Review*, 14-1, Jan. 1939である。以下の説明は，根岸隆『経済学の歴史［第2版］』東洋経済新報社，1997年，103-107頁の記述方式に従っている。

新技術が普及したときに成立する価格を P_1^* とすると，以下の2式のようになる。

$$\begin{aligned} P_1^* &= (1+r^*)(a_1P_1^*+\lambda_1 w) \\ 1 &= (1+r^*)(a_2^*P_1^*+\lambda_2^* w) \end{aligned} \tag{7-14}$$

ここで（7-12）式と（7-14）式から $\lambda_1 w$ を求めると，P_1 と r が同じ方向に変化しなければならないことがわかる。

$$P_1\left(\frac{1}{1+r}-a_1\right)=P_1^*\left(\frac{1}{1+r^*}-a_1\right) \tag{7-15}$$

次に，式（7-13）の不等式の両辺に（$1+r$）をかける。

$$(1+r)(a_2P_1+\lambda_2 w)>(1+r)(a_2^*P_1+\lambda_2^* w) \tag{7-16}$$

この不等式の左辺の値は1だから，そこに式（7-14）の右辺を代入できる。

$$(1+r^*)(a_2^*P_1^*+\lambda_2^* w)>(1+r)(a_2^*P_1+\lambda_2^* w) \tag{7-17}$$

同じ方向に変化する一般利潤率と生産手段の相対価格の2とおりの組み合わせのうち，$r>r^*$，$P_1>P_1^*$ の組み合わせはこの不等式に合致せず，$r<r^*$，$P_1<P_1^*$ だけが合致する。なお，この証明法は第Ⅰ部門における新技術の導入による一般利潤率の上昇についても用いることができる。

この柴田＝置塩定理が，生産性の上昇にもかかわらず，実質賃金率を不変と想定していることに留意しなければならない。それは，剰余価値率が上昇していることを意味する。もし，剰余価値率が不変であるならば，マルクスが言うように，資本の有機的構成が上昇するかぎり，利潤率は低下する。しかし，資本の有機的構成が上昇しない場合もある。さらに，剰余価値率が低下するならば，資本の有機的構成が大きく低下しないかぎり，利潤率は下落する。

たしかに，剰余価値率が不変であるとか，それが低下する場合には，利潤率が低下することがありうる。しかし，資本にとって剰余価値率を上昇させることができるのにそうならないというのは，資本の行動によるものではなく，労働者の要求によるものであろう。たとえば，新技術の導入後に，労働強化，あるいは労働分配率の低下に気づいた労働者が代償に大幅な賃金引上げを要求し，それを実現するような場合である。

他方，根岸隆は，柴田＝置塩定理が企業をプライステーカーとする完全競争の状態を想定しているが，不完全競争を想定して考えた方が，マルクスの議論に親和的であると考えた。不完全競争を想定するならば，費用基準による新技術の導入によって一時的に高利潤を得ながらも，他企業との競争のなかで利潤率を結果として減らすことが起こりうるからである。

3）実証的研究

利潤率低下論についての実証的検討を最初におこなったのはJ. ギルマン[9)]である。彼は，19世紀後期から20世紀前半にかけての統計データを用いて，1919年以前には資本の有機的構成の高度化が剰余価値率の増大を上回って利潤率を低下させるというマルクスの予想が適合していたが，1919年以降はそれらの比率は不変にとどまっていることを発見した。ギルマンは20世紀における利潤率の低下の要因としては，資本の有機的構成の上昇よりも，不生産的な費用の増大を重視している。しかし，これはマルクス的な観点では，流通費・管理費などにあたり，剰余価値から支払われる支出である。

20世紀になるとあらわれる重要な要因は，労働分配率の変動である。労働分配率には，世界大戦で画された2-30年の時期ごとに断絶があり，それぞれの時期ごとに労働分配率の水準があり，それに規定されるようにして起点となる利潤率の水準が位置している。これは，世界大戦などの大事件ごとに，分配関係・労使関係，また産業構造の再編成が起きていることを示唆する。安定した時期においては資本係数の上昇傾向が見られることもあるが，フォード主義の時期のように生産性の上昇がそれを打ち消している時期もある。

第2次大戦後の利潤率の動向についてはいくつかの研究があるが，ニューヨ

9） J. ギルマン『利潤率低下の理論』（西川良一訳）雄渾社，1968年。

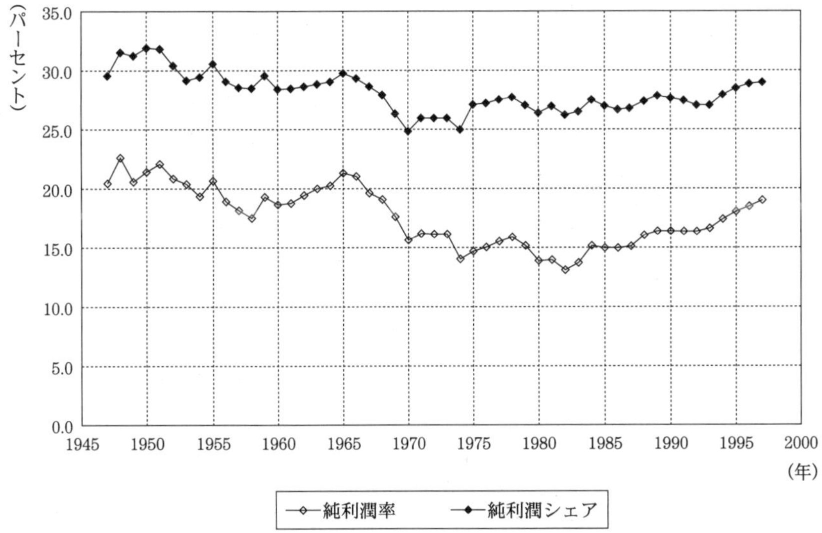

図 7-2　利潤率と利潤シェア（米国，1947-1997）

ーク大学の E. N. ウォルフのアメリカについての研究[10]を紹介しよう。彼は利潤率の分母となる資本として民間固定資本ストックをとり，分子となる利潤としては，純国民所得から雇用者の労働報酬および自営業者の所得の半分を差し引いたものを用いている。1992 年のドル価格での数値を基準にして，資本財，消費財の相対価格の変動を考慮している。

図 7-2 は，1947 年から 1997 年までの利潤率と純国民所得中の利潤の割合の長期的動向を示している。1950 年代前半には 20 パーセント以上あった利潤率が 1970-80 年代に 15 パーセント程度に低下したが，1990 年代になって回復しはじめ，1997 年には 19 パーセントに達している。純国民所得中の利潤の割合もほぼ同様な動きを示しているが，その変化はより小さい。この利潤の割合と

10)　Edward N. Wolff, "The recent rise of profits in the United States", *Review of Radical Political Economics*, vol. 33 (3), 2001（著者および掲載誌出版社に図の転載を許可されたことについて感謝する）. なお，Gérard Duménil and Dominique Lévy, *The Economics of the Profit Rate*, Edward Elgar : Aldershot, 1993 は理論と歴史の双方にわたって利潤率の変動の分析をおこなっている。

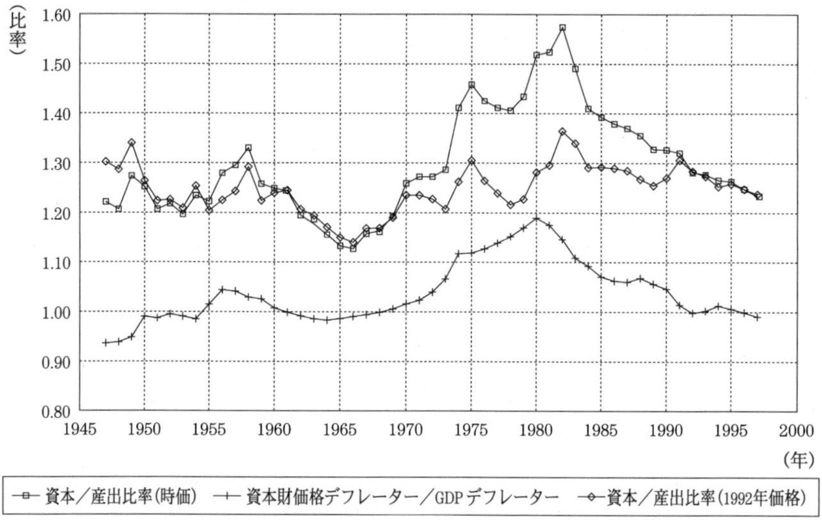

図 7-3　資本・産出比率と資本財価格デフレーター（米国，1947-1997）

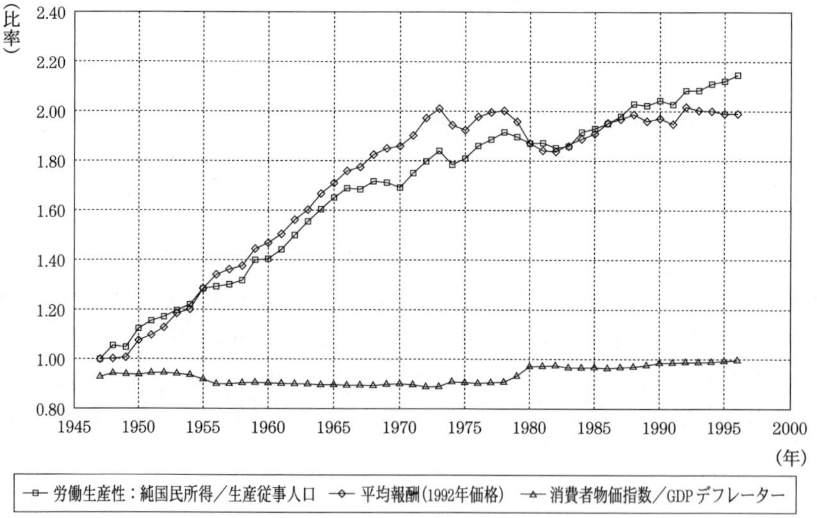

図 7-4　労働生産性・平均報酬・消費者物価指数（米国，1947-1997）

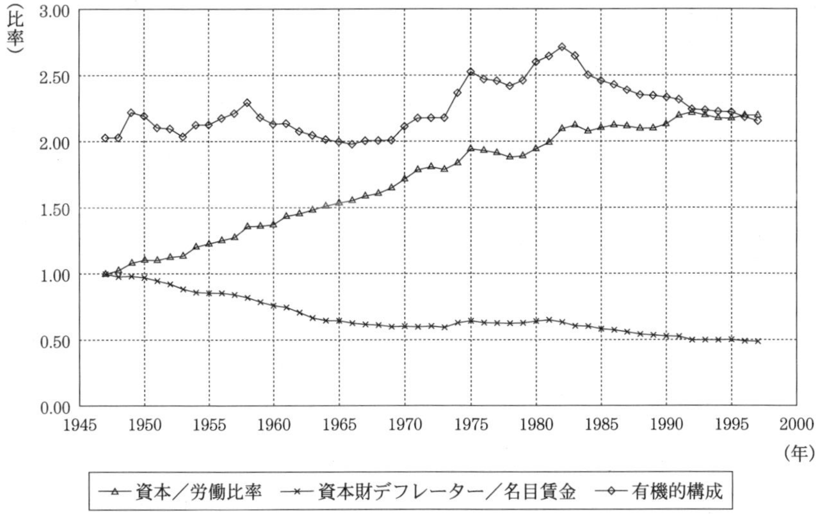

図 7-5　資本・労働比率と資本の有機的構成（米国，1947-1997）

利潤率を結びつけるには，資本産出量比率が必要であるが，ウォルフは 1970-80 年代における利潤率の低下には，同時期において資本財価格の上昇率が一般物価の上昇率をかなり上回ったことの影響があることを示している（図 7-3）。次に，労働生産性の上昇と雇用者報酬の関係をみると，1960 年代の半ばまではほとんど並行して上昇していたが，それ以後約 15 年のあいだ雇用者所得が労働生産性を上回っている。1980 年代初頭になると雇用者所得が低下し，1990 年代以降は労働生産性の上昇にもかかわらず雇用者所得が伸びない傾向があらわれている（図 7-4）。最後に，資本労働比率と資本の有機的構成の動向をみると，生産の技術的構成にあたる資本労働比率は一貫して上昇しているが，資本の有機的構成はそうでないことが図 7-5 に示されている。資本の有機的構成は 1960 年代には僅かであるが低下の傾向を見せていたが，その後 1980 年代はじめまでにかなり上昇し，それ以降低下傾向を見せている。

こうした分析にもとづいて，ウォルフはアメリカの戦後経済を 1947-1965 年，1965-1982 年，1982-1997 年の 3 期に分けている。最初の時期は，労働生産性の上昇と実質賃金の上昇が並行して上昇し，資本の収益性が安定していた時期である。第 2 の時期には，利潤率がかなり低下したが，それは雇用者所得のシェアの増加だけでなく資本の有機的構成の上昇によるところが大きかった。最後の時期は，実質賃金の上昇が労働生産性の上昇に遅れるだけでなく，資本の有機的構成の低下が利潤率の回復に貢献している。それは，資本に対して労働の力関係が弱まったことと，資本労働比率自体の上昇が停止したことにもとづいている。

第 8 章　競争と地代

ある社会的物品に費やされる社会的労働の総量，すなわち社会がその総労働力のうちからこの物品の生産に振り向ける可除的部分，つまりこの物品の生産が総生産のなかで占める範囲と，他方の，社会がこの一定の物品によってみたされる欲望の充足を必要とする範囲とのあいだには，少しも必然的な関連はないのであって，ただ偶然的な関連があるだけである。

——マルクス『資本論』第III巻第 10 章（DK III, S. 197：全III，235 頁）

この章の考察対象

市場は個々の特殊な商品種類について，需要と供給が出会い，市場価格が形成される場です。現実の市場には独占的要素も存在し，競争の過程も形成される価格も単純ではありません。また，自然的な希少性をもつ土地のような資源に対しては，資本主義的生産者間の競争によって，地代が生まれます。

1．市場価値と市場価格

前章では，資本の産業部門を超えた競争と移動によって，一般的利潤率が成立し，それにもとづいて投下資本に応じて剰余価値を配分する生産価格の体系が成立すると論じた。標準的な生産技術と労働力の価値に対応する分配関係（剰余価値率）を前提として一般的利潤率が定まり，それに対応して生産価格が定まった。したがって，技術的条件によって決まる価値体系と労働力の価値としてあらわされる社会全体をつうじた新生産価値の分配関係（剰余価値率）を基礎としている点で，生産価格は価値の発展した概念といってもよい。

いいかえれば，生産価格は標準的な生産技術と一般的な階級関係のもとでの生産者の供給価格である。しかし，市場における価格は，需要と供給の関係で決まり，生産者だけの事情では決まらない。また市場は個々の商品，あるいは個々の産業ごとに成立しているのであって，経済全体をつうじた単一の市場が存在しているわけではない[1)]。したがって，これまでの議論と現実の価格の動きを結び付けて考えるためには，商品種ごと（産業ごと）の市場における需要と供給の関係のなかで形成される**市場価格**と生産価格がどのような関係になるのかを理解しなければならない。

先に第2章と第3章で述べたように，市場で取引されるのは具体的な使用価値をそなえた商品であるが，それは価値の側面においては社会化されている。需要者は，商品の具体的な使用価値に対して，多様かつ移り気な側面もある選好にもとづいてそれぞれに反応するが，商品の購買は共通の貨幣でおこなわざるをえない。したがって，それぞれの価格ごとに各個人が表明する個人的な需要の総和にその価格を乗じた積は，貨幣価値によって集計された**社会的な欲望**を示す。これが，実際にたとえば1兆円の現実の貨幣支出＝購買として実現するなら，それはやはり貨幣価値で表現されるその経済の価値生産量，たとえば400兆円の1/400の支出になっている。他方，供給者の側も多様であり，すべての企業が同一の技術を使用しているわけでも，同一の技術を使用している場合でも同程度に有効に使用しえているわけでもない。しかし，資本制企業においては，そうした生産条件は原則的にすべてが生産費に集約され，それと市場での価格との関係で供給がおこなわれる。長期的には産業間の資本移動もありうるので，平均的には一般的利潤率を実現する生産価格が実現されているであろう。したがって，供給の側の背後にあるものは，**社会的労働**であり，これも経済全体の総労働量の可除的な一部分である。

『資本論』では，市場を介した「社会的欲望」と「社会的労働」の関係につ

1）産業を超えた市場としては，労働市場と金融市場がある。前者が剰余価値率の基礎であることはすでに指摘したが，労働市場でも実質的に産業ごと，あるいは産業内でも職種や企業ごとに分断されている。金融市場については後出。

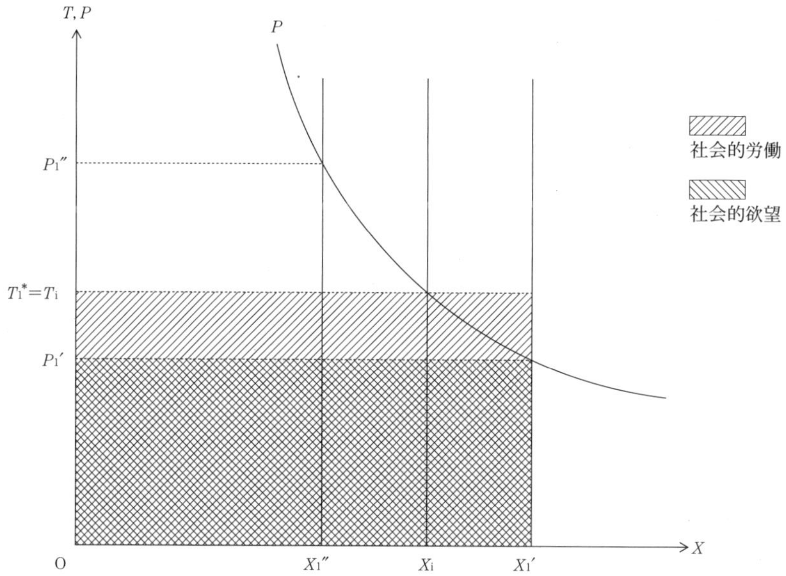

図 8-1　社会的労働と社会的欲望

いて次のように述べられている。

> それぞれの商品，または一商品種類の一定量が，その生産に必要な社会的労働のみを含むとしても，……もしそれが，その時の社会的欲望をこえた分量で生産されたとすれば，社会的労働の一部が浪費されたのであり，その場合には，この商品量は市場では，現実にそれに含まれているよりもはるかに小さい量の社会的労働を代表する。　(DK III, S. 197：全III，235-236 頁)

このあとに，生産量が少なすぎる反対の場合について言及され，「一定の物品の生産に振り向けられる社会的労働の範囲が，みたされるべき社会的欲望の範囲に適合して……いるならば，この商品は市場価値で売られる」とされている。

これは生産量によって変動する価格についての図 8-1 のような関係を示していると考えられる。

供給の側の背後にある社会的労働は，単位あたりの労働量 T_1 と生産量 X_1 の

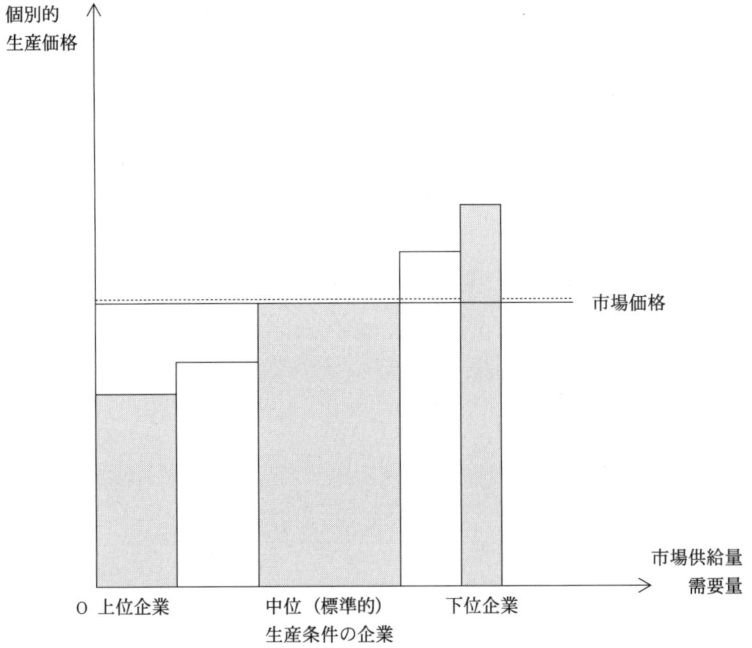

図 8-2　中位企業の生産条件が市場価値を決定するケース

積 $L_i = T_iX_i$ である。他方，社会的欲望は，価格に応じて表明される需要量であるが，それと価格の積 $G_i = P_iX_i$ と考えてもいい。価格が需給一致点で決まるとすれば，生産量が大きい場合（X_i'）は価格（P_i'）は低くなり，生産量が小さい場合（X_i''）には価格（P_i''）は高い。前者の場合には，$T_iX_i' > P_i'X_i'$ であるから，労働を「浪費」した生産者は生産量を減らす。後者の場合には，$T_iX_i'' < P_i''X_i''$ であるから，生産量を増やす。標準的な投下労働の水準 T_i^* が存在するならば，それに対応した生産価格の水準で水平な供給曲線が存在することになり，これが市場価格の変動の中心になる。これが**市場価値**である。それは，市場における需要・供給を安定化させるとともに，資本の産業間移動も抑制する。それは，価値の生産（供給）と価値の支出（需要）の両面においてその商品が占める価値（あるいは，その産業に流れ込む労働）を代表しているのである。

しかし，市場価値とそれに対応する標準的な生産条件は，はじめから定まっているものではない。同種の商品を生産する企業でも，すべてが同一の技術によって生産しているのではないし，同一の技術でも，その利用の仕方には種々の差異があるからである。生産費が異なれば，望ましい供給価格（個別的な生産価格）も異なってくる。生産費が低い企業は，その個別生産価格を上回る市場価値によって超過利潤を獲得できる。他方，生産費が高い企業は，平均利潤を獲得できないだけでなく，場合によっては損失もこうむらざるをえない。したがって，後者の企業は，少なくとも平均利潤を獲得できるように優良技術の導入をはかるか既存技術の有効活用に努力するだろう。そうでなければ，長期的には，倒産するか退出するかしかない。このような企業間の競争のなかで，中位の生産条件をもつ企業が大量を占めるようになれば，その個別生産価格が市場を支配する市場価値を形成する（図 8-2 参照)。しかし，文字どおりの独占が形成されないかぎり，企業間の生産費の差異は存在し続ける。標準的な生産条件が確定されない場合には，市場価値に対応する生産条件としては，時々刻々に変化する市場状態のもとでの個別的な生産条件の加重平均しか得られないこともあるだろう。

2．競争と独占[2)]

1）企業の費用構造

前節の市場価値論は，生産価格論を中間段階とした労働価値説の高次展開としての性格をもっていた。しかし，現代の経済学では企業の生産費の分析を基礎にして企業の行動と価格形成についてより詳細な分析がおこなわれている。この節では，これまでの議論と結びつけながら，短期の場合について，簡単に説明することにする。

まず，生産費について**固定費用**（fixed cost）と**変動費用**（variable cost）が

2）この節については伊東光晴『近代価格理論の構造——競争・寡占・独占』新評論，1965 年に示唆を受けている。

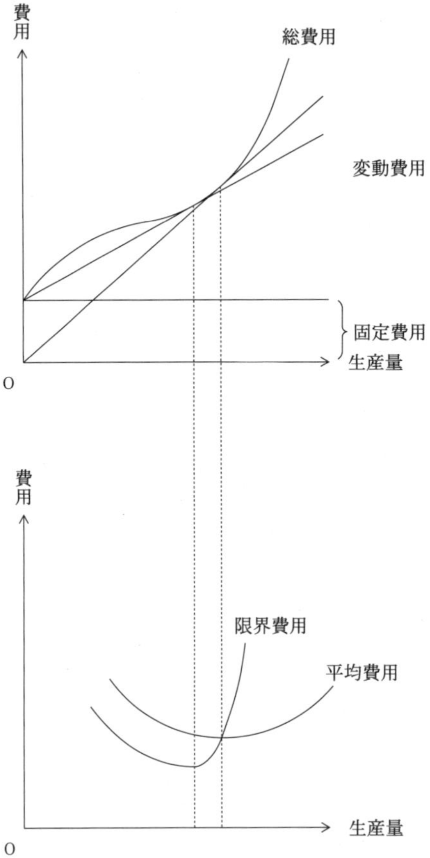

図 8-3　総費用・平均費用・限界費用

区別される。前者は，企業がその産業の生産者としてとどまるかぎり生産量から独立して支出しなければならない費用で，建物，機械などの物的固定資本の維持費，減価償却費，利子費が主である。短期というのは，固定的設備に変化がないことを意味するから，短期ではこれは一定額である。後者は，生産量に応じて変化する費用で，原材料費，燃料費，部品購入費，運輸・保管費などである。賃金などの人件費は，生産量に応じて雇用量をすぐに調整できるならば可変費用に入れることもできるが，長期雇用が主となっている現代企業の場合には，その大部分を固定費用とみなさざるをえないであろう。変動費用については，生産量に比例する場合が一番簡単であるが，現代の標準的経済学では，生産量が少ないうちは急速に増加するがある程度の生産量になれば増加の度合いが緩まり，生産量が企業の生産能力の上限に近づくと再度急増するようになると想定することが多い。

このような場合，総費用＝固定費用＋変動費用であるから，これを生産物単位あたりの費用としてみれば，限界費用および平均費用がU字型の曲線になるということである（図 8-3 参照)。

このような費用構造を前提して企業が市場でどのように生産量を決定するかは，市場の構造が完全競争的であるか，それとも独占的要素があるかどうかによって変わってくる。完全競争的な市場というのは，企業が多数あり，それぞれの生産量が市場全体の供給量に比べて無視できるほど小さいので，個別の企業は市場価格に影響を与えずに生産を拡大できるような市場である。このような市場では，企業は生産物を市場価格と異なる価格で販売しようとしてもできないので，price-taker の想定と言われる。この場合には，企業にとっての需要は，与えられた市場価格の高さで水平な線になる。それに対して，独占的要素がある市場とは，企業の生産能力が市場規模にとって無視できない大きさになっていて，企業の生産量の増減が市場価格の変動をもたらすような市場である。市場への供給者が文字どおり 1 企業だけである場合（完全独占）には，市場全体の需要曲線がそのまま企業にとっての需要曲線になる。企業が多数ある場合でも，企業の生産量の決定が価格に影響を与える場合，つまり企業にとっての需要曲線が右下がりになっているような場合には，独占的要素がある市場といってよい。完全独占でない場合には企業間の競争が存在するので，それを不完全競争（J. ロビンソン），あるいは独占的競争（E. H. チェンバリン）とよぶ。

2）不完全競争

不完全競争，あるいは**独占的競争**をもとに考えるならば，企業の生産＝販売量を x，そのときの価格を $p(x)$ とすれば，利潤は，販売収益（px）から総費用 TC を差し引いたものである。企業にとって最大の利潤が得られるのは，限界収益（MR）$\dfrac{dpx}{dx}$ を限界費用（MC）$\dfrac{dTC}{dx}$ と一致させる生産＝販売量である。

$$d(px-TC)/dx=0 \qquad (8\text{-}1)$$

$$p+x(dp/dx)=MC \qquad (8\text{-}2)$$

完全競争は，(8-2) 式の左辺第 2 項が $dp/dx=0$ となっている場合である。

図 8-4 は完全競争と不完全競争について，企業の生産量の決定を説明したものである。完全競争の場合には，企業にとっての需要曲線は水平であり，それがそのまま限界収益曲線になる。不完全競争の場合には，限界収益曲線は需要曲線よりも下に位置し，需要曲線よりも勾配が急な右下がりの曲線である。企

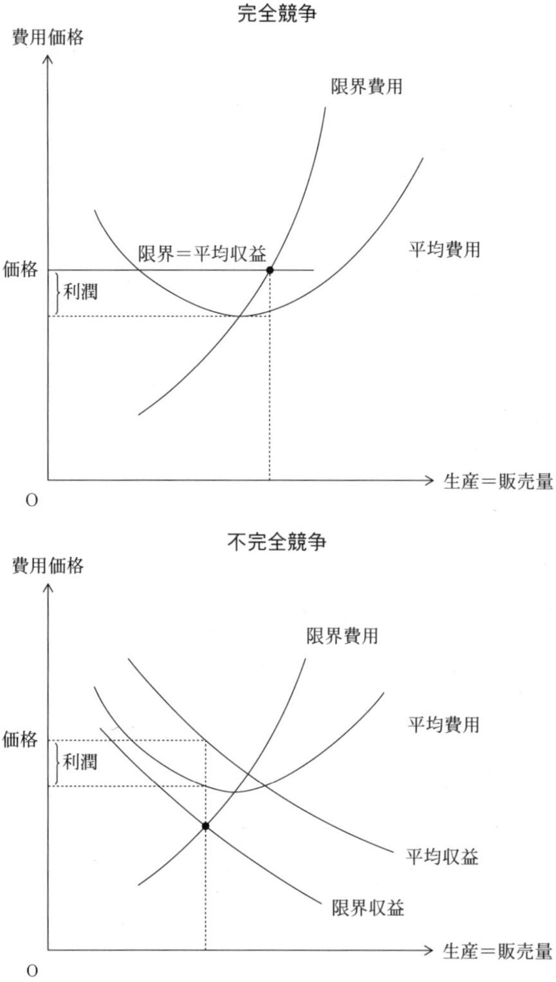

図 8-4　完全競争と不完全競争

業の生産量は限界収益＝限界費用となる点で与えられるが，それはあくまで短期的な決定である。この価格と生産量の組み合わせが，生産価格のように，企業を長期的にその部面にとどまらせる組み合わせになっているとは限らない。企業にとって，固定費用も含めて収支がつぐなうのは，価格が平均費用を上回っている場合である。また，価格が平均可変費用も下回る場合には，生産をすること自体が損失を増やすことになるので，早期に撤退することが望ましい。もちろん，新規投資によって，平均費用，限界費用を大幅に低下させれば別である。しかし，固定費用を増加させる新規投資による（生産物単位あたりの）費用低下は，生産＝販売量の大幅な増加を前提している。こうした問題は，長期の分析になるのでこれ以上は立ち入らない。

不完全競争の場合には，限界収益と限界費用が一致する生産量で需要曲線に

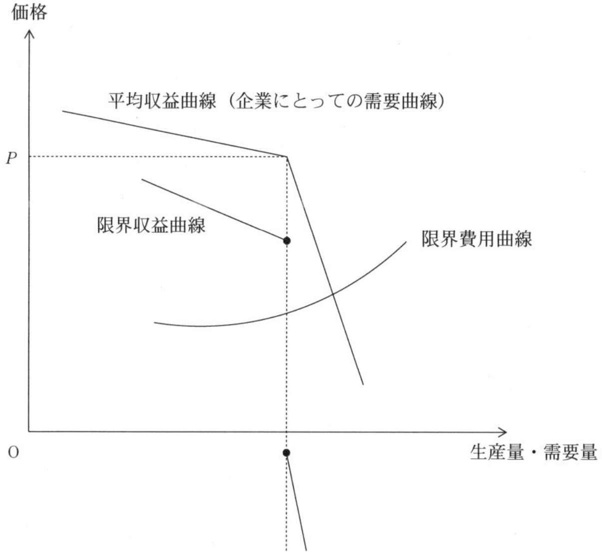

図 8-5　屈折需要曲線

よって与えられる価格が平均費用を上回っているかぎり，企業は利潤をあげている。しかし，個別企業にとっての需要曲線をどのようにして知り，また急速に低下する限界収益曲線が限界費用曲線と交差する点をどのようにして見つけるかという問題が存在する。現実の企業は，果たしてこのような限界分析が示すような利潤極大行動をとっているかという問題である。

限界主義的な生産分析からの離脱は，チェンバリンの独占的競争の分析からホール-ヒッチなどのマークアップの理論に発達し，非価格競争も含む寡占経済の理論を発展させた。現代では，さまざまな外部性をもつ市場構造のなかで，ゲーム理論などの最新の分析用具を用いた分析がおこなわれている。本節では，最後にスウィージーの屈折需要曲線の理論によって，限界分析の不十分性を示し，市場構造の経験的研究の意義を示唆するにとどめる。

上でみた不完全競争では企業間の競争の要素が明示的に入っていなかった。チェンバリンは企業の予想する需要は，他のすべての企業が価格をかえない場合と，他のすべての企業がその企業と同一の価格をつける場合で異なると考えた。前者の場合には，需要曲線の勾配は緩やかであるが，後者の場合には急である。スウィージーは，現行の価格から価格を引き上げる場合には前者があてはまり，引き下げる場合には後者があてはまると考えた。このような需要曲線のもとでは，限界収益曲線は現行の生産量で上下に乖離する。企業の限界費用曲線がこの乖離した限界収益曲線の端点の間を通るかぎり，現行の価格と生産量の組み合わせから動かないことが得策である。これは価格の硬直性を説明する有力な理論である。いったん特定の価格が定まると，個々の企業の費用条件の差異があっても，価格の変動はなかなか起こらない。起こるとすれば，すべての企業に影響する要因によって，この屈折点が移動する場合である。

3．地　代

社会経済学にとって，需要は純粋に個人的なものではない。市場的な価値として現実に発揮される社会的な欲望は，支払い能力のある需要であって，それは経済の再生産のなかで循環する価値に裏付けられた欲望である。再生産のために必要とされる生産手段，労働力の再生産のために必要とされる消費手段がその大部分をなすとともに，そのような再生産のなかで生まれる需要として循環する貨幣によって支払われるのである。

1）差額地代

通常，価格が高ければ需要量は減少し，価格が低ければ需要量は増大する。この価格の変動率に対する需要量の増減率を需要の**価格弾力性**という。需要が再生産上の根拠をもった社会的な欲望である場合には，この弾力性は小さいだろう。産業の発展にともなう人口増によって生まれた食料需要がその典型である。こうした弾力性の小さい需要が増加した場合には，供給量の僅かな不足でも価格の大幅な上昇をもたらすので，限界的な生産条件をもつ生産者の参入が誘発される。しかし，生産が急速に増大できないとすれば，供給の増加による価格の下落は小幅にとどまり，この商品の価格は需要の増加につれて上昇していくであろう。これは，この商品の供給者の限界的な個別生産価格が上昇することを意味する。したがって，平均的な利潤を得ずに生産する供給者をいずれ消滅ないし退出する供給者として無視するならば，このような商品の市場では，中位の生産者の生産条件ではなく，限界的生産者の生産条件が価格を規定する[3)]。

農業の場合には，労働の（したがって資本の）生産性は土地の豊かさに制約され，また利用可能な土地の量自体に絶対的な限界がある。したがって，たとえば欧州大陸の諸国との貿易が制限されていた 19 世紀初頭のイギリスがその人口を国内の土地で養おうとすれば，最も貧しい土地で耕作する農業者にも満足できる利潤を与えなければならない。市場経済では，それはこの**限界的生産者の個別生産価格**を**市場調節的な生産価格**とすることによって実現される[4)]。

その場合，より豊かな土地で耕作する農業者は，その個別生産価格を超えた超過利潤を得ることになる。しかし，この超過利潤は，生産費，あるいは個別生産価格の差異を生み出している希少な生産条件である土地の所有者（地主）に帰属する。なぜなら，地主は借地契約の更改の際に，もっとも高い地代を申し出る農業者を借り手として選択するであろうから，農業者の手元に残る超過利潤は一時的に存在したとしても，契約更改後は残らず吸い上げられてしまうからである。超過利潤の根拠が，その農業者の特別の才能にあるのでない限り，現在は最も条件の悪い土地で耕作している農業者でも，その農業者にとってかわる可能性をもつであろう。結局，地主は超過利潤を地代として吸い上げることによって，異なる豊度の土地で耕作する農業者のあいだに平等な競争関係を

3）地代の形成には，需要側での「社会的な欲望」の圧力と供給側の希少な生産条件の制約という 2 要因が必要である。私は，この 2 要因は以下で説明する「差額地代」に帰結すると考えるが，マルクスは限界耕作地にも地代をもたらす「**絶対地代**」がありうると考えていた（『資本論』第 3 巻第 45 章）。しかし，未耕作地がまったく消滅するのでないかぎり，限界耕作地の地代は名目的なものであろう。地主間にも競争が存在するから，「差額地代」に加えて，「絶対地代」を生産者から取り立てる根拠をみつけることは困難である。

4）平均的な生産条件ではなく限界的な生産条件によって農産物の価格が決まる場合には，その総価額は超過利潤＝地代分だけ，生産価格に翻訳された価値（社会的労働）を超過している。これはマルクスが「虚偽の社会的価値」（DK III, S. 673：全III，852 頁）とよぶものである。市場機構によって社会的に決定された価値ではあるが，生産に投下された労働を価値の実体とみなす場合には水ぶくれしているからである。

表 8-1　差額地代の第 1 形態

土地等級	投下資本	農業者の利潤	生産量 (ブッシェル)	個別生産価格	販売価額 (価格 p)	地　代 $p=0.75$	地　代 $p=1$	地　代 $p=1.5$
I	2	1	7	0.43	$7p$	2.25	4	7.5
II	2	1	6	0.5	$6p$	1.5	3	6
III	2	1	5	0.6	$5p$	0.75	2	4.5
IV	2	1	4	0.75	$4p$	0	1	3
V	2	1	3	1	$3p$	非耕作	0	1.5
VI	2	1	2	1.5	$2p$	非耕作	非耕作	0

創りだしているのである。

こうした限界的耕作地での農業者にとっての生産価格を基準として，土地の豊度に応じて生まれる地代を**差額地代**（differential rent）[5)]という。それには，しばしば，異なる豊度の土地に同一量の資本を投下して生産した場合の差異を想定した第 1 形態と，同一の土地に追加的に資本を投下していく場合の生産増加量の差異を想定した第 2 形態に区分されている。まず第 1 形態から説明しよう。

表 8-1 は，豊度の順に 6 等級にわけられる土地にエーカーあたりで等量（2 ポンド）の資本を投下して耕作する際の小麦の生産量と地代を示したものである。小麦 1 ブッシェルの価格が 0.75 ポンドなら第IV等級の土地まで耕作され，第 I，第II，第III等級の土地で地代が生じている。小麦価格が 1 ポンドに上昇すれば第 V 等級までの土地が耕作され，さらに 1.5 ポンドにまで上昇すれば第VI等級の土地も耕作に入る（なお，数値の非現実性は無視する)。

図 8-6 上は，この表の数値にさらに土地の面積を加えて，縦軸に生産量をとったものである。図 8-6 下は，同じ関係を縦軸に小麦 1 単位の市場価格と個別生産価格をとって示している。

差額地代の第 2 形態は，上記のような等級の土地に順次 2 ポンドずつ追加投資がおこなわれていった場合の生産量にかかわるものである。この生産量につ

5）差額地代論は，1810 年代のイギリスの農業保護をめぐる論争のなかで，ウェスト（Edward West），リカード（David Ricardo），マルサス（Thomas R. Malthus）によって確立された。

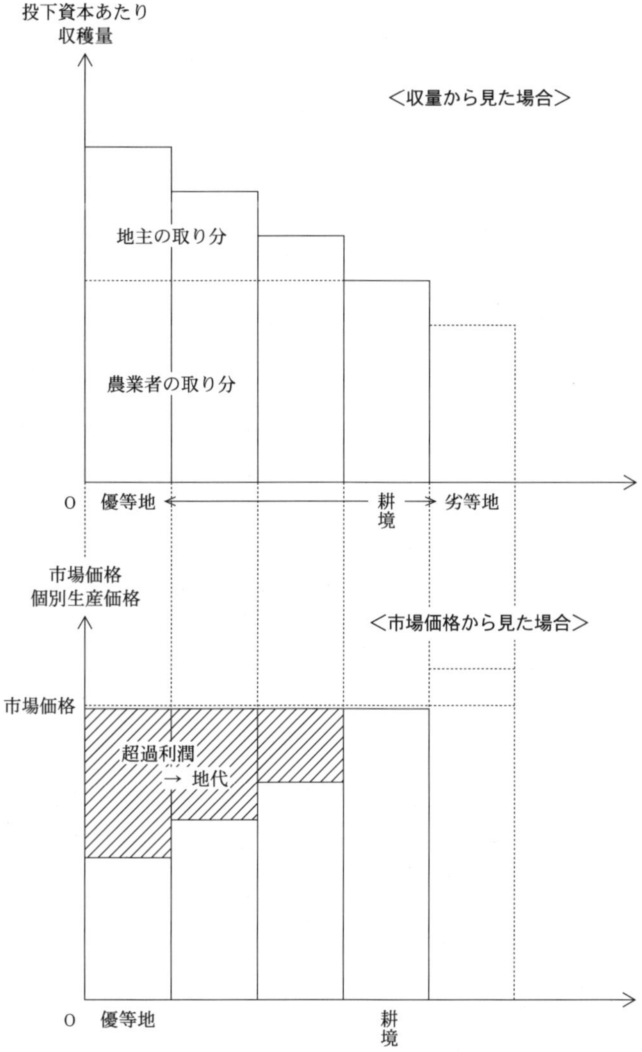

図 8-6　差額地代（収量から見た場合，市場価格から見た場合）

表 8-2　差額地代の第 2 形態

土地等級	第 1 次投資の生産量	第 2 次投資の生産量	第 3 次投資の生産量	第 4 次投資の生産量	第 1 次投資までの地代	第 2 次投資までの地代	第 3 次投資までの地代	第 4 次投資までの地代
I	7	5	3	1	4	6	6	4
II	6	4	2		3	4	3	
III	5	3	1		2	2	0	
IV	4	2			1	0		
V	3	1			0			
VI	2							

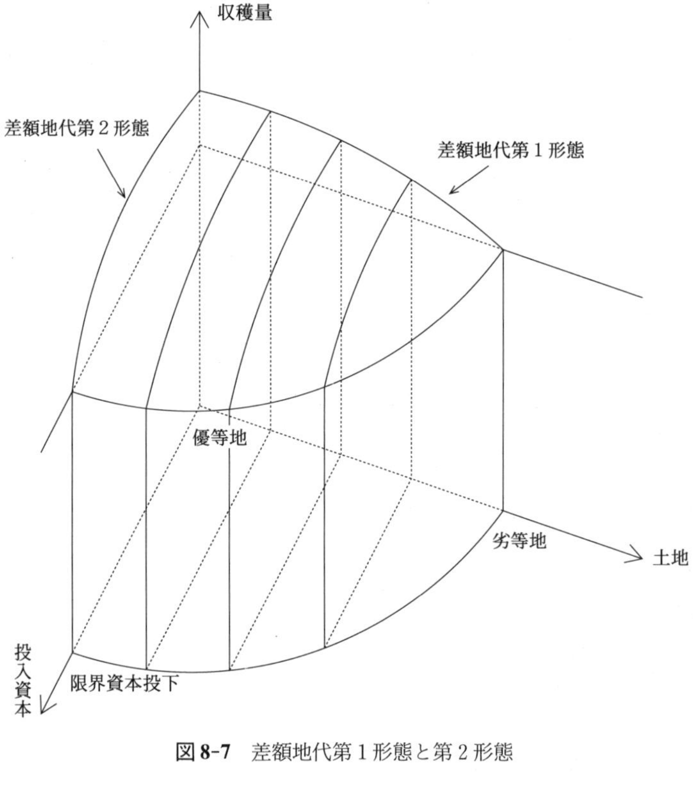

図 8-7　差額地代第 1 形態と第 2 形態

いて収穫逓減の法則が作用するなら，第 1 形態と同じく，限界的な資本投下のさいの費用条件（個別生産価格）を基準として地代が形成される。表 8-2 では，上記の追加投資ごとに収穫が 2 ブッシェル減少している。ただし，価格は小麦

表 8-3　土地資本投資の効果

土地等級	投資前の面積	投資後の面積	投資前の生産量	投資前の価格	投資前の地代総額	投資後の生産量	投資後の価格	投資後の地代総額
I	1	3	7	1	4	21	0.75	6.75
II	2	3	12	1	6	18	0.75	4.5
III	3	1	15	1	6	5	0.75	0.75
IV	2	1	8	1	2	4	0.75	0
V	2	2	6	1	0			

1 ブッシェル 1 ポンドとしている。これからわかることは，この小麦価格を予想するかぎり，第 I 等級の土地の地主は 1 エーカーあたりで 6 ポンドの地代を要求し，農業者はそれを支払うために第 2 次ないし第 3 次投資までをおこなわざるをえないということである。同様に第 II 等級の土地の地主もエーカーあたり 4 ポンドの地代を要求する。地代はこうした資本投資の集約度も加味して形成されるのである。

2）土地資本への投資

土地の豊度や絶対量にかんして人間は何もできないわけではない。実際に，農業者は借りた土地を最も有効に用いるために施肥や灌漑をおこなう。地主も，土地改良をほどこして土地の等級をあげて地代収入を増やそうとするだろう。これらの土地と一体化して生産を増加するために投じられた資本を**土地資本**という。他の動産的な資本と異なり，いったん投下されると移動させることができないので，通常の資本以上に長期的な視野で投資をおこなう必要がある。したがって，短期で契約が更改される借地農業者の土地資本投資には限界があり，主要には地主によっておこなわれざるをえない。しかし，地主による土地資本投資には逆説的な側面がある。それは，土地改良などの土地資本投資によって優良地が増加すれば，現在耕作限界地となっている最劣等地での耕作が放棄され，その結果，地代の全般的減少が起こる可能性があるからである。

表 8-3 はその数値例である。第 II 等級の土地と第 III 等級の土地の地主の全員と第 IV 等級の地主の半数が土地資本投資をおこない，土地等級を各 1 級昇級させている。土地資本の投資前は，小麦価格は 1 ポンドで耕作限界は第 V 等級地

Column 8-1

地代と準地代

土地のような自然的制約によって供給が希少になっている生産要素には，需要状態によって決まる所得である「地代（rent）」が生じます。優良な資本設備や優良な労働力も，時間をかければ供給を増やすことができますが，当面は供給に制約がある場合があるので，地代に類似した所得を生じることがあります。これを「準地代（quasi-rent）」と言います。プロ野球のスター選手の収入は，生活費という意味での「労働力」の価値を超えるでしょうが，この超過分は希少な才能によって生じた「準地代」とみなしていいでしょう。

アルフレッド・マーシャルは，産業内に技術格差があるなかで優良な企業に生じる超過利潤を「準地代」であると考えました。需要と供給が一致する点で市場価格が定まるならば，優良企業には費用を超えた「生産者余剰」が発生するからです。しかしこの超過利潤の基礎にある優良な企業資産は多少の時間をかければ調達可能ですから，地代のように恒常的な所得を生むことはありません。超過利潤が生まれていることが知られるならば，競争企業も優良な生産設備を導入しようとするでしょうし，他産業からの参入も起こるでしょう。したがって，「準地代」は，一時的・短期的な所得で，長期的には，減価償却費や管理・販売費などの「補足費用」をまかなう程度にとどまるでしょう。

「地代」や「準地代」は，市場の需給関係の結果として生じる所得です。そして，「準地代」は，市場における競争の作用によって短期で消滅する所得のはずです。しかし，実際にはトヨタやキヤノンのような持続的な優良企業が存在します。マーシャルは「準地代」を生み出すよう費用格差が，個別に市場で調達できるような生産手段や労働力ではなく，企業別に異なるそれらの組み合わせに依存しているならば，永続性を持ちうると考え，それを「複合的準地代」と名づけました。このような種類の「準地代」を維持するためには，超過利潤を企業主が独り占めせず，従業員も含めた組織としての企業の調和ある成長のために用いる必要があります。優良企業ばかりと限りません。マーシャルは，高賃金によって労働者のあいだに教育と知識を普及させ，高生産性を実現することが資本主義の改善につながると考えていました。

日本の大企業の労働者の相対的な高賃金も，技能の向上と忠誠心の確保のために経営側が採用した「準地代」分与の政策によるものでしょう。近年一部で提唱されているように，雇用の制約条件を柔軟化させ，労働市場において企業の内部と外部を分ける壁を弱めるならば，「準地代」を消失させて労務費を引き下げられるかもしれません。しかし，低賃金・低技能の労働力による代替は，企業全体の生産性を引き下げかねません。ハイテクと情報化の時代の到来のなかで，新しい技能・新しい協働能力が要請されています。そうした知識・能力を身につけた労働力を育成するインフラストラクチャーなしには，労働市場の柔軟化は低賃金・低生産性への道です。「底辺への競争」ではなく，「向上への競争」が必要とされています。

（参照：A. マーシャル『経済学原理』〔原書初版1890年，馬場啓之助訳〕東洋経済新報社，1965-67年）

であった。土地資本投資後も小麦の需要量が変わらないとすれば，これまでの限界耕作地であった第V等級地での耕作は不要になり，第IV等級地が新たに耕作限界になるので，小麦価格は0.75ポンドに低下し，それにしたがって地代もかなりの減少をみせている。しかし，社会全体としては，48ブッシェルの小麦を0.25ポンド安く入手できているので12ポンドの利得が生じている。これは地主の6ポンドの地代収入減を差し引いても社会にとってプラスの投資である（土地投資の価値額は考慮していないが，この土地投資の効果が半永久的に存続するとすれば，かなりの額の投資でも有益である）。

そうした場合でも，社会全体の視点から見れば，生産量は減らずに小麦の市場価格が下がったことによって社会の福祉は増大している。したがって，地代の減少をおそれる地主に代わって，国あるいは地域的な公共団体が土地資本投資をおこなうことも考えられる。土地改良投資などに補助金が出される場合の合理的な基礎づけは，農業者の経営補助ではなく，農産物の安価な供給による社会的な福祉の増加に求められよう。農業用地のように特定の私有財産に公共資金を投下する際には，補助の基準と限界を明確に定めることが必要になる。しかし，地域内の不特定多数の経済主体に便益をもたらす**社会資本**（インフラストラクチャー）整備の活動は，この土地資本的な投資をより社会的に拡大したものといえるだろう。

第9章　商業と金融

商品取引資本と貨幣取引資本にあっては，流通部面にある産業資本の生産的な資本としての産業資本からの区別が自立化している。それらの資本にあっては，資本が流通部面で一時的にとる特定の形態や機能が，分離した資本部分の独立した形態や機能として現われ，その形態と機能が，もっぱらその資本部分だけのものとされているからである。

――マルクス『資本論』第III巻第20章（DK III, S. 335：全III，433頁）

この章の考察対象

資本主義的な生産活動は商業活動と金融活動によって補完される必要がありますが，これらの補完活動が同じ資本で営まれなければならないわけではありません。本章では，商業資本と金融資本（銀行資本）の生産をおこなう産業資本との関係を説明し，さらに，資本主義にとっての派生的市場としての金融市場について基礎的な理解を与えます。

1．資本主義経済の上部展開

資本は全知万能の経済主体ではない。国民経済のなかの民間部門を英語で private sector というように，資本主義的な企業は民間人によって営まれる私的事業（ビジネス）にすぎず，政府のように，私的所有を超えた公的な権力をもつ存在ではない。公的な権力をもたないことによって，かえって資本としての自由，つまり，少なくとも法に触れない限り，創意をもって利潤を追求することができるという自由を与えられているのである。しかし，個別の企業（個別資本）にとって，取引相手は独立の経済主体であり，その意思を支配できない。また同じ産業内で，あるいは産業を超えて互いに競争をおこなっているので，利益を独り占めすることはできない。資本主義のもとでの利害関係は，市場における取引および競争のなかで調整され実現されるのである。この過程のなかで，**費用の資本化**と**収入の資産化**という現象がおこる。

1）流通費の資本化

市場による利害関係の調整は，費用なしにできることではない。供給者と需要者が出会い，適切な価格を形成して，売買をおこなうこと自体が，商業的活動とそのための物的手段を必要としている。市場での取引は全体として流通過程を形成しているので，このような活動とその物的手段は，生産費と区別される流通費である。流通費を多くつぎこめば販売量を増やしたり，よりよい顧客を見つけて高価な商品を販売したりすることができる。あるいは，より迅速に売買を完了して，資金をより効率的に回転させることができる。販売量を増やすことも，資本の回転をあげることも，それだけ多く剰余価値を実現することにつながる。資本主義的企業が流通過程において経費を支出するのは，生産費を投じるのと同様に利潤を多く得るためである。

したがって，流通費（あるいは流通費を支出するための経済的価値のストック）も，生産費と同様に資本となることが可能である。店舗を備え販売員を雇い，市場の調査をおこない広告をうつなどの活動をおこなう**商業資本**である。

通常は流通費に入れられていないが，流通手段である貨幣そのものの費用とそれを取り扱う費用もまた，資本主義的な市場経済で必ず必要になる費用である。前者（**貨幣費用**）はビジネスのための貨幣を調達する費用であり，後者（**貨幣取扱費用**）は金庫を備え会計掛を雇う費用である。後者はわかりやすいが，前者については多少の説明が必要であろう。

1,000万円のビジネスをするためには1,000万円の貨幣が要る。この貨幣が金であれば1,000万円分の金を獲得する費用である。といっても，すべての資本主義的生産者が金の採掘に従事する必要はない。金を採掘・精錬する産金業者が供給した金が貨幣になって市場で出回っている。また，1,000万円の貨幣を全額現物でもたなければビジネスができないわけではない。企業が必要としているのは，貨幣あるいは金そのものではなく，貨幣が流通手段（購買手段）として果たす機能であるから，他の経済主体から一時的に借りた貨幣でもその機能を果たせるからである。金を貨幣とする経済は，金の採掘・精錬・鋳造などの実体的な費用を負担せざるをえないが，個々の企業にとっては，貨幣費用は貨幣を一時的に調達する費用にすぎない。年あたり50万円を利子として支払う約束をして1,000万円を銀行から借りる，あるいはそのような債務証（社債）を発行して投資家から資金が得られるならば，貨幣費用は1,000万円ではなく50万円である。

貨幣費用や貨幣取扱費用を支出すれば，それだけ資本の回転を効率化し，多額の剰余価値を得られるようになることは，他の流通費と同様である。したがって，貨幣および貨幣取扱費用も，独立の資本となることができる。**銀行資本**，あるいは**金融資本**である。

2）収入の資産化

忘れてはならないのは，社会全体にとっては，地代もまた，市場による土地（希少な自然資源）利用の調整にともなう費用であることである。もし，土地の利用者が私的生産者ではなく共産主義的な共同体であれば，超過利潤分の余剰は共同体内部で相殺されて顕在化しないであろう。しかし，共同体内部で，必要な量の農産物を，豊度に差異のある土地を用いて効率的に生産するための工夫をこらす必要は残っている。市場経済は，この問題を土地利用についての市場をつくりだすことで解決している。農業者たちは，自分に超過利潤を与えてくれる優良地の利用をめぐって競争するが，その競争自体によって超過利潤は地代に転化する。希少な自然的資源の利用の効率化が，地主という不生産的な経済主体の収入をつくりだしている。いいかえれば，地代は土地利用の調整を市場によっておこなうことの代償である。

土地を借りて生産をおこなう農業者の側からすれば，地代は生産に必要な費用のように思われるかもしれない。しかし，地主にとっては，地代は前払いを必要とする費用ではなく，端的に収入そのものであって，地代分に対応する生産手段の消費はどこにも存在しない。それは，たとえば税金をかけたり，土地を国有化したりして，公共の財政に吸収したとしても，経済の再生産に影響しない収入である。

しかし，土地（正確には土地所有）自体も，それが収入を生む以上，経済的な価値をもつ財産となる。土地（土地所有）は地代収入という価値フローを生み出す価値的ストック，つまり資産とみなされ，それ自体が売買の対象となる。土地の賃貸し市場だけでなく，土地自体を商品として取引する**土地市場**が成立し，**土地価格**（地価）が生まれる。

同様な収入の源泉（正確にいえば収入の帰属権）の資産化は，土地と限らず収入が将来継続的に見込まれるならば起こりうる。毎年利子を生み出す債権（貸し金）は，債権保有者にとって金融資産である。利潤をあげる企業活動に対する支配権自体も，価値的な資産として市場評価を受け，その価値が株式市場などで現れる。生産的な実体との対応がなくてもいい。政府が戦争をまかなうために発行した公債でも，毎年利払いがおこなわれるならば，市場で取引される**金融資産**となる。しかし，こうした収入の資産化は，現実に生産的部門で収益性をもった生産がおこなわれ，そこで生まれた剰余価値が何らかの権利を通じて流れ込んでくることを前提としている。基礎となる生産が収益性を失ったり，生産活動をおこなわない資産保有者に収入を分配する過程に支障が生じたりすれば，これらの資産は価値を失う。これらの資産は，資本主義的生産から派生した存在なのである。

2．商業資本の自立化

これまでに第3章で商業活動について説明され，第5章で**産業資本**にとっての流通期間の短縮の意義が論じられた。それをもとに**商業資本**とその利潤について説明しよう。産業資本にとっては，生産物ができたらすぐに販売されるのであれば，資本の回転が効率化され，販売費用もかからない。商業資本はそれを可能にするパートナーであるが，このパートナー自身も利潤獲得を目的として活動しているのである。

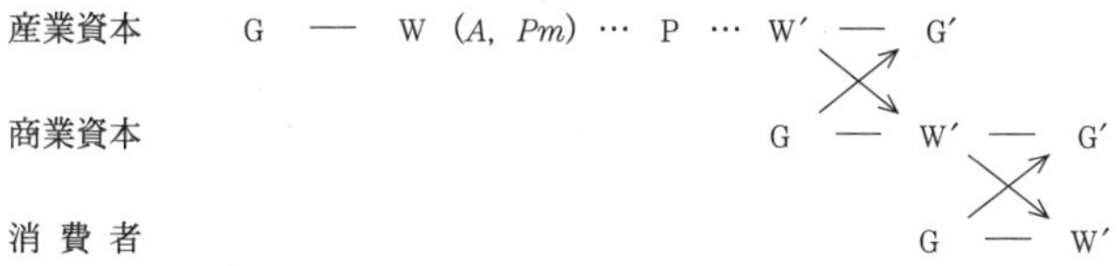

図9-1　商業資本による販売過程の代理

まず，生産過程と流通過程の全過程をみずから担当する産業資本を想定しよう。固定資本・流動資本を区別せず平均化して考え，回転期間＝生産期間＋流通期間とすれば，資本は生産過程にある生産資本と流通過程にある商品および貨幣的形態の資本に，回転期間の構成比率によって配分される。流通期間がゼロになれば，回転期間はそれだけ短縮化されるから，一定期間（たとえば1年）に同一量の資本で生産される物的および価値的生産物はそれだけ増加する。

しかし，資本主義のもとでは流通時間がゼロになることはないし，流通過程で流通費が発生することも避けられない。産業資本にできることは，流通過程を他の資本に担当させることだけである。たとえば，産業資本が自ら流通を担当するなら，T_{p} 週の生産期間と T_{z} 週の流通期間がかかり，$T_{\mathrm{z}}/T_{\mathrm{p}}=\zeta$ とする。また，資本量はK，その回転期間あたりの利潤率を r，流通費の率を z とする。

この産業資本の流通費を差し引いた年あたり純利潤率 $r'_{\mathrm{I,y}}$ は，1年を52週として次のようになる。

$$r'_{\mathrm{I,y}}=\frac{52}{T_{\mathrm{p}}+T_{\mathrm{z}}}(r-z) \tag{9-1}$$

もしこの産業資本が，流通過程を商業資本に担当させる代償に，予定販売価格を μ の率で割り引いて生産物を商業資本に引き渡し，それによって収益状況が改善したとする。1回転あたりのもともとの販売価額は $(1+r)K$ に等しいと考えてよいから，このような場合には，以下のような式が成り立つ。

$$\frac{52}{T_{\mathrm{p}}}\{(1-\mu)(1+r)K-K\}\geqq\frac{52}{T_{\mathrm{p}}+T_{\mathrm{z}}}(r-z)K \tag{9-2}$$

これを整理すると，

$$1-\mu \geqq \left(\frac{r-z}{1+\zeta}+1\right)/(1+r) \tag{9-3}$$

となる。この式で等号を成立させる μ^* が，産業資本にとっての引渡し価格（卸値，工場渡し値段）を規定するだろう。このときの産業資本の年あたり純利潤率は先の純利潤率と同一である。いいかえれば，割引率が μ^* を超えないかぎり，流通過程での活動を商業資本に委ねることが有利である。

他方，産業資本から想定定価の μ の割引で商品を入手する商業資本の側の事情はどうであろうか。まず，商業資本が，産業資本が想定していたのと同じ流通期間，同じ流通費，同じ販売価格で販売するものとしよう。仕入の際の割引率が μ^* であるとして考えよう。

この商業資本は，$(1-\mu^*)(1+r)K$ で仕入れた商品を zK の流通費を投じながら，流通期間 T_z で価格 $(1+r)K$ で販売する。これを商業資本の1回転とすれば，流通費を差し引いた純収益は $\{\mu^*(1+r)-z\}K$ である。この純収益に式（9-3）を参照して μ^* を代入すると $(r-z)\left(\frac{\zeta}{1+\zeta}\right)K$ となり，生産によって生み出された剰余価値から流通費を差し引いた価値を回転期間に占める流通期間の比率で割り振ったものであることがわかる。しかし仕入れ値で除した純利潤率は，回転期間の差異を差し引いても産業資本のそれより低い。というのは，仕入れ値にはすでに，産業資本の利潤の取り分が含まれている（$(1-\mu^*)(1+r)K>K$）からである。

しかし，商業資本は流通期間を短縮し，流通費を効率的に支出することによって，その年あたりの利潤率を引き上げることができる。この商業資本が繰り返し回転するとすれば，年あたりの回転数は $52/T_z$ になり，年あたりの純利潤率は以下のようになる。

$$\begin{aligned} r'_{z,y} &= \frac{52}{T_z}\cdot\frac{(1+r)\mu^*-z}{(1+r)(1-\mu^*)} \\ &= \left(\frac{52}{T_z}\right)\left\{\frac{(r-z)\zeta}{r-z+1+\zeta}\right\} \end{aligned} \tag{9-4}$$

この式の各変数のうち，流通費zと流通期間T_zは，商業資本によって変えられる。流通費zを減少させるか，T_zを削減するか，あるいは，流通費zの効果的な支出によってT_zを短縮することができれば収益率は上昇する。たとえば，zを倍増することによって流通期間を半分に短縮できるような場合である。

商業活動は，本質的には商品とその需要者を結びつける**情報的な調整活動**であり，生産のように物質的な反応過程に制約される活動ではない。したがって，**流通期間の短縮**や**流通費の削減**に絶対的な制限はないので，個々の商業資本の観点からは，情報的な調整の効果次第で利潤率を無限に上昇させることが可能であるかのように思える。だが，経済全体の再生産の視点からみれば，商業資本は，その情報的調整活動によって商品の**流通の効率化**を果たしているだけであって，自ら生産をおこなっているわけではない。需要の源泉になる所得も供給される商品も何らかの生産活動の結果として与えられているのである。商業活動が価値を生産しているように思われるのは，商人が発見した潜在的な需要の可能性に対して，多くの場合商人自身の仲介活動によって生産（供給）が刺激されて価値生産が増加しているからである。この生産促進的な効果には，流通の効率化と新商品を含む商品の多様化の2つが数えられる。前者は，社会の労働力がすべて生産的労働に向けられるという絶対的限界があり，後者はここで論じている次元をこえる質的な問題である。そのような生産促進的効果が見られないとすれば，流通期間の短縮，流通費の効率化には一定の限界があるとみなければならず，商業資本の利潤率は産業資本以上にばらつきは多いものの，平均的には産業資本と同様の水準になるものと考えるのが適当であろう。

このように商業資本の活動の本質を情報的な調整活動ととらえると，その特質は商品の仕入費用である以上に狭義の流通費用そのものにあることがわかる。商品の仕入自体は信用買いでおこなうとか，銀行からの借入金などで支払うとかの算段によって節約が可能である。その場合は仕入れ費用は実質的には仕入資金そのものではなく，その**金融費用**（実質的な借入資金の利子費用）に縮減される。仕入れた商品を現金化したければ，商品によっては買い叩かれるかもしれないが，市場が整備されているかぎり流通過程内部で他の商業資本に対して転売することもできるであろう。それに対して，流通費用は具体的には，店舗をかまえ，販売員を雇い，市場調査をして，広告を出したりするという特殊具体的な選択に対応した支出であって，そのかなりの部分は創業時の資本によってまかなわざるをえない。それは転売してすぐに現金化できるような流動的な資産ではないのである。商業資本の本体は仕入費用ではなく，流通費用にあるというべきである。

3．金融資本

〈貨幣資本－生産資本－商品資本〉という循環・回転過程における資本の形態のうち，生産資本は産業資本に集中し，商品資本は商業資本の手中に入った。産業資本は商業資本からその製品の販売収益を得ているのであるから，貨幣資本の部分もまたその大部分が流通過程にある資本に分解している。しかし，前節の末尾で注意したように，商業資本は信用によって仕入れをおこなうことがあり，その場合には，仕入資金の負担は信用の供与者（与信者）である販売者，あるいは銀行に転嫁されている。この場合には，流通過程にある貨幣資本の部分は，商業資本ではなく，商業資本に資金を提供している与信者の資本になっている。この与信者の資金とその資金供与と資金回収にかかわる**金融的活動の費用**が資本化したものが金融資本である。

このように循環・回転過程のなかの資本の分解を考えるならば，金融資本は商業資本とだけ関係をもつのではなく，産業資本とも関係をもちうることがわかる。産業資本が製品を販売して生産費を貨幣資本として回収する以前に原材料を購入し，賃金を支払うための運転資金が必要になるならば，産業資本は取引企業に信用を与えてくれるように頼むか，銀行から資金を借り入れざるをえない。これは商業信用と銀行信用からなる短期の金融活動の領域で，銀行資本が主要な資本形態である。

短期金融の領域は，市場としてみれば貨幣市場と呼ばれる。銀行がそこで主要な役割を果たすのは，多数の顧客の預金を受け入れると同時に貸付をおこなうことによって，資金費用をストックからフローに転換する機構をそなえているからである。

それに対して，長期の金融活動の領域も存在する。運転資金の範囲を超えて，設備投資や長期の技術開発のための資金が必要になるならば，長期の債券を発行するか，資本の意思決定への参加をも含む資本の持分権（株式）を発行して資金を獲得しなければならない。こうして獲得された資金は長期にわたって充用されるから，調達した企業にとっては確定債務であれ，自己資本に合体化した資金であれ，ビジネスを支える資本（使用総資本）としては同一であると考えられる。資金の供与者の側からいえばこのような回収が長期にわたるものであるから，ストックのフローへの転換は限定的なものに止まる。資金提供の源泉になるのは，遊休化している余剰価値ストックである。

したがって，短期の金融活動と長期の金融活動は区別されなければならない。本節では，前者にしぼって，資金の貸借によって利潤を得る金融資本について考察する。

銀行は金庫業や両替業のような**貨幣取扱資本**が貸し付け業務をも営むようになって成立したものである。貨幣を貯めた人や団体が消費者や小生産者，あるいは王侯貴族，国家にそれを貸し付けて利子をとる金貸業は，貨幣が発生して以来つねに存在したが，それだけでは資本制生産とは関係をもたない。資本制生産と結びつく銀行は，むしろ，商人たちのために貨幣の保管や両替をおこない，預かり金を管理するだけでなく，その出し入れや顧客相互の振替をおこなう貨幣取扱業務を基礎にして生まれている。というのは，銀行は単なる金貸業者ではなく，資本制生産者ないし商人の営む**流通活動の貨幣的側面を代位・集中する組織**でもあるからである。

それを如実に示すのは，商人（事業者）相互の信用関係を示す商業手形を銀行が買い入れる銀行の**手形割引業務**である。商人は取引相手が承諾するならば，その支払いを適当な時期だけ後に延ばしておこなうことを約束した支払手形によって取引をおこなうことができる。あるいは自分に対して債務を負っている人（名宛人）に対して指定された人あるいは持参人に，自分に代わって支払いをおこなうことを指示した為替手形を用いることもある。これらの手形を受け取った人は，必ずしも，支払いの期日を待ったり，自分で為替手形の名宛人から取り立てをおこなったりしなくてもいい。もし，自分の取引相手がこれらの手形を信用するならば，手形を裏書譲渡して取引の支払いにかえることができる。こうした商人どうしが与えあう信用は**商業信用**とよばれる。しかし，この商業信用は手形の期限という時間的限界があるだけでなく，振出人と裏書譲渡者に対する信頼関係が広がる空間的範囲にとどまる。それは現金決済のような普遍性と確実性をもたないのである。

ところが，この手形を銀行にもちこんで商業信用を**銀行信用**に転換するならば，銀行の倒産を予想しない限りは現金同然の決済をおこなうことができる。というのは，その銀行に振出人や名宛人の事業用預金（当座預金）の口座があれば，銀行はその口座から約束支払額を引き落とすことができ，また他行に口座がある場合でも，同様な操作を銀行間の手形決済を通じて処理することができるからである。

銀行が手形の持込人に与えていたのは，かつては銀行券であった。これは，銀行が発行する無期限一覧払いの約束手形であったが，現在では銀行券の発行は多くの国では中央銀行に限定されている。多くの場合は，持込人の事業用預金口座の残額に当該の約束支払額を適当な割引をおこなって付け加えるだけである。銀行の事業者に対する資金貸付も同じ方式でおこなわれる。すべての事業者は何れかの銀行に事業用口座をもっているから，相互の決済システムによって結びついた銀行（経済のなかの銀行部門）は，全体としては資本制生産における企業間流通の貨幣的取引関係をほぼカバーしているといっていい。資本制生産者にとっての貨幣は，現金貨幣（かつての金貨銀貨，現在の日銀券など）ではなく，この銀行部門内の預金貨幣であり，それは**銀行貨幣**ともよばれる。

銀行にとっての貸出も，借り手に現金を渡すのではなく，借り手の預金口座の残額を貸出分だけ増額して記入するだけである。借り手がそれを支払いのために用いたとしても，銀行内の口座の預金振替ですむ場合には，銀行にとっての影響はない。異なる銀行間の振替決済の場合でも，銀行部門全体から見れば支障はない。つまり，貸し出した金額が銀行部門の内部にとどまるかぎり，銀行は**信用創造**をおこなうことができる。信用創造に対する制限は，銀行貨幣で満足できない顧客が現金の払い戻しを要求する際にあらわれる。しかし，預金者のすべてが預金の総額を現金で払い戻すことは通常ありえないから，銀行が備えておくべき**現金準備**は預金の一部でよい。したがって，銀行は現金準備の数倍もの貸出をおこなうことができる。

いま銀行が 1 億円の貸出をおこなったとして，そのうちの α 億円（$\alpha<1$）が銀行システムの内部に預金としてとどまり，$(1-\alpha)$ 億円が外部に流出するとする。また現在の多くの国でおこなわれているように，預金に対する支払い準備を政策的に定められる比率で積み立てなければならないとして，その率を β（$\beta<1$）とする。銀行システム内にとどまる預金が α 億円であるから，支払い準備は $\alpha\beta$ 億円である。したがって，1 億円の貸出に対して銀行が用意しなければならない現金は $(1-\alpha+\alpha\beta)$ 億円である。逆にいえば，銀行は手持ち現金に対して $1/(1-\alpha+\alpha\beta)$ 倍の貸出が可能である。これは，銀行信用によって貨幣をそれだけの倍数で増やしたことになるので**信用創造乗数**という。

経済全体を考えて，銀行部門の外に流出する現金と銀行が支払い準備として積み立てる現金があわせて R 兆円あるとすれば，その信用創造乗数倍が銀行の信用供与できる価値額である。これを K 兆円とすると，

$$K=\left(\frac{1}{1-\alpha+\alpha\beta}\right)R \tag{9-5}$$

であり，図 9-2 のような曲線になる。預金の銀行部門内の歩留まり率が α_1 のときに資金需要が L_1 であれば銀行は貸出余力がかなり残っているので貸出利率には低下傾向が見られるであろう。それに対して，資金需要が L_2 であれば，資金の需給関係がかなりきつくなっているので貸出利率は上昇傾向にあるだろう。しかし歩留まり率が急速に低下した場合には，資金需要が資金供給を絶対的にも超えることになり，利率が急騰しても資金を得られない借り手が出現する。これは金融危機の状態である。

銀行部門内にとどまる率は，経済の構造と取引習慣によって規定されるが，銀行貨幣への信頼度の変化によっても影響される。前者については，企業間取引は銀行貨幣によっておこなわれるが，賃金や配当といった個人の収入となる価値分については現金貨幣が用いられるとすれば，貸出資金の歩留まり率は資

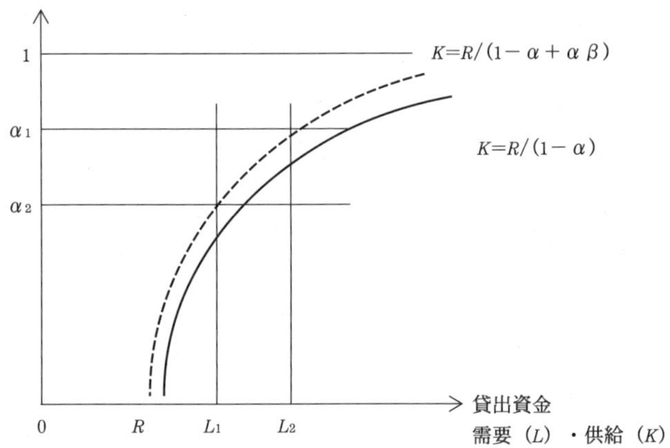

図 9-2　銀行貸出の需要と供給

本（とりわけ不変資本）と収入（とりわけ賃金＝可変資本）の比率を反映しているであろう。後者は，銀行不安がおきるとか，インフレーションが昂進して預金を金貨や外貨などのハードカレンシーに換えようという動きがおこるような場合である。現在では，そのような銀行部門全体にかかわる不信が生まれないように，一般商業銀行の背後に緊急時に救済をおこなう中央銀行が存在し，平時から監督官庁とともに銀行経営の監督と全体としての貨幣供給の調整にあたっている。

1）貨幣費用としての利子

ここで**貨幣費用**の問題を考えてみよう。現金が地金ないし金貨であるとすれば，1億円の貸出に必要とされる地金ないし金貨は（$1-\alpha+\alpha\beta$）億円である。もしαが0.8，βが0.02とすれば，0.216億円である。もし，この金貨幣の価値に示される貨幣費用を10年で償還しようとするならば貸出にたいして2.16パーセントの貨幣費用負担を課せばよい。もちろん貸出可能な上限まで貸し出せるとは限らないので，それよりも若干高くなるかもしれない。貨幣供給者としての銀行は，採金業者から購入した貨幣材料の費用を，貸付利子の一部に入れることによって，その社会的責務を全うすることができる。これが，**貨幣ストックの費用のフロー化**ということである。

現在では，ほとんどの国で，金はもはや貨幣ではなくなり，かわりに自国あるいは他国の中央銀行券が現金とされている。日本では，貸出にあたって銀行が用意すべき現金にあたるものは，日銀券と日銀に支払準備金として積み立てる預金であり，これは市中の商業銀行の預金通貨以上に信用のある貨幣として**ハイパワードマネー**（**マネタリーベースと同義**）とも呼ばれている。中央銀行は準備率の操作と合わせて，ハイパワードマネーの供給量を操作することで民間銀行の預金貸出，つまり貨幣供給をコントロールしようとしている。たしかに，民間銀行がハイパワードマネーを得ようとするときには，公定歩合を支払って貸付を受けなければならない。したがって，現在の銀行の貸出金利の基礎には，採金費用のような貨幣費用の代わりに公定歩合のようなハイパワードマネーの獲得費用が組み込まれているのである。

銀行は利子のつかない事業用預金だけでなく，利子のつく一般顧客の貯蓄性預金（普通預金および定期預金）をも受け入れている。それは各種の取引サービスにともなう手数料を得るためでもあるが，主として貸出のための原資とするためである。貸出の利率がこうした貯蓄性の預金の利率よりも高ければ，利ざやが生じて銀行に収益が生まれる。この貸出原資である貯蓄性預金に対して銀行が支払う利子もまた，銀行にとっての貨幣費用である。

銀行は，このような貨幣費用を基礎にして貸出をおこない，そこに生じる利ざやが銀行にとっての粗収益である。銀行の貯蓄性預金の金利と貸出金利には均等化する傾向があるが，その場合でも，銀行の収益率は，各種預金，各種貸出の構成をも含めて，どれだけ効率的に預金原資を獲得するか，他方で貸出部門が優良な貸出先をみつけて利子と元金の回収を確実におこなう能力に依存している。したがって，銀行資本においても，店舗や決済システム，銀行員の人件費は，銀行資本の重要な一部である。

4．貸付資本と資産市場

前節では，銀行による貨幣の供給を軸にして，利子を貨幣費用として説明した。しかし，資本主義のもとでは，貨幣はみな潜在的には資本である。貨幣は，購買にせよ支払いにせよ，取引の個々の局面で果たす機能のほかに，経済的な価値を保蔵し，それを移転する機能を有している。これは貨幣の資金としてのあり方であった。したがって，生産と流通を組織し，利潤をあげる体制を確立した資本循環のなかに，資金が移転されるならば，この資金は資本となって既存の資本とともに循環する。資金の提供期間が短期ではなく長期にわたるならば，この資金の提供者が要求する利子は，貨幣の流通手段としての機能の対価ではなく，資本循環によって生まれる利潤の分け前である。

資本循環が生み出す剰余価値（利潤）から資金提供者に分与された残余は，**企業者利得**と呼ばれる。企業者というのは，企業を組織し，労働者を雇い入れて，具体的な生産・販売活動を行わせて利潤をあげるという企業（資本循環）の活動的な側面を人格的に表現した語である。資本家は，本来資金の提供者と企業の組織者という両側面を兼ね備えていたが，金融制度の発展とともに両者の分化の可能性が生まれた。現在のように株式会社制度が発展すると，さらに株主総会によって役員として選任され，会社から役員報酬を受ける経営者という階層が**企業者機能**の代行者として出現している。

1）出資と融資

利潤への分け前の取得を目的とする資金提供には，資金を事業（資本循環）の資本に直接合体させる場合（**出資**）と，資金を長期的に貸与する（**融資**）という 2 つの方式がある。

前者は，事業開始の際に出資したり，増資の要請に応じたりすることで，事業（資本循環）自体の所有＝支配に参加し，利潤全体を出資持分に応じて獲得する方式である。株式会社は，この出資者の持分権を，譲渡可能な株式という証券の発行によって保証している。会社の存続，利益配分，役員選任は株式の所有者の総会（株主）で決定される。株主は，資本循環が生み出す利潤の一部を配当として得るだけではなく，会社に留保された利潤，会社の（純）資産もまた彼らのものである。株式市場で株が日常的に売買されている会社であれば，会社の事業の収益性や資産増加が株の市場価値（株価）に反映される。会社の収益力が向上して株価が上昇するならば，株主は市場で株を売ることによって増価分のキャピタルゲインを得ることができる。逆に，事業が不振となり株価が低下した場合にはキャピタルロスをこうむり，配当も得られないとか，会社の解散によって出資分も失うことが起こる。株主には，会社を支配し経営に参加するために株を保有する株主もいるが，配当や株価にしか関心のない受動的な株主も存在する。後者の株主にとっては，株式の取引は遊休資産の運用先の１つであって，債券の取引に比べてリスクが高い点で違いがあるにすぎない。

他方，**融資**（時間を限っての資本の貸付）は，会社の発行する社債の引受・購入や銀行の（長期資金）貸付によって行われる。この場合には，融資された資金は融資を受けた事業者によって用いられて資本循環の中に入るが，一定の時期が来れば返済しなければならないので，事業者（会社など）にとっては，自分の資本ではなく外部の経済主体に対する債務（他人資本）として扱われる。資金提供者にとっては，債権である。会計学でいう資本は，会社が事業のために用いている総資産あるいは総資本から債務を引いた純資産のことである。資金の貸付の際には元金の返済だけでなく貸付期間中の利子の支払いが約定されているが，この利子を支払ってもなお残る利潤があれば，それは自己資本の所有者のものである。したがって，会社の総資本をK，そのうち他人資本の割合をμとすれば，総資本の利潤率をr，長期利子率をzとすれば，自己資本の利潤率r_sは以下のようになる。

$$
\begin{aligned}
r_s &= \frac{(r - z\mu)K}{(1-\mu)K} \\
&= \frac{r - z\mu}{1-\mu}
\end{aligned}
\qquad (9\text{-}6)
$$

この式は，利子率が利潤率よりも低い場合には，融資を受けて事業を拡大することが有利であることを意味する。長期利子率を低めにすれば投資が促進され景気刺激になるのはそのためである。

2）直接金融と間接金融

企業に長期資金を提供するルートには，市場で資金の需要者と供給者が直接結びつく方式（**直接金融**）と銀行をつうじて間接的に結びつく方式（**間接金融**）がある。

直接金融の場合には，資金の需要者である企業が債券を発行し，遊休資金を保有している経済主体（投資家）がそれを購入する。投資家は他の資金運用法と比較しながら，債券の発行条件（額面金額，表面利率，償還方式）と発行主体の信頼度を検討して購入するかどうかを決める。債券の表面に記載されている利率が市場利率より低かったりすれば，リスクが少なくても取引価格は額面価格よりも下がる。この実際の取引価格（購入価格など）に対する収益の比率のことを**利回り**とよぶ[1)]。長期の利子率の指標としては，リスクがほとんどないと考えられる長期の債券，たとえば10年もの国債の利回りが選ばれることが多い。長期利子率は，さまざまな資金需要主体が発行する債券を取引する金融市場で決まるから，資金需要の増大（減少）は利子率を上昇（下落）させる方向に作用し，市場に流入する遊休資金（投資資金）の増加（減少）は利子率を下落（上昇）させる方向に作用する。

銀行の企業に対する資金の貸付も長期にわたる場合がある。資金の長期貸付は，銀行にとっても，長期にわたって支払準備を減少させ資金運用の柔軟性を削ぐものであるから，十分な預金がなければ行うことができない。しかし，銀行は単独では金融市場で運用できないような小額の貯蓄や企業の一時的な遊休

1）債券の表面に額面価格と利子率を記載し，毎年定額の利息（クーポン）を支払い，償還日に額面価格を支払う利付債の場合，応募者利回りは以下のようにして求められる（日本で一般におこなわれている単利ベースによる場合）。

$$応募者利回り=\frac{額面価格\times表面利率+(額面価格-発行価格)\div償還期間}{発行価格}$$

市場で債券を購入して一定期間保有後売却する場合の保有期間利回りについても，これに準じて考えられるだろう。

資金を預金として受入れ，それらを統合して長期貸付をおこなう資金の変換能力を有している。したがって，資金の最終的な提供主体とその資本としての充用主体との間をとりもつことができる。これを銀行の**金融仲介**の機能という[2)]。この場合，貸付利子と原資となる預金に対して支払う預金利子との差額（利ざや）が銀行の収益となる。

銀行の貸付利率には，銀行どうしの資金貸借市場（インターバンク市場）での１日限りのコールマネーの利率から，１カ月もの，３カ月もの，６カ月もの，１年ものなど，短期から長期にわたる利率での貸付をおこなっている。それらは一方では，市場での利率によって規定されていると同時に，他方では銀行に対するベースマネーの供給者である中央銀行の設定する公定歩合によって影響されている。長期金融において取引されるのは資本であるが，その取引は貨幣形態をとっているから，いくら預金があっても貨幣における余裕がなければ，銀行は長期貸しをおこなうことができない。通常の状態のもとでは，長期利子率は短期利子率を上回るが，商業信用の連鎖が危機に瀕した状態ではそれが逆転する状態さえも出現する。短期の貨幣市場の状況が影響するのである。危機の局面でなくても，市場価値の変動する金融資産を価値の確定した貨幣に換えようとする投資家が増えた場合には，貨幣需要によって決定される短期の利子率が，長期資金の利子率の低下を妨げることになる。

3）金融資産

直接金融の場合にせよ，間接金融の場合にせよ，企業は提供された資金を資本として用いて剰余価値を生産するか，あるいは商業的ないし金融的利潤をあげている。資金の提供者にとっても，その資金は約定された期間ごとに利子をもたらす貨幣的価値であるという意味では資本（**貸付資本**）である。しかし，この資本は何をしているわけではない。貸付という金融取引の一定期間後に利子分を増価させて元金が戻る（返済）ということに過ぎない。循環範式で示せば

2）生命保険などのノンバンクの金融機関も同様の機能を果たしている。

$$G\cdots\cdots G'(G+\Delta g)$$

である。もし，貸付を債券Bの購入と考えれば，返済はその発行者への販売とみなせるから，販売のための購買という流通過程での資本範式になぞらえることができる。

$$G—B—G'$$

貸付と返済のあいだには時間が経過している（G……G′）が，この範式では債券Bの価値評価のなかに，将来の収入と元金の返済を織り込むことができる。たとえば，この債券が保有者に毎年もたらす利息（クーポン）をR円，n年後にこの債券を市価M円で売却できると予想するなら，現在の長期利子率をrとして，債券の評価価値Pは以下のような式であらわされる[3)]。もし利払いや売却可能性にリスクがあるならば，rに若干のリスクプレミアムがつくことであろう。

$$P=\frac{R}{1+r}+\frac{R}{(1+r)^2}+\cdots+\frac{R+M}{(1+r)^n} \quad (9\text{-}8)$$

このような収入をもとにその源泉の経済価値を評価することは，収入の**資本還元**と呼ばれる操作である。たとえば，イギリスのコンソル公債のように償還期間がなくその保有者に永久に定額の利息を払うことを約した安全な債券があるとすれば，nを無限大としMを無視すれば，$P=R/r$となる。したがって，rとPに一義的な関係があるので，第2次大戦以前のイギリスの金融市場では，この公債の相場によって長期利率が判定されていた。

株式のように，定額の償還がなく，配当も定まっていない場合には，債券以上に予想によって影響を受ける程度が強い。Rを配当，Mを売却時の株価として上の式をあてはめると，保有期間が短いほど現在の評価自体が将来の売却価

3）この式は，Pをこの債券の市場価格，Mを償還額，nを満期までの年数に読み替えるならば，複利ベースでの最終利回りと債券の市場価格を関連付ける式になる。その場合，分母のrが利回りとなる。

Column 9-1

金融資本の支配

企業は，生産設備，従業員，店舗，仕掛品，在庫品などの現実の活動を支える要素の集合であると同時に，それを支配する貨幣的価値，つまり資本でもあります。後者は直接的な出資によって，あるいは営業にともなう借入，債券・株券などの金融証券の発行などによって得られます。とくに，株式会社制度が普及し，資本への持分が分割され自由売買が可能になると，産業資本と金融市場の結びつきが密接になります。「金融資本」とは，このような状態のもとで，現実の経済活動を支配する力をもつにいたった銀行資本や証券業資本のことです。

「金融資本」の支配力の増大に最初に注目したのは，『金融資本論』(1910年）を著したルドルフ・ヒルファーディングです。19世紀末から20世紀初頭のドイツでは，重化学工業や新興の電機産業が勃興し，その資金調達においてベルリン三大銀行などの銀行が重要な役割を果たしました。銀行資本は，社会の遊休資金を集めて，企業に対して運転資金の供与にとどまらない資本信用を与えるとともに，株式・社債の販売や発行引受けなどの証券業務にまで乗り出していました。ヒルファーディングは，とくに会社創設が成功した場合に生まれる創業者利得（額面金額を上回る株式売却価格によって生じる利得）を金融資本の新しい蓄積源泉として注目しました。ドイツの大銀行は産業企業に対して，継続的な資金融通をおこなうだけでなく，直接出資や役員派遣をおこなって関係を強めていました。また，利害関係をもつ産業の収益性の安定のためにカルテルの形成を促進しました。これらの特徴から，金融資本の支配は，産業独占と金融独占の結合であるとも言われます。

ドイツでは普通銀行が預貸業務だけでなく証券業務をも兼営していたので，上記のような典型的タイプの金融資本が成立しました。メインバンクとよばれる主要取引銀行が企業経営の実態を常時監視している日本の銀行と企業の関係もこれに近いでしょう。しかし米英では，異なる型の金融資本が発達しました。早くから国際金融業が発達したイギリスでは，海外の政府・企業のために長期貸付や証券引受・発行業務を担当する国際金融資本が成立しました。国内産業への資金供給活動は国際業務活動に比べて活発ではありませんでした。アメリカ合衆国では，20世紀初頭に有力な投資銀行の主導下に商業銀行，生命保険会社を統合した巨大金融集団が成立しました。しかし，最近まで1933年のグラス・スティーガル法によって証券業務と預貸業務が分離されていますから，金融資本と産業企業の関係は持続的とはいえません。

ドイツ・日本型の金融資本と米英型のそれとの差異は，資金供給において間接金融と直接金融のどちらが優勢かということと結びついています。ドイツと日本では，大衆貯蓄を含む遊休資金が全国にひろがる銀行支店網によって吸収されて産業に供給されました。それに対して，米英では早くから金融市場が発達し，銀行を介さない資金供給が優勢でした。これは，資本主義経済の確立期における歴史的条件によるものです。

（参照：R. ヒルファーディング『金融資本論』〔岡崎次郎訳〕岩波文庫，1982 年）

格の予想に影響される度合いが大きくなる。保有期間が長期であれば，一般的要因である金利と，会社の収益力を反映した配当が株価を決定する度合いが強くなる。もし，将来における株価の全般的な上昇が予想され，それに対応した取引のための資金供給が潤沢であるならば，株価は予想に引きずられて上昇しはじめる。株価が上昇すると，その評価資産価値を基礎にしてさらに取引が行われ，さらに株価を上昇させる。金利や配当のような実体経済に基礎を持つ**ファンダメンタル要因**では説明のつかない株高が出現するならば，これはバブル現象である。

同様な，資産価格形成のメカニズムは，投機のなかに組み込まれた都市その他の**土地価格**についてもみられる。土地の場合には，上式のRは地代，Mは売却時の地価である。長期に保有する農地のような場合には，地代を長期利率で除して資本還元すれば地価が算定されるが，将来の売却が評価の中に入ってくると，やはり予想の一般的動向に引きずられる現象が起きてくる。1980 年代には，内需振興のための金融緩和政策のもとに，土地価格は下がらないという地価神話を支えにした土地バブルが株価バブルとともに発生したことは，なお記憶に新しい。このバブル経済はバブル消滅とともに膨大な不良金融資産を発生させただけでなく，非効率な投資の重荷を日本経済に負わせた。

第10章　変動する経済

資本主義社会の矛盾に満ちた運動は，実際的なブルジョアには，近代産業が通過する周期的循環の局面転換のなかで最も痛切に感じられるのであって，この局面転換の頂点こそが，一般的恐慌なのである。

——マルクス『資本論』「第2版後書」(DKI, S. 28：全Ⅰ，23頁)

この章の考察対象

市場は経済活動の調整機構として決して完全なものではありません。むしろさまざまな形で調整に失敗し，不均衡を累積させます。とくに，資本主義のもとでは景気の波が存在し，その循環のなかで経済自体が変化していきます。また，政治的な過程もよびおこしながら，制度の変化も起きます。

1．市場的調整の失敗

本書は再生産という方法論的な視点から資本主義的な経済社会の構造を体系的に示そうとするものである。この方針にしたがって，資本にもとづく生産が支配的になった経済社会が継続的に再生産されるとすれば，どのような条件が満たされなければならないか，またそれを満たすためにどのような経済関係の発展が起こるかを論じている。しかし，このことは新古典派経済学のように均衡を前提するということではない。資本制経済の再生産の要件は，経済主体間の市場を通じた取引によって容易に達成されるとは限らず，個々の経済主体の破滅や経済全体の危機の可能性を蔵した矛盾に満ちた過程である。そうした摩擦・対立・調整の失敗を伴うからこそ，資本主義経済は，静態的な均衡に止まるのではなく，経済主体の交替や革新の登場，新たな市場や制度の発展というダイナミズムを有しているのである。

第３章で示した，右上がりの供給曲線と右下がりの需要曲線からなる図（図3-2）を想起しよう。供給曲線の背後にはそれぞれの価格に応じた供給者の意思決定があり，需要曲線の背後には同じくそれぞれの価格に応じた需要者の意思決定がある。そもそも，このような曲線が書けるかどうかについての疑問も存在する。供給者，需要者が合理的な意思決定をおこなっているとは限らないとか，数量・価格に連続性があるとは限らないという批判もありうるが，資本制市場にとって深刻な問題の第１は**情報の秘匿と私的意思決定による不確実性**であろう。供給の背後にある生産技術と生産費，需要の背後にある消費者の嗜好と所得の双方とも私的情報であり，両者とも市場で顕われた数値から推測されるに過ぎない。したがって市場に現れる供給者も需要者も不確かな予想しかもたないために，超過需要（供給不足）あるいは超過供給（需要不足）が存在するのが通常の状態である。

市場経済における調整は，本質的に事後的な調整過程である。超過需要が存在すれば価格が上昇し，超過供給が存在すれば価格が低下するというフィードバックがはたらく市場でも，供給者，需要者の価格に対する反応が過大であれば，市場の不均衡は解消せず，価格の振動がますます激しくなってしまう。**調整反応に時間がかかる**ことも忘れてはならない。とくに供給者の調整反応に時間がかかる場合には，過去の価格に対して調整された供給量が，現在の需要量に対して過大あるいは過小になることが頻繁に起こりうる。この典型例が，農産物の市場でしばしば見られるピッグサイクルである。

さらに，生産と消費にともなう個人的あるいは社会的な費用と便益のうちに市場で評価されないものがあるという**外部性**（externalities）の問題がある。たとえば，ガソリンの価格に原油の採掘・運搬と精製・販売の費用だけが含まれ，大気汚染の防止費用が含まれないというのは外部不経済（負の外部経済）の例であり，ガソリンの需給を市場での価格調整にまかせるならば環境破壊を

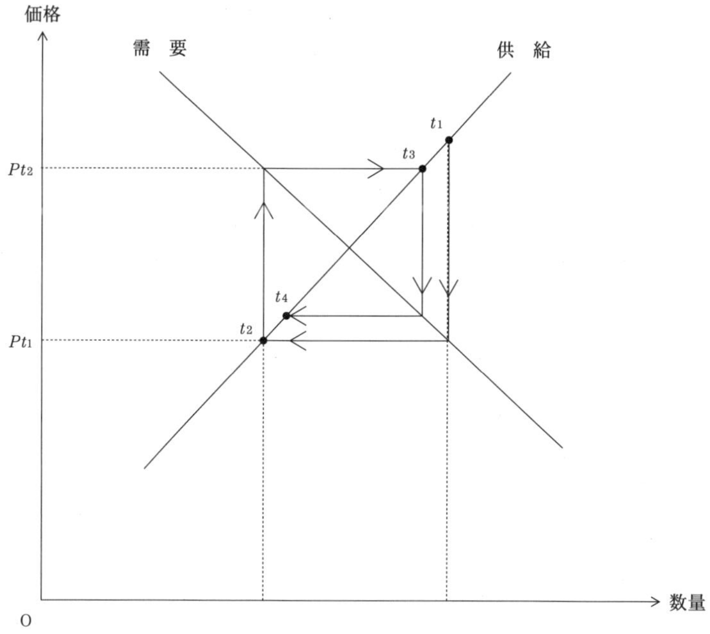

図 10-1　ピッグサイクル

招いてしまう。ガソリンの需要者はドライブすることの便益に対して支払うが，ガソリンの消費による大気汚染に対しては支払わないことになるからである。他方，科学の基礎研究やその成果である科学的知識の普及はすべての人に大きな便益をもたらすが，それがそのまま市場的な評価を受けることはまれである。営利企業でも技術革新や製品開発のために研究開発活動をおこなうが，基礎研究の部面にまで及ぶことは少ない。科学研究には正の外部経済が存在するので，市場経済のもとでは過小供給になるということである。こうした外部性が存在する場合には，市場での価格形成への介入（課税あるいは補助金）あるいは数量調整，さらには公的供給というような方法をとらなければ，社会的再生産が阻害される。

供給曲線が右上がり，需要曲線が右下がりという想定自体にも問題がある。右上がりの供給曲線は，競争的市場では企業はその点をこえた費用逓増（いいかえれば収穫逓減）の領域で生産しているということを仮定している。しかし，大規模な生産設備をそなえた近代工業においては，生産量を増加させることで**費用が逓減**（収穫逓増）する場合が多い。このような場合には，生産の拡大競争とともに価格の急落が起きる可能性がある。資本制企業が供給者ではない労働市場をとってみても，賃金の低下が労働供給の低下をもたらすことは少ない。労働者は家計所得の減少を避けるために残業を歓迎したり，時間的余裕のある家族構成員がパートに出たりして労働供給がかえって増加する場合が多い。非資本制的な小農からなる農産物市場でも，価格が下がると生活維持のためにかえって多量を販売しようとすることがある。**窮迫販売**とよばれるこのような行動が起こると，価格はそれによりさらに下がる。

他方で需要曲線は，**将来の期待**に大きく左右される。たとえば，これから価格上昇が続くと予想すれば，価格が高くてもいまのうちに買おうとして大きな需要が生まれる。価格の下落が続くと予想すれば，価格が低くても買い控えるであろう。これは，株式などの投機的市場で典型的にみられる行動である。このような行動が支配的であれば，需要曲線も右上がりになって，供給曲線とあわせてスパイラル状の価格上昇や価格下落が起こる。しかし，こうした予想が放棄されるならば，需要曲線の傾きは逆転し，市場に激変が起こる。

こうした資本主義のもとでの市場の失敗の多くに共通しているのは，社会的な意思決定が欠如し，市場経済をつうじた事後的調整しか存在しないために，不均衡を累積させる過程が起きているということである。そのもっとも大きな現象が景気循環の過程である。

2．景気循環と恐慌

資本主義のもとでの景気循環は，商品市場，労働市場，金融市場などのさまざまな市場での累積的あるいは逆転的な過程が複合した現象である。好況から不況への逆転局面が激烈な形態で起こる場合，それを**恐慌**という。初期の資本主義でも，とくに金融市場が早熟的に発達した場合には，オランダの17世紀のチューリップ恐慌からはじまって，フランスのジョン・ローのシステム，イ

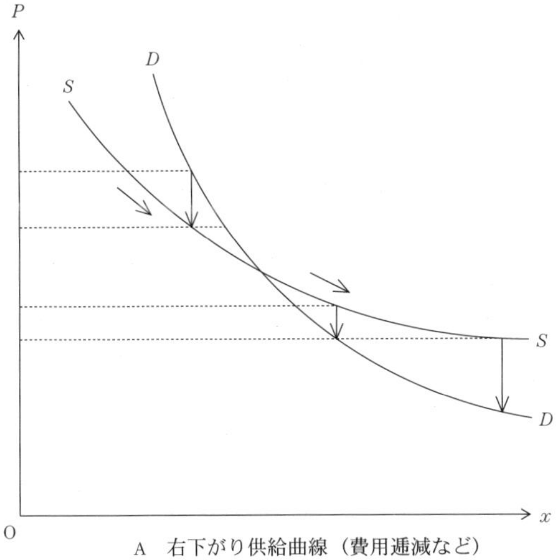

※　増産するほど価格が低下して損失がかさむ。

A　右下がり供給曲線（費用逓減など）

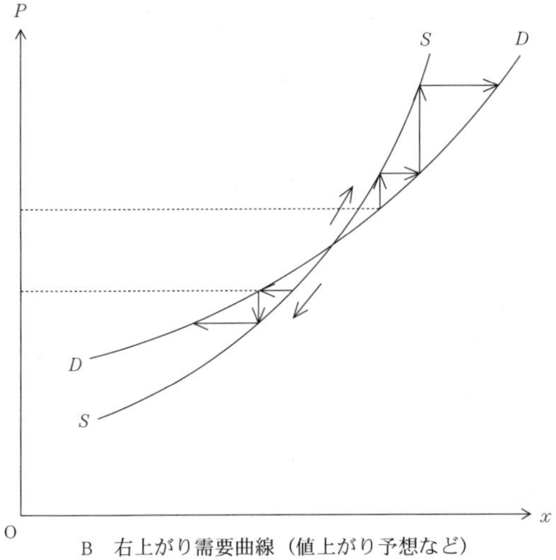

※　価格が高く（低く）なるほど値上がり（値下り）を予想して需要が増大（減少）する。

B　右上がり需要曲線（値上がり予想など）

図 10-2　市場調整の失敗の例

ギリスの南海泡沫事件のように，投機による景気の過熱とその崩壊現象が起きている。19 世紀に入ってからは，金融部面だけでなく，生産過剰を含み，一般の商工業におよぶ恐慌が約 10 年周期で現れるようになった。古典派の経済学者たちは，あらゆる生産は他面からみれば需要でもあるから全般的な恐慌＝過剰生産はありえないと考え（セイ法則），景気の変動や恐慌に大きな注意を払わなかった。しかし，マルクスは購買と販売が貨幣によって分離される資本主義のもとではセイ法則は成立しないとして，恐慌を資本主義が自ら生み出した生産力を統御できないことの証左であると考えた。彼は，1848 年の三月革命の挫折の後，19 世紀半ばの世界市場の中心であるロンドンに腰をすえて，1850 年代，1860 年代のブームとその反動としての恐慌を注意深く観察した。

同様に景気変動と恐慌に注目した学者に，クレマン・ジュグラーがあり，10 年周期の景気循環は彼の名前にちなんでジュグラー循環と呼ばれる。しかし，古典派（セイ法則）－新古典派（ワルラス法則）を貫く均衡論にたった経済学は景気変動の現象を理解できなかった。景気循環について一般の経済学者が関心を払うようになったのは，20 世紀に入ってからで，ヴィクセル，シュンペーター，ハイエク，シュピートホフ，ミッチェルなどの経済学者がさまざまな景気循環論を展開したが，ケインズの有効需要論もそのなかから生まれている。

1）累積的特質

景気循環の理解にあたっては，景気の上昇にせよ下降にせよ，経済の変動過程が資本制生産関係に規定された不均衡の累積過程であることを知ることが重要である。第 6 章ですでにみたように，商品市場における総需要は，労働者および資本家の消費と生産手段の補塡および蓄積からなっている。労働者の消費は賃金によって規定され，生産手段の補塡量は現在の生産水準によって規定される。資本家の消費に大きな変動がないとすれば，需要を変動させるもっとも大きな部分は蓄積需要であり，資金調達に制約がないかぎり資本家はそれをかなり自由に決定できる。この蓄積分は，国民所得論では純投資にあたる。この純投資が経済の総生産量をどのように決定するかについては，第 6 章ですでに考察した。

第6章第4節の考察では，固定資本のない経済モデルで，剰余価値率，成長率，剰余価値からの消費率，資本の有機的構成に（6-15）式のような関係があることが確認された。しかし，これは再生産表式の需給一致の等号が示すように，商品市場における均衡関係を示しているのであって，不均衡についての議論ではない。

総供給と総需要の均等関係を示した（6-15）式を不等式に換えてみればわかるように，成長率が高すぎれば供給不足が生じ，成長率が低すぎれば供給過剰が生じる。ここで「成長率」というのは，資本制社会のもとで生産の決定権をもつ資本家が意図する成長率，つまり資本の蓄積率 g_e のことである。

$$\frac{e}{1+\omega}(1-\alpha)=r(1-\alpha)\gtreqless g_e \qquad (10\text{-}1)$$

いま資本家の意図する成長率（資本蓄積率）がこの不等式の左辺によって規定される市場を均衡させる成長率を上回る場合，どのようなことが起こるだろうか。資本家はたしかに自分自身の資本や他から調達した資金によって，意図する成長率分の需要を市場に出現させる。しかし，供給側がそれに対応していなければ，実現する成長率はそれと異なるものにならざるをえない。もし，資本家の意図する成長率がそのまま実現するとすれば，左辺に現れている変数のどれかがこの等式を成立させるように変化しなければならない。いずれの場合にせよ，このような場合の調整過程は，市場の需給関係と価格・利潤率の変化に応じた生産および投資行動の継続的な変化に依存している。

左辺の式をもとに考えると，もし剰余価値からの消費率 α が，資本家階級の習慣，あるいは財政などの制度によって固定的であるとすれは，調整過程のなかでは利潤率が増加しなければならない。さらに利潤率を規定している要因として剰余価値率と資本の有機的構成の2つを考えるならば，後者が技術に規定されて固定的であるとすれば，変化するのは剰余価値率である。剰余価値率の上昇は，労働が生産する価値のうち，労働者に分配される価値分の比率が減少することを意味する。好景気の状態のもとでの剰余価値率の上昇は，多くの場合，物価の上昇に対して賃金の上昇がおいつかないことによって起こる。生

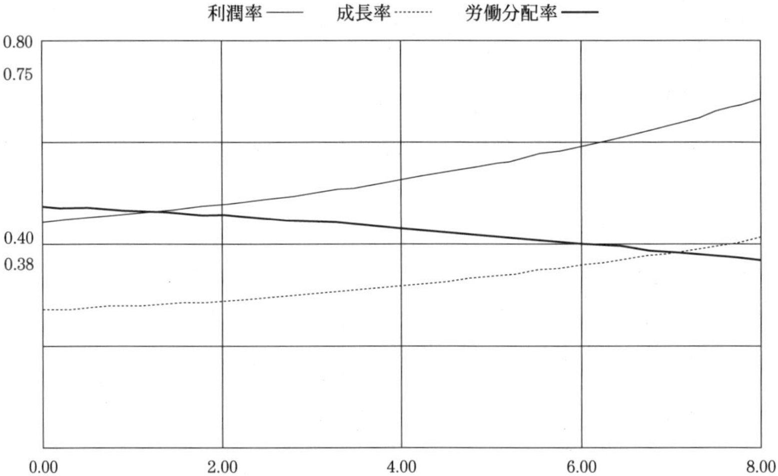

図 10-3　成長率・利潤率・労働分配率の累積的変動（1）——名目成長率が安定的な率を上回る場合

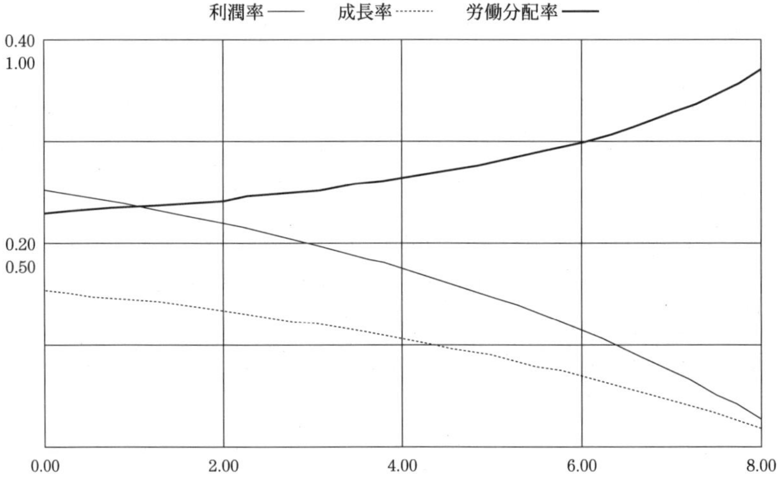

図 10-4　成長率・利潤率・労働分配率の累積的変動（2）——名目成長率が安定的な率を下回る場合

産財あるいは生産が増加した部門の労働者が消費する消費財の価格は，市場で供給不足の傾向が現れることで上昇する。それに対して，労働市場に産業予備軍が存在しているならば，たとえ労働需要が増加しても，（貨幣）賃金はそう上昇することはないだろう。結果として，労働分配率が低下する。

この調整過程は累積的な性質をもっている。というのは，市場であらわれる供給不足の兆候と，利潤率の上昇が，それぞれに，あるいは相互にかさなりあって，生産増加のための資本蓄積を刺激するからである。したがって，資本家の意図する蓄積率はますます高まるが，それは市場の不均衡をさらに増加させて，物価上昇をさらに進行させる（図 10-3 および図 10-4 を参照）。

反対に，資本家の意図する成長率（資本蓄積率）がこの式の左辺によって規定される率を下回る場合はどうだろうか。この場合にも，商品市場と労働市場に注目して，商品市場で供給過剰の兆候があらわれることによって物価が下落するが，賃金がそれほど減少しないとして，剰余価値率，利潤率の低下がおこるということが可能である。資本家の意図する成長率の累積的低下もそれによって起こるだろう。しかし，利潤率，剰余価値率がマイナスになるのは，資本制生産の規定的動機に反する。したがって，成長率がたんに減速するだけでなく，マイナスとなるような場合について（6-15）式をあてはめる場合には，資本家の不生産的消費や財政支出が剰余価値を超えている状態（つまり $\alpha>1$）を想定した方が適当であろう。

2）転換の要因

いうまでもなく，成長率が加速していく前者の過程は，景気変動における好況局面，後者の過程は不況局面に対応する。それでは，好況から不況へ，あるいは不況から好況への転換はどのようにして起こるだろうか。第 1 の要因は，**労働市場の要因**である。好況の過程で，物価の上昇に比べて賃金の上昇が遅れるのは労働市場の供給面である程度のスラック（失業者および新規就業希望者）が存在するからである。完全雇用の状態でなお投資が過熱すれば，賃金も急上昇しはじめるかもしれない。また，そのような景気局面であれば，労働組合も強力な交渉力を持ちうるであろう。図 10-5 ではそのような相互作用によって

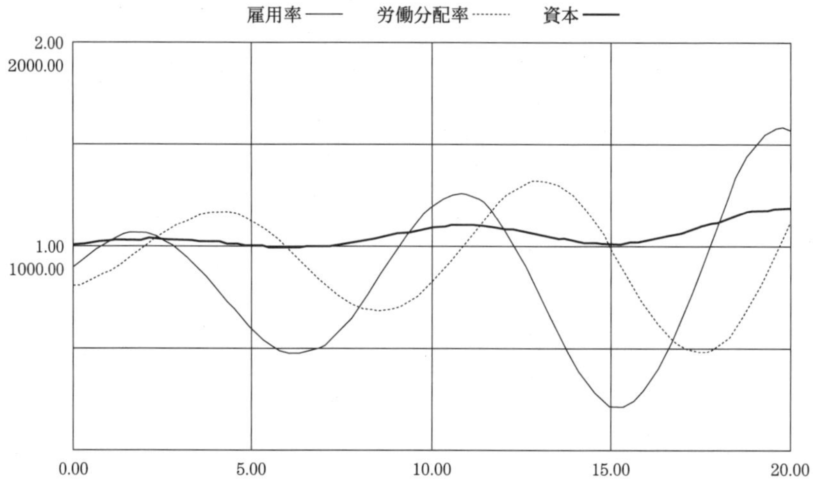

図 10-5　循環を描く運動——雇用率と分配率のあいだに相互作用がある場合

循環が生まれるモデル例が示されている。労働生産性の上昇を考慮しなければ，労働者人口の成長率が長期的にみた自然的な成長率である。

第 2 の要因は，**投資**，あるいは**資本蓄積の生産力効果**である。投資（資本蓄積）は，今期においては市場の需要側で有効需要として現れるが，次期には供給側でより大量の商品供給として現れる。はじめは増加する需要を追いかけていた供給も，供給増加が加速すれば需要の伸びを抜くようになる。需要増の鈍化があれば，思わざる在庫を形成することになる。それに気づいて投資を抑制する企業・産業があらわれると，それは需要増加のブレーキとなり，他の企業・産業にも波及する。これが急激かつ大規模に起これば，過剰生産恐慌である。それと反対に，供給過剰をおそれて投資を抑制しているうちに，生産量が需要の底以下になってしまうかもしれない。そのときには過剰在庫は消滅しているから，需要に対応するために投資＝生産拡大に取り組まなければ，目の前の顧客を逃してしまう。商品市場だけでなく，金融市場も，労働市場でも，投資＝生産拡大に有利な条件が生まれていれば，利潤率回復を見込んで投資がはじまり，今度は好況のプロセスがはじまるかもしれない。

上方ないし下方への乖離を抑制する第 3 の要因としては，**資金調達の際の費**

用である利子率の水準が考えられる。商品市場で供給不足が生じるほどの好況であれば，金融市場も逼迫していると考えられるからである。しかし，金融に不安がないかぎり，信用拡張の可能性はかなり高いので，景気の過熱を抑制するほどの利子率の上昇が自動的におこるとは考えにくい。実際には，景気をコントロールするために，通貨当局が意図的に，公定歩合を引き上げたり，ベースマネーの供給を減らしたりして，利子率に影響を与えている。少なくとも，景気の過熱局面においては，こうした金融政策の手段は有効なのである。

資本主義のもとでの景気変動の過程は，商品市場，労働市場，金融市場の 3 市場が複合した歴史的な過程である。一般に米国の企業は，日本の企業と比較して雇用調整が早いが，賃金調整はそれほどではない。それに対して日本企業は，雇用調整には慎重だが，ボーナス削減や残業カットなどによってかなり柔軟な賃金調整がおこなわれている。両国ともに不況期には利子率はたしかに低下する傾向がある。しかし，利潤率が大幅に低下しているなかでは利子率の低下でそれを相殺することは難しい。2000 年前後の日本のように，物価が下落している場合には，ゼロパーセントに近い低金利でも物価水準の低下が生じて実質金利が高いため投資が妨げられることがある。

これまでの説明では，商品市場における超過需要・超過供給を軸にした短期的な循環（3-5 年程度のいわゆる「在庫循環」）を念頭においている。しかし，資本のうち市場に商品として出るものはすべてではなく，生産過程には機械・建物などの生産設備からなる固定資本が残っている。工作機械であればふつう 10 年以上，建物であれば 20-30 年は使用可能であろうが，その耐用年数は管理・保全・修繕次第で固定していない。むしろ他企業，他産業で利用されている生産設備と比較して更新時期を決定する場合が多い。10 年もあれば技術革新はかなり進んでいるから，更新される設備は旧設備と同じものではない。新設備を導入した企業は生産能力を増加させるだけでなく，生産費を引き下げて競争力を強化してその産業内で優越的な地位を占めることができるから，生産設備の新鋭設備への更新は競争的に起こりがちである。このような投資競争は好況を生み出すが，生産費の低下と歩調を合わせて市場の拡大が起きないかぎり企業の収益性は維持できない。競争があまりに強い場合には，供給力の増大

Column 10-1

戦後日本の成長と景気循環

天気予報は気象庁が担当していますが，景気予測は誰がやってもかまいません。毎年新年になると，多くのエコノミストがそれぞれの方程式モデルやあるいは過去の経験との類推をもとに景気予測を競いあいます。景気のあとづけの方は，政府機関である内閣府の経済社会総合研究所が所内の委員会の審議をへて景気の転換点（山と谷）を確定します。

それによれば，1951 年以降，13 の景気循環がありました。景気循環は，景気指標が最低の谷から拡張期をへて景気指標が最高の山に至り，後退期をへて再び谷に来るまでを 1 循環とします。最後の第 13 循環は，1999 年 1 月から 2002 年 1 月までの 36 カ月の比較的短い景気循環です。山にあたる 2000 年には実質で 2.2 パーセントの GDP 成長率が記録され，IT 投資が主導した景気であったと言われます。そのあとに実感のない好況と言われた 14 番目の景気循環が始まり，2008 年 8 月世界金融恐慌と時を同じくして景気後退の過程に入りました。

1950 年代の循環は，経済成長率は高いものの振幅の激しい循環でした。それは復興期から国内投資中心の高度成長期にはいりながらも，国際収支の制約に悩まされていたからです。景気が拡大すると輸入が増加して経常収支が悪化するので，金融を引き締めて景気を抑制せざるを得ませんでし

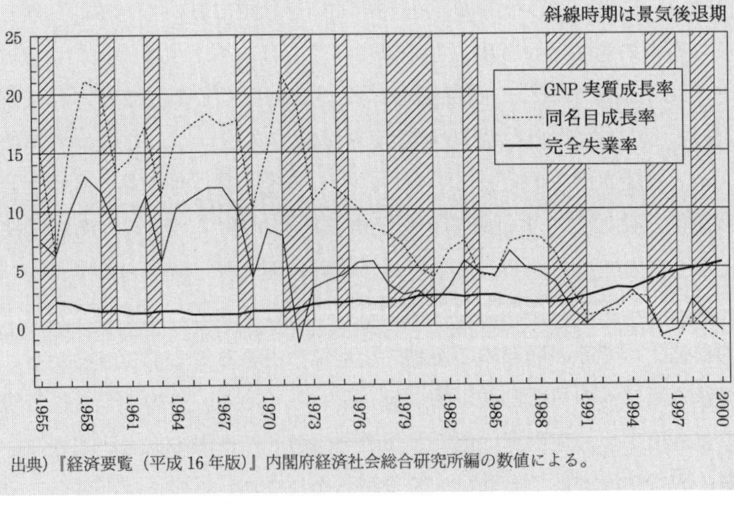

出典）『経済要覧（平成 16 年版）』内閣府経済社会総合研究所編の数値による。

た。1960年代の後半になると経常収支が黒字基調になり，長期の景気拡大が可能になりました。1965年10月からの第6循環は拡張期が57カ月もあり，年率10パーセント以上の実質GDP成長率が5年も続く大型景気でした。成長率が年率で8パーセントを超えるのが普通であったような高度成長の時代は1973年の第1次石油ショックで終わりをつげます。この高度成長期には，GDPの名目成長率と実質成長率にかなりの乖離が見られます。物価指数を見ると，製造業製品の多い卸売物価は年率1パーセント上昇程度で安定していましたが，消費者物価は年率4-5パーセント程度の上昇を見せています。生産性上昇率の高い製造業が主導した所得上昇においつくようにして，生産性上昇の低い部門（農業，生活サービス業）における価格の上昇が起きたというのが，それに対する有力な説明です。

第1次石油ショックをいちはやく克服したあとの日本経済は，国内においては自動車の普及などに支えられるとともに，海外に輸出と投資を延ばし，年率4-5パーセント程度の成長を持続しました。他の先進工業国が大量失業に悩んでいたのに対して，日本の失業率は2パーセント程度にとどまっていました。この安定した中成長の時代は1986年11月からの長期にわたる「バブル景気」で終わりました。この景気が思いのほか長期にわたったのは，対米貿易収支の黒字削減と世界経済の牽引役を約束した政府が金融緩和によって景気刺激を持続したからです。政府は商品価格（フロー）の上昇は警戒していましたが，地価や株価などの資産価格の上昇に対しては楽観的でした。そのため，土地や株式の値上がりをあてにした金融活動による過剰投資がおこりました。

バブル崩壊後の1990年代は低成長とデフレ傾向がみられる時代です。バブル期の過剰投資のために企業は収益性を大幅に悪化させました。また，巨額の不良債権は，それをかかえこんだ金融機関の資金供給能力を麻痺させました。そのなかで事務部門合理化のテコとなるIT化が進行しました。財政赤字による公共投資の削減とあいまって，低失業率を誇った日本経済もついに5パーセント台の失業率を記録しました。

こうした景気循環は，それぞれにユニークな歴史的性格をもっています。在庫投資も設備投資もそれぞれの周期で循環していますが，循環ごとにその内容（製品および設備）が変わっています。景気に影響を与える政策も，技術革新の内容も異なっています。歴史的変化が，このような私的経済活動の合力的な結果である景気循環によって実現することも，資本主義経済の特質です。

による値崩れが起きてしまう。したがって，設備投資が活発であった昭和30年代頃の日本では，通産省と政府系金融機関がタイアップして過当競争を抑制する産業政策を実施していた。

10-20年以上の中長期的な視野で景気循環をみると，技術の変化にとどまらず，さらに産業構造の変化が見えてくる。日本の第2次大戦後の回復を主導したのは繊維産業を中心とした軽工業であったが，その後，電気機械産業，造船・鉄鋼などの重工業に移り，さらにオイルショック後は，自動車産業やエレクトロニクス産業に主役が交代している。これらのリーディング・インダストリーで技術革新や設備投資の波が起こると，それが他産業にも波及し，それぞれの時代ごとに特有の景気状況の変動をもたらしているのである。

3．制度の変化

経済における質的な変化は，技術や産業構造においてだけ起こるものではない。市場における経済主体の支配的な行動様式，取引の方法，取引関係だけでなく，それらを律する規範・法律をも含む制度的枠組みについても変化が起こりうる。こうした制度的要素は，社会の経済的再生産のなかで生じ，それを支えるものであるから，その成立・変化は社会経済学にとって範囲外の与件ではない。貨幣の成立にせよ，貨幣の資本への転化，労働力の商品化，あるいは生産価格の成立にせよ，これまでの本書の論述自体が，資本制生産のもとでの制度変化を方向付ける再生産の論理を明らかにするものであったといってよい。

しかし，何度も繰り返し述べているように，資本主義的な経済は単一主体の意思が支配する経済ではなく，個別資本，個別経済主体の意思の合成結果として運動している経済である。したがって制度変化も単一の意思決定によるものではなく，個別経済主体の意思決定および行動の累積にもとづくものである。こうした制度形成のプロセスを考える場合，重要なのは経済主体が直接的あるいは間接的に相互作用していることであり，この相互作用によって互いのとりうる行動が限定されていくということである。流行，思想，習慣を形成する相互作用は，他者と合致しなくても物理的・生理的には支障はないはずであるが，精神的には制約が課されるような相互作用である。それに対して，道路という物理的制約や，希少な配分資源というような物理的な制約にもとづく相互作用の場合には，交通規則や順番（行列）あるいは市場ルールといった制度が生まれている。いずれの場合も，制度を形成する主体は，孤立した個人でもなければ，個人を超越した全体としての社会でもない。それは，社会の中の個人である。

1）頻度依存の普及過程

第 3 章を思い出して，貨幣の成立の場合を考えてみよう。すべての商品生産者は自分の生産する商品が他のどの商品に対しても交換できることを願っているが，それは自分の商品が貨幣となることを望むことに等しい。すべての商品が貨幣となることはできないが，商品のなかに他より相対的に受け入れられやすい（等価とされやすい）商品（商品 A としよう）が存在する。その商品 A に自分の商品を交換するならば，商品 A を交換手段として自分が欲しい商品を入手できる確率が上昇するであろう。そのように考える経済主体が多くなればなるほど，商品 A が等価として受け入れられる確率が増大し，交換手段としての便宜が増すであろう。はじめはいくつかの商品が部分的な交換手段として用いられるかもしれないが，累積的な効果が勝った商品が生き残り，それが人々から排他的に一般的等価とみなされるようになる。これが，価値形態論が語る貨幣の生成の理論であった。

このプロセスを頻度依存的な制度形成のモデルによって，考えてみよう[1)]。図 10-6 では，横軸にこの社会集団の成員の全体が行動 A をとる確率 $F(a)$ がとられ，縦軸に個別の経済主体がその行動をとる確率 $f(a)$ がとられている。個々の経済主体がその行動をとる確率は，集団全体においてその行動がとられる頻度に左右される。つまり，以下の式のようである。

$$f(a)=\phi[F(a)] \qquad (10\text{-}2)$$

1）以下の説明は，Ulrich Witt, “The evolution of economic institutions as a propagation process”, *Public Choice*, no. 62, pp. 155-172, 1989 にしたがっている。

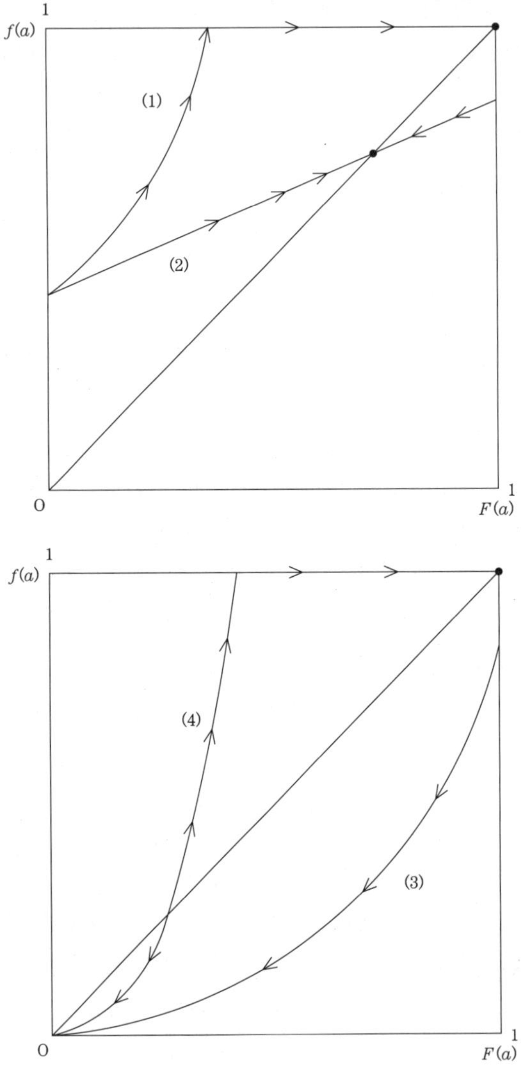

図 10-6　頻度依存の普及過程

また，$F(a)$ の変化は $f(a)$ と $F(a)$ の差異によって規定されるから，次のような式であらわされ，これによって $\phi[F(a)]$ の軌跡が描かれる。なお ψ は同一の正負の符号を維持する単調な関数とする。

$$\varDelta F(a)=\psi(f(a)-F(a)) \qquad (10\text{-}3)$$

適当な商品を交換手段として選択することの効用は，その商品が受領される頻度が高ければ高いほど大きいから，$\phi'>0$ である。しかし，$\phi[F(a)]$ の軌跡は 4 通り考えられる。第 1 は，$F(a)=0$ の時 $1>f(a)>0$ から出発し，すぐに $f(a)=1$ に到達するケース。第 2 は，緩慢に $f(a)$ を増加させながらも，$f(a)=F(a)$ となる均衡点（45 度線上）で停止するケース。第 3 には，$F(a)=1$ の時 $0<f(a)<1$ から出発して一貫して $f(a)$ を下げていくケース。そして第 4 には，

閾値を境に急速に $f(a)$ を上昇（下降）させるケースである。

第2のケースで集団全体での交換手段の使用頻度が1に到達しないのは，$F(a)=1$ のときでも $f(a)$ が1にならない可能性が残っているからである。みな貨幣を受け取るが，物々交換の余地もかなり残っているような状態であろう。それに対して，第1，第4のケースのように個別主体の交換手段使用確率が急激に上昇するのは，他の交換法に比べての交換手段の利用の効用の認識が急速に進み，確信が慣習にかわるような場合であろう。第4のケースで閾値が現れることについては，見慣れない交換手段を人々に安心して使用させるためには，人々が日常的におこなっている物々交換やローカルな交換手段を凌駕する便宜（受容頻度）がなければならないという問題として解釈できるであろう。$F(a)$ がいったんそれに対応した閾値を越えると，交換手段利用の効用認識は急速に増大する（$\phi'>1$）であろう。第4のケースの閾値以下の場合と第3のケースは，交換手段の利用が衰退するケースである。ただし，$f(a)$ の動きは，それ自体としては個別主体の行動を示すにすぎない。全体の頻度 $F(a)$ の動きは，多数の主体の行動の分布に依存している。たとえば，第3のケースにおいて，何らかの事件をきっかけにして交換手段の利用に不安をいだく個人（あるいは集団）が出現しても，他の大多数の個人（あるいは集団）が反対の反応を示すならば，集団全体の交換手段利用頻度の低下につながることは打ち消される。あるいは，その低下率は減速され，第2のケースに見られるような高頻度での均衡に到達するかもしれない。

2）戦略的関係のもとでの制度形成

さらに主体間の関係が戦略的な関係[2)]になるならば，制度の形成過程はより複雑になる。たとえば，資本家と労働者の関係において，双方がどちらも協調的な場合は，労働生産性が上昇するので，双方が不信に満ちている場合よりも，

2）この箇所についても，前掲 Witt 論文にしたがっている。戦略的行動を分析する標準的なツールであるゲーム理論についての標準的テキスト（岡田章『ゲーム理論』有斐閣，1996年など）およびその進化生物学への応用（J. メイナード-スミス『進化とゲーム理論』〔寺本英・梯正之訳〕産業図書，1985年）などを参照されたい。

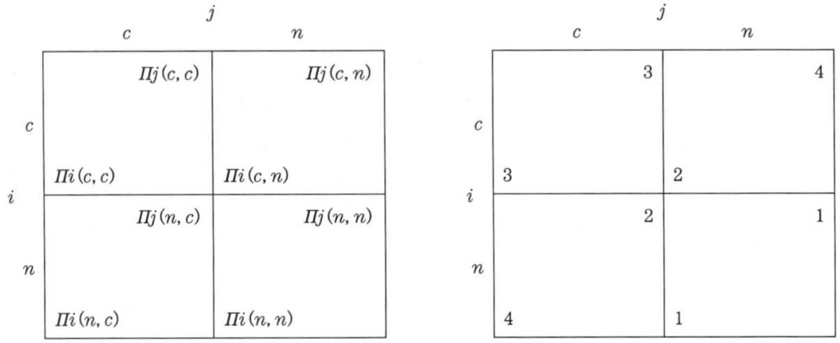

図 10-7　戦略的行動の利得表

どちらにとっても利益が多い。しかし，労働者が従順であることを前提にして，資本家側が生産過程の支配においても，分配においても，その要求を押し通せば，資本家は両者が協調的な場合以上の利益を得るかもしれない。逆に，人道主義的な資本家に出会った労働者は，高賃金や労働環境の改善を攻撃的に要求してより多い利益を得るかもしれない。そうした場合でも，双方が対立しあって自滅的な結果になるより，従順にふるまう方がましなことがあるだろう。

仮に資本家と労働者の差異を無視してランダムな組み合わせで双方の利得が決まるとしよう。その場合，このような利得関係は，経済主体 i と j の利得 Π_i，Π_j が，双方の選択した戦略 s_i（協調戦略 c と攻撃戦略 n）の組み合わせに依存して決まる 2×2 の利得表（図 10-7）として示せる。いま考えた労働者と資本家の関係に対応するように適当な利得例も示している。

このような利得表のもとでランダムな組み合わせが行われるときに，主体 i が協調戦略 c と攻撃戦略 n の双方から期待する利得は，集団内で戦略 c がとられる確率（これは戦略 n がとられない確率でもある）に依存する。

$$
\begin{aligned}
E[\Pi_i(s_i=c|F(c))]&=F(c)\Pi(c,\ c)+[1-F(c)]\Pi(c,\ n)\\
E[\Pi_i(s_i=n|F(c))]&=F(c)\Pi(n,\ c)+[1-F(c)]\Pi(n,\ n)
\end{aligned}
\qquad (10\text{-}4)
$$

このような場合に個別主体が協調戦略をとる確率が，協調戦略の期待利得が攻撃戦略のそれを上回る値が 0 から 1 までの間ではその値に等しいとする。

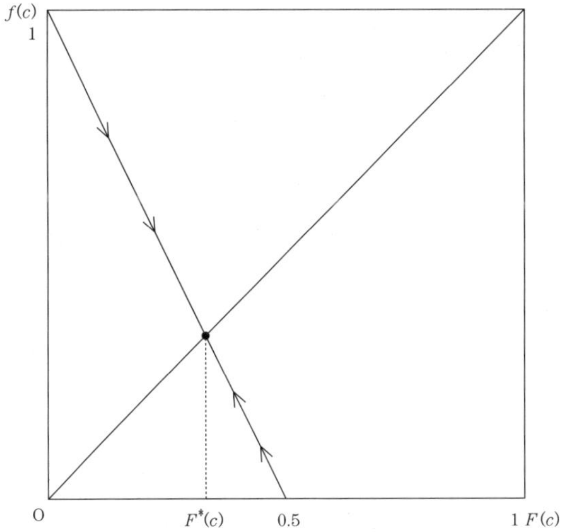

図 10-8　戦略の併存

$$
\begin{aligned}
&E[\Pi_i(s_i=c|F(c))]-E[\Pi_i(s_i=n|F(c))]\\
&=\Pi(c,\ n)-\Pi(n,\ n)+\{\Pi(c,\ c)-\Pi(n,\ c)-\Pi(c,\ n)+\Pi(n,\ n)\}F(c)\\
&=D_n+(D_c-D_n)F(c) \qquad (10\text{-}5)
\end{aligned}
$$

ここで $D_n=\Pi_i(c,\ n)-\Pi_i(n,\ n)$，$D_c=\Pi_i(c,\ c)-\Pi_i(n,\ c)$ で，先の数値例でいえば，D_n は 1，D_c は -1 である。この場合には $F(c)=0.5$ であれば，両戦略の期待利得に差異はないが，$F(c)>0.5$ であれば攻撃戦略が有利，$F(c)<0.5$ であれば協調戦略が有利になる。したがって，$F(c)=0.5$ から 0 に近づくにつれて $f(c)$ が高まる。先の場合のように $F(c)$ の時間変化を考えれば，個別主体の行動の軌跡は図 10-8 のようになる。このような場合には，協調的な関係と対立的な関係，あるいは非対称的な関係が並存している。

次の問題は，このようなさまざまな型の関係の並存状態から，統一的な制度的関係がどのようにして成立するかということである。第 1 の道は，個人的な意思決定を脱して，何らかの政治的な過程によって，法制化などをおこない集合的な意思決定に至ることである。第 2 の道は，技術の発展や政策的手段によって利得の構造自体を変化させることである。

たとえば，上記のような利得構造によるゲームのもとで成立する労使関係の分布状態が，労働者の健康状態を長期的に維持し得ない水準のものになっているとしよう。そのような場合は，労働運動によるにせよ，人道主義者や行政官も含めた改革運動にせよ，政治過程によって労働時間制限や最低賃金，労働保険などの統一的導入がおこなわれるであろう。しかし，そのような集合的意思決定の推進過程および実施過程においても，資本家にとっても協調的な行動をとることによる利得が現実に存在し，また実際にそのような態度をとっている開明的資本家（優良企業）が実際にある程度の割合で存在することが重要である。19 世紀のイギリスでの労働立法においても，それが実現したのは，技術や品質よりも，劣悪な労働条件によって競争しようとする企業グループを排除することが，産業内の有力な資本グループの利益に合致したことによるという側面が存在している。同様なことは，労働者の側についても言える。劣悪な労働条件ではたらく周辺的労働者を規制することは，産業の基幹的な労働者層にとっての利益であった。

第 2 の利得構造の変化にはさまざまな場合がありうる。たとえば，科学の一般的発達や消費文化の発達によって，高度技術の利用や高品質の生産が促進され，安定的で協調的な労使関係が必須になるような場合である。もしも，双方協調の場合の利得が一方的な攻撃的搾取関係の際の利得よりも高くなれば，協調的な労使関係が自然に普及するであろう。あるいは，労働運動の普及や経営者団体の成立によって，一方的な攻撃的関係がほとんどなくなることも考えられる。そのような場合には，協調的関係が普及するか，それとも対立的関係が普及するかは，たとえば大規模な労使紛争の結果によって変わるというような経路依存性をもつだろう。この場合には，そうした歴史的な労使紛争が普及過程（あるいは消滅過程）における分水嶺＝閾値となりうる。

3）制度変化の歴史的性格

以上のような議論から，2 つのことが言える。

第 1 は，経済のなかにおける個別的意思決定と集合的な意思決定の相互関係である。個別的意思決定の累積的結果は，新しい制度を斉一的に生み出す場合もあれば，その成立が部分的なものにとどまるか，あるいは分裂的状況が生まれる場合もある。そのような基礎の上で，集団的意思決定のための政治過程が開始されるのである。また，集合的意思決定によって導入された制度が実効的な制度として確立するならば，それは，次の段階の個別的意思決定の前提となるだろう。

第 2 は，制度の形成および変化は，技術・選好・知識の変化や社会諸集団の組織状況，対立の経緯を反映した歴史的変化の一部であるということである。これは，ゲーム理論でいう利得の構造を変化させるだけでなく，プレイヤーの社会的性格，利得の定義などのゲームのルールの構造自体が変化するということである。

第11章　国家と世界市場

私は市民的経済（ブルジョア経済）の体制を，資本・土地所有・賃労働，国家・外国貿易・世界市場という順序で考察する。はじめの3項目では，私は近代市民社会（近代ブルジョア社会）が分かれている3大階級の経済的生活条件を研究する。その他の，3項目のあいだの関連は一見して明らかである。

——マルクス『経済学批判』「序文」（MEW13, S. 7：全13，5頁）

この章の考察対象

最終章では，資本主義の経済が編成する市民社会を経済的階級の相互関係として理解するとともに，その上に立った国家の機能を論じます。さらに，国家の排他的権威が及ばない世界経済において，国際的な貿易，投資，金融，労働移動をめぐるガバナンス（統治）のあり方が問題になっていることを説明します。資本主義は世界史的な歴史的経験ですから，そのガバナンスも世界経済にまで及ぶのです。

1．近代市民社会と階級

1）近代市民社会

近代市民社会というのは，家族を除けば経済的な意味での共同体が消滅し，私有財産と市場的な交換が経済活動の中心になっている社会のことである。経済活動が，軍事的および政治的支配から相対的に自立した活動領域においておこなわれ，そのなかで個人の人格とその権利が確立し，取引関係が法規範によって律されるものになっている。それは西洋の中世から近世にいたる発展のなかで，都市においてまず発達し，その後市場経済の拡大とともに社会の全体に広まった。それが，近代の社会を**市民社会**（英 civil society，仏 societē civile，独 bürgerliche Gesellschaft）と呼ぶ理由である。現代の中世・近世の都市の市民，とりわけ裕福な商業的市民は，「ブルジョア」と呼ばれた。したがって，「ブルジョア」あるいは，その総称である「ブルジョアジー」は，市場経済のもとで発展した資本制生産についても用いられ，資本家あるいは資本家の仲間の有産者を指す総称にもなっている。

現代の政治学でいう「市民社会」は，非営利の NGO や市民のボランティアをその主要なアクターとみなしているように，経済活動とくに市場経済を排除した概念である。しかし，A. ファーガソン，ヘーゲル，マルクスらの古典的用法においては，「市民社会」は市場経済を核とする社会で，そのなかから資本主義的な生産を生み出す社会であった。現代的用法の強みは，非国家・非市場という新しい政治的領域に焦点をあてることにあるが，経済的内容を排除することによって実体的内容が希薄になっているという弱みがある。それに対して，古典的用法における「市民社会」はより広義であって，非国家的・非権力的なシビル・ソサエティであると同時に，利己的・資本主義的特性をもつブルジョア社会でもある。この両義性が，市民社会という語に対する混乱をもたらしたことも事実であるが，社会的再生産の基礎としての経済活動と非経済的な政治活動・社会活動を結びつける視座を与える概念でもあることに留意すべきであろう。

2）経済的階級

経済的な意味での**階級**（class）は，経済的な利害関係によって区分される人々の集団であるが，この階級も近代市民社会のなかでの階級である。

『資本論』におけるマルクスは，古典派経済学者にならって，資本家，地主，労働者を近代の 3 大階級としたが，それは市場経済のなかから発展した資本主義社会に対応したものであった[1)]。これらの 3 階級の関係は，かつての封建社会，奴隷制社会における階級関係のように軍事的・権力的な支配関係によって規定されたものではない。資本家はその資本所有によって，地主は土地所有によってその所得を得ているのであり，労働者もまた，自分の労働力を自己の意思で売ることによって所得（賃金）を得ている。3者の関係は市場的取引によって結びついているのであって，人格的束縛によるものではない。近代における法秩序の形成は，**経済的自由**（取引の自由，移動・職業選択の自由）を保障することによって，人格的束縛にかわって経済的な利害関係が人々を強制する資本主義的な生産関係の発展に途を開いた。民法や商法などの古典的法体系では保護の手が及ばない労働力についても，団結権の保障や，労働時間・衛生条件，社会保険，社会福祉，労働市場政策によって，ある程度の保護が制度化された。労働者は，資本家，地主のような財産所得者ではないが，自らの労働力（技能・知識・健康）を所得（賃金）を得るための「資産」（「人間資本」）として自己のうちに保有する経済主体として，やはりブルジョア的な市民の1人になっている。

しかし，このような「所得」による階級区分は，表面にあらわれた現象に過ぎない。まず，労働者の労働力という「資産」が賃金という所得を生むのは，労働者が雇用されている限りにおいてである。いったん失業すれば，労働者は，これまで有していた技能や知識が無駄になるというリスクにさらされる。労働者の労働力は，労働者自身の内にあるのだから，労働者は自分自身しか所有していない，つまり無所有であるというのが真実である。

他方，資本家にとって，資本が生み出す「利潤」あるいは「利子」という所得が資本家を規定するというのは結果から原因をみているにすぎない。資本家が資本によって生産を組織するから，剰余価値が生まれ，その一部として，「利潤」や「利子」が生まれるのであって，その逆ではない。ここで「資本家」を「企業」に読み替えるならば，事態はより明瞭になるであろう。企業がしっ

1）現実の資本主義社会には，土地を保有するか借りて耕作している農民や，小規模な生産手段を有する職人や自ら店舗をもつ小商人などの集団が存在する。これらのグループは人口構成の面では資本主義的な産業の資本家や労働者よりも多いこともある。しかし，彼らの経済活動は，多くの場合自己維持的なレベルにとどまり，活発に資本蓄積をおこなうダイナミズムに欠ける。スミス，リカードらの古典派経済学者やマルクスが，資本家，賃金労働者，地主の3階級構成の社会を想定したのは，資本制生産の創り出す新しい社会構成に注目したからである。

かりとした生産・販売（営業）活動をおこなうことによって，資金の貸手に利子が払え，出資者に利潤を分配することができるのである。こうして，企業から流出した「利子」「利潤」の所得分だけではなく，地代や税金を支払ったりした分や企業内に留保した利潤を含めた全体が，資本による生産活動によって生み出された剰余価値である。したがって，「資本家」というのは，「利子」や「利潤」を分配上の所得として受け取る人間だけを指すのではなく，資本制的生産を組織する（企業の経営管理を担当する）人間もまた資本家である。このような見方からすれば，経営者は，たとえ出資が僅少額であっても，生産的な資本家，機能する資本家である。

3）地主階級の特質

地主については，所有する土地が生み出す地代という所得形態に規定された分配的階級という規定があてはまる。しかし，土地ではなく土地を借りて経済活動をおこなう主体が地代を払うのであり，資本制生産のもとでは資本が生み出す剰余価値が地代の源泉である。地代は派生的な所得にすぎず，地主は独立して所得を生み出しうる階級ではない。地代が剰余価値から派生し，不生産的な地主階級が維持されるのは，第9章でみたように，地主の地代収取によって，自然的な差異に由来する個別資本間の不平等が除去されるからである。いいかえれば，地主の所得は資本制生産のもとでの競争の経済法則に従ったものであって，地主が能動的に創りだしたものではない。一時的には，高穀価・高地代を望む地主階級と低穀価・低賃金を望む産業資本家が対立するようなことも起こりうるが，長期的には地主階級の利害は資本制生産の発展に依存している。したがって，当初は貴族的であった地主もいつかはブルジョア化する。実際，英国でも，19世紀を通じて資本主義が繁栄するなかで，地主階級は資本家の一分肢である金融資産保有者（投資家）と融合し，階級としての自立性を失うことになった。

しかし，地主階級を考察する際に見落とすことのできない歴史的特性がある。それは，土地の私的所有，したがって地主階級による土地の独占が，資本主義にとって基礎になる無産の労働者を生み出したことである。農業的性格をもつ前資本制社会では，生産者のほとんどは土地と結びついていて，労働市場は周辺的にしか存在しなかった。しかし，世界市場の成立とともに魅力を増した貨幣的富が前近代的な土地所有を変化させる。封建領主やその他の土地所有者たちは，農民を追放して清掃した土地を商業的農業者に貸し付けて，農民の支配者から近代的な土地所有者に転換した。英国ではこれが，数次にわたるエンクロージャー（囲い込み）運動としておこり，それによって労働市場と資本制農業が成立した。資本主義成立期の労働市場にとって不可欠の条件の１つは，労働者と土地所有の結びつきが絶たれていることであるが，そのためにはすべての土地に地主がいることが必要であったのである。地主階級はこのような意味で，近代資本主義の成立にとって重要な役割を果たす[2)]。また，彼らは，資本のように国際移動することのない資産（土地）の所有者として，各国の伝統的社会の代表者となりやすいし，また産業に携わる資本家以上に時間的余裕のある階級である。したがって，成立期の近代的国家においては，地主階級はしばしば，政治家を輩出する階級でもある。

2．資本主義と国家

1）国家の内部的編成

近代市民社会のなかの諸階級の相互関係は，それが安定化している場合には，それ自体が国家の内部的編成としての**コンスティチューション**（社会構成）である。資本制生産が支配している社会においては，資本主義的な企業活動を実質的に否定するような法規範や政策体系はありえない。しかし，近代の世界は，領土を区分し，それぞれに所属する国民をもつ国家という政治的単位に分かれ

2）本章冒頭に引用した『経済学批判』「序言」の文章のように，マルクスが近代市民社会における階級の経済的基礎を論じる際に，その順序を，資本・賃労働・土地所有ではなく，資本・土地所有・賃労働としているのはそのためである。遅れて資本主義化した日本などでは，農業は資本主義化せず，地主も資本主義生産に対応した近代的地主ではなく，零細農から高率地代をとりたてる「寄生地主」に止まった。このような場合でも，地主制は農村地域で生まれる過剰人口を都市部の資本主義的産業に柔軟に供給する弁のような役割を果たした。

ている。国家は，それぞれに政府をもち，独自の法と行政活動によって国内秩序を維持している。形式的な法規範とそれを支える合法的権力活動からみるかぎり，外面にあらわれたコンスティチューションは，国家の憲法である。この外面における法的・政治的コンスティチューション（国家構成）が，内部における資本主義的コンスティチューション（経済的社会構成）を包摂したものが，資本主義のもとでの国家である。

この二重性がもっとも如実に現れるのは，**財政**においてである。1970 年代の石油危機以降，日本経済が不況にみまわれるたびに政府は財政出動して企業の収益が悪化することを防いだ。不況が過ぎると財界は政府に財政再建を求めたが，収益に課税されることをおそれ，支出を削減する行政改革を要求した。1990 年代になると企業の投資意欲が減退し，政府支出が国民の余剰貯蓄をもっぱら吸収する役になり，結果として膨大な財政赤字が累積した。しかし，財政再建の可能性は，もっぱら消費税率の引き上げと個人所得税の課税ベースの拡大に求められている。要するに，財政赤字によって企業収益が支えられ，財政再建が叫ばれながらも，公債によって輸血が続けられているというのが，現在の日本の財政構造である。これは，国家という法的・政治的コンスティチューションが財政という経済的骨格において，資本主義的コンスティチューションによって根深く規定されていることを示している。

国家（より具体的にいえば政府）は市場において財貨を購入し，時には販売することもあるが，営利を目的とした資本主義的な経営体ではない。国家（あるいは政府）がどれだけ目的を達成しているかは，国家（あるいは政府）活動の効果によって評価されるのであって，収支バランスは評価においては副次的である。国家（あるいは政府）が市場で支出する貨幣は，徴税という非市場的な権力的行為に由来するものであり，公債によって貨幣が得られた場合でも，徴税権をもつ**権力的主体**という特性による特別の信用によるところが大きい。中央銀行も，特別な信頼によって中央銀行信用を創出しているので，政府と類似した権力的性格を有した機関であると言ってよい。

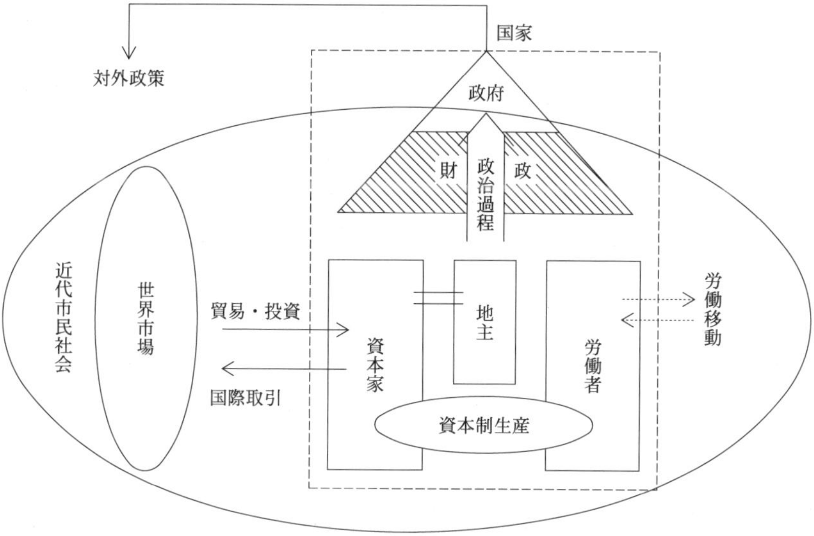

図 11-1　近代市民社会と国家・世界市場

2）国家の経済的活動

それでは，経済的な面からみて，資本制的な経済の支配する社会において，そのような権力的特性をもつ国家（あるいは政府）はなぜ必要とされるのだろうか。それは，資本制経済の再生産にとって必要であるが，個々の資本（企業）によっては果たしえないか，あるいは果たすのが適切ではない役割が存在するからである。それをマルクスは，個々の資本によっては整えられない「**生産の一般的条件**」を整備する役割として表現しているが，現代の経済学の概念におきなおせば，「インフラストラクチャー」（社会資本）を供給する役割ということになるであろう。

それは，法律・通貨・度量衡の整備から，市場秩序・労使関係・金融取引の規制，道路・港湾・通信基盤の構築，さらに基礎教育と科学・芸術の振興，衛生と社会保障にまで至っている。それらは，個々の資本（企業）によって整えることが不可能か，整えられても他の資本（企業）のフリーライドを排除できないために，営利的な経済主体によっては通常供給されない経済活動の諸条件である。あるいは，特定の営利的主体がそれを供給する場合には，社会の全経済主体に公平に供給されないために，社会的な不安定性を生み出し，再生産を阻害するような諸条件である。資本制企業自体は互いに競争しあうなかでこそその革新的努力が社会的効果に結びつくことになる。いくら強力な企業，あるいは企業のネットワークであろうとも，企業自体が規制をおこなうならば，それは競争を阻害する独占の弊害をもたらす結果になる。そのような場合，国家（あるいは政府）が規制主体になることによって，企業間に競争の条件を生み出すことが課題とされるだろう。

3．国家と国際経済

1）対外的国家

国家（政府）は，国内で貨幣制度を整備し，商業銀行のうえに中央銀行がそびえる信用制度を作り出して，財政政策と金融政策の両面から国内経済を統御しようとしている。しかし，国家は国内社会に対する側面だけでなく，対外的な側面も有している。外国貿易があれば，為替の決済が問題になるし，公債の国外市場での発行もしばしば必要になる。戦争があれば，戦費の金融や賠償なども登場する。これらはすべて，国際的な金融市場の存在を前提にしている。そして国際的な金融市場は，より広範な民間の国際的な貿易取引，資本取引のネットワークによって形成されてきたものである。国境を出ればたしかに絶対的な主権はなくなるが，完全な無政府地帯に足を踏み入れるわけでもない。国際経済は，国境をこえて拡大した市民社会の領域であり，取引関係や信用関係の連鎖によって構成されている。

『資本論』のマルクスは国際間の最終決済が金でおこなわれる状態を念頭において，国境を出ると貨幣はその国民的衣装を脱ぎ捨てて「世界貨幣」である金の原生的な姿に戻ると書いた。しかし，それは貨幣成立の出発点への復帰ではない。金は，ドルならドル，ポンドならポンドが価値尺度としての機能，流通手段としての機能をそれぞれの国単位で果たしていることを前提として，それらの最終的な調整者として出現するのである。世界貨幣としての金は，国際的な金融市場と決済機構のなかで動いていたのであり，裸のままの金が貨幣として使用されていたのではない。19世紀末にブルジョアの信条告白の対象であった**金本位制**も，第1次大戦後に世界の貨幣用金が米国の連邦準備制度の金庫の奥に集積されると眠り込みはじめ，1971年の米国の金交換停止によって終止符を打たれた。これもまた，国際的な金融関係の発展の結果である。

しかし，**金の廃貨**はケインズが望んだような洗練された文明状態に国際経済をもたらしたわけではない。自由変動相場制に移行した為替市場は均衡を自動的に実現するものではなく，1985年のプラザ合意の後のように1ドル280円が1年後にその半額になるというような急激な変化を引き起こす不安定性を蔵した市場であった[3)]。また1980年以降，短期のポートフォリオ投資が急増し，高度な金融技術を駆使する投機的な金融資本の活動とともに，金融構造の脆弱な国家の多くを**通貨危機・金融危機**に陥れた。国際経済においては，高度の市場化と原生的な無秩序が同時に現れているのである。

2）貿易と対外投資

経済的活動としての市民社会は国境を超えて拡大する。国境を挟んだ2つの国（A，B）で，任意の2種類の商品（X，Y）の交換比率に違いがあれば，比較生産費による貿易の利益が存在する。というのは，両国における交換比率を比較して，一方の国Aで相対的に安くなっている商品Xを他の国Bにもってきて販売し，その国で相対的に安くなっている商品Yを最初の国Aにもちかえれば利益が上がるからである。これは，2種類の商品を生産する労働のどちらをとってもA国の方がB国より生産性が高くても成り立つ。いいかえれば，国境によって労働移動が閉ざされ，労働生産性が異なる2国間では共通の労働価値は存在しない。労働価値説で説明できることは，A国あるいはB国内での両商品の当初の交換比率がA国あるいはB国における両商品の投下労働の比率で

3）金本位制のもとでは，各国の本位通貨が含む金の分量が定められているから，金価値を基準として各国通貨の交換比率（金平価）が決定されている。金のような共通の尺度がない場合の通貨（あるいは為替）の交換比率の基準としてしばしば利用されているのは，各国の通貨の1単位あたりで購買できる財・サービスの量を比較して，それが一致する比率を求めるという**購買力平価説**である。しかし，これは市場の作用が支障なくはたらくことを前提しているので，短期の変動については説明力が弱い。

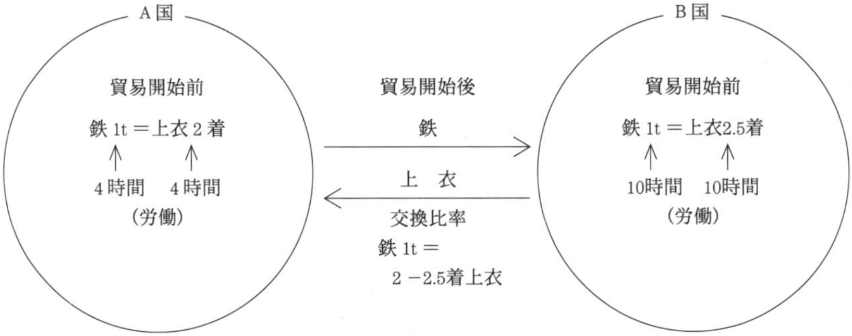

図 11-2　労働価値説と比較生産費論

説明できること，したがってA国が輸出する商品XとB国が輸出する商品Yの貿易における交換比率は，この両国における当初の価格比率の間に位置するということである。

この**比較生産費説**は当初に存在した両国の商品の交換比率を与えられたものとして前提している。したがってたまたま工業の発展が相対的に遅れた段階で貿易関係に入った国は，工業を放棄して農業国のままとどまることになりかねない。しかし，風土気候に規定される農業と異なり，工業は規模拡大によって，あるいは経験・技術の獲得によって生産性が向上する可能性が高いので，動態的な経済発展を予想して工業製品を輸出産業の核とする国もあらわれるだろう。

商品だけでなく資本も国境を超えて移動しうる。他国の企業・金融機関・政府が発行する債券や株式を購入する証券投資だけでなく，他国で実際に経済活動を行おうとする**対外直接投資**（FDI）の場合には，資金だけでなく，生産設備，技術・知識，経営能力なども移動することになる。対外直接投資には，資源を求めた進出，市場を求めた進出，そして低コスト（とくに人件費）を求めた進出がある。近年の日本企業の対外直接投資では，オーストラリア，ブラジル，カナダなどの資源開発，米国における日本自動車メーカーの現地生産のような市場を求めた進出，東アジアや中国への繊維，電器，機械産業のような低人件費を求めた進出などがあるが，それぞれの直接投資の性格自体が，資本を出す国と受け入れる国の経済構造・産業構造とともに変化している。低人件費を求めた進出は，高利潤を求める資本の本性に合致しているが，利潤率を規定するコストは労働生産性と対比して得られる生産単位あたり**賃金コスト**であって，賃金水準だけによる各国比較は無意味である。

対外直接投資の場合には，危険になればすぐに引き上げられる証券投資と異なって，長期的に進出先に資本を投下しつづけるだけでなく，企業にとって貴重な技術・知識と経営的資源をも進出先に置いている。それらの資産の保護は進出先の政府に依存しているが，収用とまではいかなくても，徴税方式や行政許認可のごく僅かな変更によっても，ビジネスが危殆に瀕することが多い。したがって，投資保護の確保は対外進出企業が熱望する要求である。

20世紀初頭のホブスン，レーニンの『**帝国主義**』論[4)]は，貿易に代わって対外投資とその保護が国家の対外的活動の主要関心事となったという認識に基づいている。事実，英，仏をはじめ当時の国際列強は，投資と結びついた利権保護のために，植民地や従属国，勢力圏を次々と拡大し，互いに対立しあった。そうした過去を記憶している発展途上国は，現在でも先進工業国からの投資保護の国際協定（WTO協定など）への盛り込みに執拗に抵抗している。投資前における約束に将来永劫に縛り付けられるなら政策選択の余地がなくなるし，また国際的な保護を基礎にした外資による政治的影響力の行使の危険が存在するからである。したがって，現在では，**投資保護**は，既存の依存関係・利害関係のうえに締結される2国間協定や地域的経済協定によって実施されることが多い。

4．グローバリゼーション

マルクスが大英図書館で経済学を研究していた1850年代は，香港・上海を獲得した英国資本主義と西漸運動を経て西海岸に到達した米国資本主義が太平洋の両岸に陣取り，日本を開国させることによって世界市場を完成させた時期

4）ホブスン『帝国主義論』（矢内原忠雄訳）上下，岩波文庫，1951-52年。レーニン『帝国主義——資本主義の最高の段階としての』（宇高基輔訳）岩波文庫，1956年，（ほか多数の版あり）。

であった。『資本論』の第1巻が現れた年に起きた明治維新の指導者たちは，西洋の富強の基礎にある資本主義的生産を取り入れることが日本を存続させる唯一の道であることを明敏に洞察した。明治政府は，国民を身分制から解放し，土地の売買を自由化して，日本の社会の商業化を実現した。

それから1世紀半を経た現在，世界はグローバリゼーションの渦中にある。IT 革命によって結びつけられた世界では時間・空間の距離はもはや存在せず，1980 年代以降急増した投機的資金が世界のビジネスセンターをかけまわっている。ソ連を中心とした社会主義計画経済のブロックは崩壊して，資本主義的な市場経済への移行経済諸国となり，さらに中国，インドが経済開放化の方針に転換し，新興市場大国として登場しようとしている。マルクスの時代に起きたのが世界市場の外延的な完成であったのに対して，グローバリゼーションは世界を単一の市場とする最終的完成を予兆するかのようである。

しかし，実際には，世界市場の中での差異は解消していないどころか，不均衡がますます増大している。計画経済から市場経済に移行しようとした諸国のなかには，移行開始期の生活水準をいまだ回復できていない国が残っていて，経済実態は開発途上国並みとなった。イスラム原理主義の台頭の背後には中東の経済的困難がもたらした格差と貧困がある。最貧国を多数かかえるアフリカ大陸ではエイズの蔓延と軍事衝突が人々の苦難を倍加している。そうした世界のなかで起きているグローバリゼーションは，基底部における深淵に目を塞ぎ，金融的・情報通信的上部構造が融合しあった事態にすぎない。

世界市場の金融的世界においては，生産と社会的再生産から遊離した投機的金融資本がかけめぐっている。外資が進出して経済発展をとげたとされる地域では，多様化しモザイク化した社会のなかで，外資と伝統的支配が共存している。そのなかで着実に増大しているのは，国際的な労働移動である。彼らは合法的非合法的移民として，あるいは出稼ぎ者として，流入先の国に異質な生活様式をもたらす。国境を超える市民社会のもとでは，合法と非合法と，洗練と野蛮が同時にあらわれている。

米英を中心とした第2次大戦の戦勝国の政治家たちは，ブロック経済化を防止するために，自由主義を基調として世界経済の再建を構想した。そのために，

Column 11-1

国際経済機関

国際経済機関のはしりは第1次大戦後の国際連盟とその関係機関に求められるでしょう。しかし，ILOを除くとその組織は欧州に限定され，その課題も欧州復興を中心としていました。1930年代に国際的な経済危機が訪れると各国はブロック経済の形成によってそれに対処したため，国際協調への熱意は失われました。したがって，本格的な国際経済機関の誕生は，第2次大戦末期にアメリカ合衆国の主導下に開催されたブレトン＝ウッズ会議（1944年7月）を待たなければなりませんでした。

この会議では，世界大戦後の国際金融秩序を確立するために国際通貨基金（IMF）と世界銀行（国際復興開発銀行）という2つの国際機関を設立する協定に，連合国44カ国の代表が調印しました。国際通貨基金は加盟国間の為替相場の安定化と外貨取引の自由化を目的とし，そのために短期融資をおこなう機関です。世界銀行は，戦災からの復興と発展途上国の開発のために長期的な資金を融資する機関です。ブレトン＝ウッズにいたる過程ではJ. M. ケインズのように，世界的な中央銀行にあたる組織を設立して金本位制にかわる新しい国際通貨を目指す提案もなされていました。しかし，実現した国際通貨基金は銀行のような信用供与の能力はなく，既存の国際通貨取引に基金の範囲内で保障を与えるものにすぎませんでした。現在でも，国際通貨基金に救済を求める諸国は，借入金の短期返済のために，国内状況を無視した厳しい財政・金融引き締めによる安定化政策を押し付けられています。国際通貨基金は，ドルやユーロという基軸的な通貨を中心とした国際経済秩序が，周辺に位置する諸国に国際調整の圧力を転嫁している構造を前提にしているのです。

第2次大戦後の国際経済秩序のもう1つの柱は，貿易のための国際機構です。1947年のハバナ会議では，関税障壁の除去による貿易拡大と対外投資の復興および投資への充用をうたったITO憲章が調印されました。しかし，米英それぞれの国益への固執や発展途上国の開発重視の強硬な主張によって対立がすぐにあらわになり，予定したITO（国際貿易機関）の設立は実現しませんでした。そのかわりに並行しておこなわれていた関税引き下げ交渉の過程で調印された「関税と貿易に関する一般協定（GATT）」が国際貿易の秩序を維持するための機関になりました。

GATTはこうした成立の経過のせいで，常設の事務局をもてないほど弱体な組織でした。しかし，英連邦や仏連合が解体した頃から重要性を増し，1960 年以降にはケネディ・ラウンドをはじめとした一括関税引き下げ交渉によって，貿易の障壁の撤廃に大きな成果をあげるようになりました。GATT では課題としてあげられていない発展途上国の開発目的のためには，国連の下に設けられた UNCTAD（国連貿易開発会議）によって発展途上国のための一般特恵が創設されました。

GATT は 1995 年の 1 月に WTO（世界貿易機関）に発展するとともに，紛争処理の制度を強化しただけでなく，その課題を貿易自由化だけでなく，サービス，投資，知的所有権にかかわる国際的法制度の確立・強化にまで拡大しました。これは，物品貿易だけでなく，サービスや知的所有権の取引が重要になっている国際経済の発展，とくにそれを主導しているアメリカなどの先進工業諸国の関心に沿ったものです。また，投資保護，政府調達，貿易円滑化，競争の課題についても検討を開始することが合意されています。WTO が経済におけるグローバリゼーションの体現者として，反グローバリズム運動の標的になっているのも当然です。これらの国際機関は，たてまえでは国連の関連機関ですが，実際上は国連と切り離され，先進国主体で運営がされるように仕組まれています。国際経済機関を真に人類全体の共有機関とするためには，機構改革が必要です。

国際通貨基金と国際復興開発銀行を設置し，GATT による自由貿易体制を構築した。しかし，その実態は調整コストを後進国に押し付けながら，世界経済を先進国中心に管理するものであった。世界経済の成長基軸が先進国から，中国，インド，ブラジル，ロシアなどの新興市場大国に移りはじめているなかで，こうした先進国支配の状態にも，ようやく転機が生じつつある。国際経済における争点が貿易から，知的所有権，サービス自由化，投資にまで拡大し，米国をはじめとする先進国と中進国，開発途上国とのあいだに緊張したやりとりが続けられている。19 世紀半ばにおける日本の急速な資本主義化はそれにともなって国際緊張をアジア太平洋地域にもたらした。それと同様な事態が，今度は世界大で起きはじめている。発展する資本主義世界経済をどのように統御するかは，21 世紀の最重要な問題の 1 つである。

補論　体制認識とは何か*

私たちの考察を経済的考察に限ったとしても，また労働諸階級の知能の向上および公正な法律が，生産物の分配をば労働諸階級の利益となるように変更するうえに有する効果にもかかわらず，私は労働諸階級がいつまでも彼らの究極の地位が賃金のために労働するという状態であるということで満足しているであろうと，考えることができない。

――J. S. ミル『経済学原理』末永茂喜訳，岩波文庫（4）129頁

多くの人は，経済体制の中心的な問題は，〈誰が何を所有するか〉ということだと考えている。それが正しいとすると，体制認識というのは，経済理論というよりは法学の課題となる。実際，法学は経済学よりもずっと由緒が古い学問であり，経済学の母体でもあった。しかし，所有にはそれが権利として正当化できるかという規範問題が必ず結びついている。所有の権原をなすこの正当性問題に関して，規範学の内部にとどまる法学（法教義学）は以下にみるようなアポリアに逢着せざるをえない。経済体制にかかわる社会経済学的考察がどこで開始されるかをみるために，この問題を論じることにしよう。

1．モノの支配と価値の支配

所有されるものを作りだし，それを有用なものにするには，何らかの労働が不可欠である。所有権を労働によって基礎づけようとしたのは，17世紀のジョン・ロック[1)]であったが，現代においても多くの人は，ある人が自分の労働

＊この補論は『経済セミナー』1993年3月号に掲載された原稿を一部書きかえたものである。利用許可について同誌編集部および日本評論社に感謝する。

によってつくりだしたものはその人のものになるべきだと考える。しかし，何か有用なものを作りだすためには，材料が必要であり，それにはふつう持主がいる。それでは，もし，この材料の持主と労働をおこなう人が別人であるとすれば，つくりだされたものはどちらの人のものになるのだろうか。

これは法律学におけるローマ法以来の難問である。たとえば，ある職人（石工）が誰の物でもないだろうと思って持ち帰った大理石で彫刻を作り，後になってその大理石の持ち主があらわれたような場合，その彫刻は誰に帰属するのか，という問題を考えるとよい。彫刻は1つしかないのに，それにたいして所有権を主張する人は2人である。ローマの法学者は，この問題にかんして，材料（大理石）を重視する派と，加工（職人の労働）を重視する派とにわかれて論争を続け，結論を得なかった。ユスチニアヌス法典では，争われている物が，構成要素として材料に分解され得るなら材料所有者に権利を認め，もはや分解され得ない新しいものになっているとみなせるなら加工者の権利を認めているが，これは一種の妥協に過ぎないだろう。

この問題にたいして，オットー・ギールケ等のゲルマニストは，中世ゲルマン法では，こういう場合には，「種播く者が刈る」という原則により，まず生産者の優位を認め，万一，生産物が材料の所有者に帰属する場合でも，生産者はその費やした労働の報酬をうけとることができた，と主張した。しかし，近世初期にヨーロッパ大陸諸国に普及したローマ法では，生産物は，その元物である材料の所有権が認められるかぎり，その元物からの果実（fructus）として，元物所有権から派生する果実収取権者に帰属するとされた。これがいわゆる「生産主義」と「元物主義」の対立である。

この対立は，近代法にまでもちこされ，フランス民法典は所有者優先，ドイツ民法典では生産者優先の体裁をとっているが，問題は実質的に解決されている。というのは，たとえば，フランス民法典の関連条文は，次のようになっているからである。

570条　職人ナイシ何人カガ，ミズカラニ帰属シナイ材料ヲ，新シイ種ノ物ヲツク

1）ジョン・ロック『全訳統治論』（伊藤宏之訳）柏書房，1997年。

ルノニ用イタ場合，材料ノ所有者ハ，材料ガモトノ形ヲトルコトガデキテモデキナクテモ，加工ノ価格ヲ補償ノウエデ，ソレカラツクラレタ物ノ請求権ヲ有スル。
571 条　ソノ場合，労働ガ使用サレタ材料ヨリモ著シク価値ヲ有スルホド重要デアリ，勤労ガソノ主要部分トミナサレルナラバ，労働者ガ，所有者ニタイシテ材料ノ価格ヲ補償シテ，加工サレタ物ヲモツ権利ヲ有スル。［拙訳］

つまり，**所有権の帰属という一義的には決定しがたい問題が，近代法では，生産物と材料，そして加工作業という三者それぞれの「価値」あるいは「価格」の比較をつうじて現実的に処理されている。**生産物の所有権を獲得した方は，しなかった方にたいして，材料または加工の価格の補償が義務づけられるから，これらの価格が客観的に確定できるのであれば，所有権がどちらに帰属しても，結局は同じことといえそうである。近代の経済では，たいていの職人の労賃と材料の価格は市場で知ることができる。こうした市場経済の価値を基準としている点では，ドイツの民法典もフランス民法典と差異はない。ドイツ民法典が生産者優先というのも，生産者が取得する場合を先に述べ，元物所有者が取得する場合を後にしている，というだけのことにすぎない[2)]。

このことは，近代においては，法規範のなかにも「交換価値」という市場経済的特質が浸透していることを示している。近代の経済は，財＝モノに対する人間の直接的支配ではない。すべての所有は，抽象的で一般的な交換価値の支配でもある[3)]。

2．賃労働に内在する権力関係

しかし，所有の実質にまで市場経済を背景とした交換価値が浸透しているこ

2）日本の民法では第 246 条〔加工〕がそれにあたる。この条文では所有権の帰属だけを規定しているが，その後にくる第 248 条で前条の「適用ニ因リテ損失ヲ受ケタル者」の償金請求権が規定されている。

3）川島武宜は，名著『所有権法の理論』（岩波書店，1949 年）で，近代的所有の本質は交換価値の所有であると述べている。市場経済に対応した近代的な法規範において所有は，ヒトに支配されるモノは物理的なモノではなく，「交換価値」というより抽象的な社会的実体なのである。

とを認識するだけで，近代の経済体制の問題が片付くわけではない。というのは，もし，民法にしたがって生産物の所有権がきめられるのであれば，他人の所有する生産手段をもちいて商品を生産している現代の工場労働者も，生産手段の所有者に補償をおこないさえすれば，生産された商品の所有権を獲得できることになるが，そうした可能性ははじめから排除されているからである。民法のこうした規定は，独立した職人や事業主には適用されるが，他人に雇用されて働く労働者には適用されない。雇用労働者は，そもそも加工者＝生産者としては扱われていないのである。

法学者たちは，これを次のように説明する。労働者と使用者は，就業する前に雇用契約をむすんで，使用者が労働者に賃金を支払うことと，労働者が一定時間の労働をおこなうことを約束している。この契約にもとづいて労働者の側に生じる請求権は賃金だけに限定される，と。しかし，この論法でいえば，雇用契約において明示されている使用者の請求権は約束した労働を履行させることだけであって，使用者が生産物を取得することは契約には書かれていない。つまり，労働者の生産物取得の権利がまったく問題とされない，何か契約や法律以前の秩序のようなものがあるように思われる。フーゴー・ジンツハイマーらのワイマール期ドイツの労働法学者は，雇用によって成立する労働関係には，労働と賃金の交換という平等な関係だけでなく，労働者がその労働を使用者の権力の内にはいっておこなうという権力的な関係が含まれていると考え，こうした種類の労働を「従属労働」と呼んだ[4)]。賃金労働者の労働は，使用者の権力のもとにあるかぎり，独立した人格としての労働ではない。使用者は，社会によって許容される一定の範囲内で労働者にたいして包括的な命令権をもち，生産物を自明のようにして取得するが，これは自由意思による契約によっては基礎づけられない社会的な事態である。雇用契約は，そうした権力的な関係のなかに自由意思でもってはいる際の条件を定めているにすぎない[5)]。

このような雇用関係に内在する権力的関係，あるいは雇用労働の従属性が不可避なものかどうかという問題についてはさておく[6)]。とりあえず確認できる

4） H. ジンツハイマー『労働法原理』（楢崎二郎・蓼沼謙一訳）東京大学出版会，1955 年。

ことは，**近代社会には所有権を基礎づけない労働が広範に存在している**ということである。こうした種類の労働では，その具体的内容は，他人（雇い主）によって指示される。それは自由意思による不自由労働ともいうべきものである。

生産者自身が業主である場合は，もちろん，このような労働には入らないが，医師，弁護士や，芸術家，教師，学者のような専門職（プロフェッショナルズ）の労働もそうである。彼らは，その職業的活動において専門家としての良心のみにしたがうとされているからである。しかし，自営業の場合でもその独立性が実質的に失われることがあるのと同様に，専門職種にあっても，学校教師，大病院の勤務医のような場合には，労働内容の決定権が失われて賃金労働に近づくことがある。他方，通常の雇用労働の職種でも，自分の労働を自分で支配しようとする労働者の志向は，現実には，個人的に，あるいは集団的に，さまざまな形をとってあらわれている。しかし，それらは法規範的に保護される性質のものではない。現実の事態は流動的であるが，他方で，雇用関係に権力性を認める一種の事実的な規範的枠組みも存在するのである。

それでは，なぜ，こうした従属的な労働が，現代の経済社会で支配的になっているのであろうか。近代社会は固定的な身分関係を原理的に否定しているから，その理由を雇用者と被雇用者それぞれの個人的ないし家族的身分に求めることはできない。もちろん，家内奉公（召使）にみられるように，人格的な奉仕と生活の保障の取引が自由意思でおこなわれる可能性は否定されないが，そうした人格的な関係は現代においては周辺に残存しているだけである。したがって，**近代における従属的労働の普及は，労働者を雇用して生産をおこなうことによって利潤をあげる資本主義的な生産によってもたらされた**とみなさなければならない。

ここで，マルクスが青年時代にかきのこした「**疎外された労働**」の分析を想

5）イギリス法においても雇用関係は，マスターに対するサーバントの服従関係を律する法的枠組みのなかで展開している。関心のある人は，この点を掘り下げた森建資の労作『雇用関係の生成』（木鐸社，1988年）と，それへの私の書評『経済論叢』143巻1号（1989年）を参照されたい。

6）飯尾要「21世紀・新日本型経営システムと労使同権」『社会・経済システム』21/22合併号（2002年1月）を参照せよ。

起すべきである[7)]。青年マルクスは，労働の生産物が労働者に疎遠な力として対立するなら，そしてまた，労働者の活動自体が労働者にとって疎遠な強制された活動であるとすれば，それらは誰に属するのかと問いかけ，それらは，活動的な私的所有である資本の力になると答えた。この疎外としての労働の関係が，領有としての資本の関係の基礎であるということが，マルクスにとって体制認識の出発点であった。

3．近代における所有問題

所有と労働の権利の対立問題は，このように二重の体制認識へと私たちを導く。第1は，近代社会はこの問題を，市場経済を基礎にした価値－価格関係によって合理的に処理しているということである。第2は，近代の労働の大部分をなす雇用労働においてはこの処理法が適用されず，そこには権力的な関係が支配していることである。したがって，社会経済体制の理解の鍵は，**市場経済のもとでこうした権力的関係を含む生産関係が成立・発展し，1つの，事実的な法秩序をなす体制をつくりだしている**ということを認識することにある。

現在の経済学の主流をなす新古典派の経済学者たちは，市場を基礎にした価値関係による調整を経済学の基軸的論理とみなして，第2の発見が問題にしたような事態の存在を否定するか，あるいは存在しても副次的な問題にすぎないと考えている。というのは，もし，生産物の価格と生産手段の価格の差が労働者の賃金に等しいとすれば，価値的に見れば労働者は「加工」の価格を賃金として受け取ったのであって，生産物がまず雇用者の手に入るのは単なる形式にすぎなくなるからである。個人の行動の合理性と市場の調整機構に信頼をおく新古典派の経済学者は，基本的にはこのように考えて――生産手段の価格のなかに資本の供給価格としての利子を加えるが――，企業組織の基礎になる雇用関係を無視している。

しかし，生産物と生産手段のあいだの価値的差異（付加価値）が，賃金を上

7）マルクス『経済学・哲学草稿』（城塚登・田中吉六訳）岩波文庫，1964年。

回る場合には，雇用関係は単なる形式ではなくなる。労働者ではなく雇用者が生産から得る所得形態が利潤として生まれるからである。マルクスのいう「剰余価値」である。近代の経済社会がこうした「剰余価値」＝利潤を求める生産とともに発展してきたことは，アダム・スミス以来の基礎的な体制認識であるが，市場均衡を中心的なパラダイムとした新古典派経済学は，この体制認識を希薄にしたところに発展してきた。

最近では，市場経済における不確実性の存在についての認識が進むとともに，不確実性に対処するための企業者の活動や組織の役割が重視されるようになった。最近の企業理論の見方では，企業家は，生産からの収益が不確実な状況下で，労働者に確定的所得（賃金）を保障するとともに，変動する残差収益を得るリスク・テーカーとされる。また，取引費用が存在するなかでは，可変的な状況に対応して個々の作業内容を詳細に契約で取り決めることができないために，包括的な命令権を含んだ雇用関係が成立すると論じられる[8)]。それに対して，「剰余価値」を労働者からの搾取であるとみなすマルクス経済学者は，企業者は資本所有の裏付けなしには活動しえないことや，雇用関係には社会的な支配関係の側面があることを指摘するであろう。しかし，彼らもこうした企業の理論によって，資本主義の経済機構の見方がより精細になったことを否定することはないだろう。

雇用関係にともなう生産過程・労働過程における意思決定と従属の構造，付加価値の配分と利潤からの蓄積の決定関係は，近代の個人主義法学や市場経済学の前提するような，諸個人の自由意思にもとづいた合意・契約関係だけで説明できる性格のものではない。それは，**歴史的な過去による制約のある社会のなかでの，可変的ではあるが相対的に強制的な性格をもった事実的な秩序**である。

こうした「**所有問題**」を経済学において提起したのは，フランス革命を先頭とした市民革命後にも残る社会問題を憂えた19世紀前半の社会主義者たちであった。マルクスのような革命家だけでなく，J. S. ミルなどの社会改良家も

8）ポール・ミルグロム，ジョン・ロバーツ『組織の経済学』（奥野正寛ほか訳）NTT出版，1997年を参照。

経済学によってこの「所有問題」を研究した。その結論は，労働と所有が分離する賃労働制度を解消する条件が経済社会の発展のなかで整いつつあるということであった。生活する人間が日々必要とする財貨の生産と分配から生まれる経済的秩序こそが法的な所有秩序の基礎であり，また前者に累積的な変化が生まれるならば，後者についても変革の時期が早晩訪れると考えたからである。

ケインズは，孫の世代には経済問題は解決されているであろうと予言をしたことがあった[9]が，マルクスたちが将来の社会秩序（「自由の王国」の実現）について展望したさいのタイム・スパンも，それより長いものではなかったであろう。21 世紀の初頭において，人類は，19 世紀半ばとは比較にならないほどの科学技術の発展にもかかわらず，なおも経済問題に悩まされ続けている。1990 年代はじめの資産バブルの崩壊以来，金融機構の中心に膨大な不良債権をかかえた日本経済は 10 年近く低迷を続けたあと，ようやく回復期に入りながらも，莫大な財政赤字をかかえている。1990 年代後半に不況知らずの「ニューエコノミー」と謳われた米国経済は，IT 不況とともにその構造的な脆弱性を露呈し，貿易収支と財政収支の双子の赤字に悩んでいる。金融グローバリゼーションにさらされた新興市場諸国は不安定性を克服できていないし，好調な経済成長を見せている中国とインドも，国内の格差を増大させている。

1 人 1 日あたり 1 米ドルの生活費水準を「国際貧困ライン」とよぶことがあるが，アフリカの多くの国ではこの水準以下で暮らす人の割合が 50 パーセントを超えていて，インドでも 34.6 パーセント，中国でも 16.6 パーセントに及んでいる[10]。先進経済と後進経済の 1 人あたり平均所得の格差は 40 倍近くに広がっている。こうした構造化された不均衡のなかで，満足な生産手段も知識も与えられないまま生きざるをえない人々が，なお多数を占めている。マルクスと J. S. ミルの時代は，資本主義が世界市場を完成させた時代であったが，その後 1 世紀半を経ての現状は，グローバル化した世界資本主義のガバナビリ

9） J. M. ケインズ「わが孫たちの経済的可能性」『ケインズ全集 9　説得論集』（宮崎義一訳）東洋経済新報社，1981 年。

10） 総務省統計局『世界の統計』（2004 年版）276 頁。年度は 1990-2002 年，購買力平価で換算した数値であることに注意。

ティ（統治可能性）を問いかけるものである。歴史は終わったのではなく，現代における「所有問題」もなお，社会科学的な探究を待っている。

あとがき

本書は私が京都大学経済学部でこの20年来担当している講義をもとに執筆された。毎年話していることなので執筆は容易であろうと考えていたが，やはりそうもいかなかった。基本的な考えを変更することはなかったが，細部をつめたり，議論の足りない箇所を補ったりする必要が随所にあった。

この授業は，もとは「経済原論」という科目名で，もう1人の授業担当者の講義と並行して開講されていた。2つの講義を区別するために，どちらかが「経済原論（総論）」である場合には，他方は「経済原論（各論）」と称することになっていた。内容としては，一方はいわゆる「近代経済学」，他方は「マルクス経済学」で，私が担当したのは後者であった。大学院時代の恩師である平田清明先生から，授業を代行してほしいという依頼があって1983年度に担当したのが最初である。当時私は岡山大学で「経済学史」を講じていたが，マルクス経済学を体系的に講義した経験はなかった。講義間隔を隔週にしてもらい，作成したばかりの講義ノートをもって京都に通って授業をおこなった。そのときの清新な緊張感は忘れられない。学部創設期のままのすりばち型の教室で机にはインク壷を置く窪みがあり，暖房は石炭ストーブであった。翌年，京都大学に移籍するように言われ，1年間の兼任期間を経て1985年春から「経済原論」が本業，余裕があれば「経済学史」を担当することになった。平田先生によれば，「経済原論」と「経済学史」を結び付けて授業をするのは河上肇以来の京都大学の伝統だとのことであった。

現在ではこの講義の科目名は「社会経済学」に変わっている。「社会経済学」という科目名に変更したのは，現在の主流派の経済学が社会的および歴史的視野を失っていることへの批判をこめてである。またマルクス主義という特定の思想に縛られかねない名称を避け，過去および現在の経済学のさまざまな理論的探究を取り入れたかったからである。しかし，本書を一読すればわかるように，私の授業は『資本論』に由来するマルクス経済学の体系を基本的に保存したものにとどまった。他の体系の可能性を否定するわけではないが，資本主義経済の理解にとっては，それが適切であり，また過去の，マルクスに影響を受けた——経済学者だけにとどまらない——社会科学者たちの業績を継承することにも役立つと考えたからである。この点では，私はやや保守的であったかもしれない。

もちろん本書はマルクス経済学の通説と異なる議論を多数含んでいる。方法的立場として表明した再生産論の視点もそうかもしれないが，貨幣論，循環論，回転論，金融論にもそのような部分がある。それは私なりに，いまは亡き恩師の示唆をてがかりに考えて到達したものであることを記して感謝の意を表したい。

私の講義を20年にわたり聴いてくれた学生たちにも感謝したい。教室には必ず目を輝かせて聴いてくれる学生がいた。今回テキストブックとしての体裁を整えた原稿をみて思うのは，私がもう少し勤勉で，もう少し早くこのようなテキストを提供しておけば，彼らの期待にもう少しましに答えられたであろうということである。

最後に，名古屋大学出版会と担当編集者の三木信吾さんに感謝する。出版者の英断と編集者の忍耐をともなう作業がなければ，私は自分の年来の責務の1つを果たすことができなかった。

2006年3月5日

八木紀一郎

再刷にあたって，初刷に残っていた多数の誤記・誤植を訂正し，若干の統計数字を入れ替えた。また，授業で会った学生諸君や本書を検討してくれた研究者の指摘にしたがい，各所で細部の改善をおこなった。とくに塚本恭章氏は，私の求めに応じて，この再刷のために全章にわたって検討をおこなっただけでなく，多くの刺激的なコメントを与えてくれた。深く感謝する。今回，それを活かすことができなかったのが残念であるが，2008年国際金融危機が与えた示唆とともに，私自身の今後の探究に役立てたい。

2009年5月10日

学習ガイド

1．本書の構成

本書における社会経済学の視点は，社会的な再生産論として第1章で示されています。それがどのような問題設定に結びつくかについては，資本主義の経済体制の認識のあり方を論じた補論でおぎなってください。

第2章は，まだ資本主義的な経済の仕組みを前提とせずに一般的に市場経済と分業について論じていますので，これもイントロダクションです。第3章は貨幣経済についての理論で，第4章になってようやく資本が登場します。第5章は剰余価値をキー概念とした生産論，第6章は資本の循環・回転をへた再生産の理論です。第7章は，資本を投資して事業を営む資本家の立場から，価格と利潤について論じています。この第3章から第7章までが，本書の中心部分で，資本主義経済の再生産の基本的機構を説明しています。この5つの章は，かつてのマルクス経済学でいえば，「原論」あるいは「原理論」のうちのコア部分に対応しています。新古典派体系をベースとした標準的な経済学教科書では見られない議論が含まれている部分です。第6章では，コンピューター・シミュレーションを用いていますが，グラフをみてイメージをつかめばそれで結構です。もとになるSTELLAのプログラムについて関心のある方は付録を読んでください。

競争と市場価格をとりあげた第8章，商業資本および金融市場をとりあげた第9章，経済変動について説明した第10章，国家および国際経済について論じた第11章の4つの章は，資本主義経済についての派生的側面および過程を論じていますから，本書の第2部というべき部分です。現在ではこれらの章が取り扱う対象は，価格理論あるいは競争理論，流通論，金融理論，財政学，および国際経済学というように，それぞれに経済学内部の専門分野として研究と教育が進んでいます。したがって，本書での粗い説明を手がかりにして，より専門的な学習に

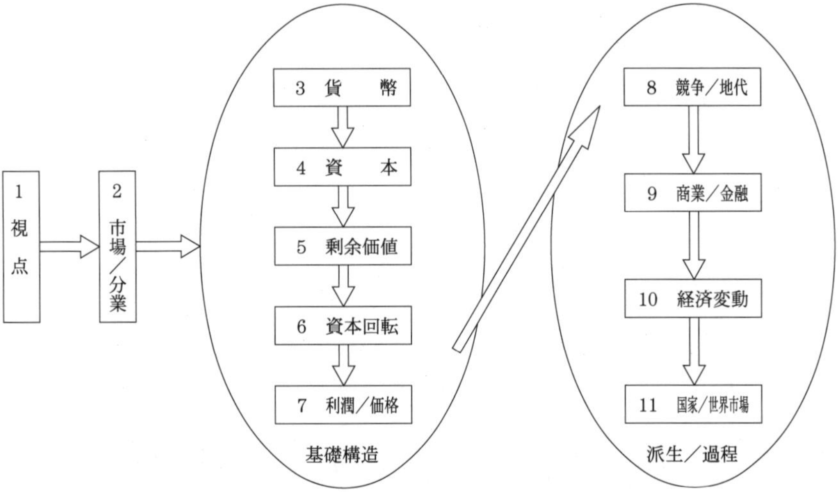

＜本書の構成＞

進んでいくといいでしょう。

2．古典について

資本主義の経済を対象にした社会経済学の基礎的認識は，アダム・スミスの『国富論』にはじまる古典派経済学によって与えられ，さらにそれを批判的な認識に体系化したのはカール・マルクスの『資本論』です。ですから，本書を読むのと，あるいは本書を教科書として用いた授業と並行して，この 2 つの古典を読むことを奨めます。

どちらにも多数の版の翻訳があります。

アダム・スミス『国富論』（Adam Smith, *An inquiry into the nature and causes of the wealth of nations*, 1st ed. 1776, 5th ed. 1789）

＊大内兵衛・松川七郎訳『諸国民の富』岩波書店（岩波文庫，全 5 冊），1959-1966 年。

＊大河内一男監訳・大河内暁男・田添京二・玉野井芳郎訳『国富論』中央公論

社（中公文庫，全 3 冊）1978 年。

＊水田洋監訳・杉山忠平訳『国富論』岩波書店（岩波文庫，全 4 冊）2000-2001 年。

＊山岡洋一訳『国富論』上下，日本経済新聞社，2007 年。

最初の大内・松川訳は E. キャナンが校訂した版の翻訳で，キャナンが付した本文の摘要が付されています。大河内一男監訳版も，キャナン版にならって訳者グループが独自に作成した「小見出し」で読者をガイドしています。水田・杉山訳は，そのような読者ガイドをおこなっていません。「摘要」や「小見出し」は古典を読者に近づきやすいものにしますが，他方では，読者がテキストに直接に向かい合うことへの妨げになりかねないからでしょう。最新の山岡訳はプロの翻訳家の手になるもの。

カール・マルクスの『資本論』(Karl Marx, *Das Kapital, Kritik der politischen Ökonomie,* Bd. 1, 1. Al. 186, 2. Al. 1873, 3. Al. 1883, 4. Al. 1890, Bd. 2, hrsg. v. Friedrich Engels, 1885 ; Bd. 3, hrsg. v. Friedrich Engels, 1894.)

＊長谷部文雄訳『資本論』青木書店（青木文庫，全 13 冊）1951-53 年（河出書房の『世界の大思想』に収録されているものも長谷部訳です）。

＊エンゲルス編，向坂逸郎訳『資本論』岩波書店（岩波文庫，全 9 冊）1969-1970 年。

＊マルクス = エンゲルス全集刊行委員会訳，大月書店（国民文庫，全 11 冊，『マルクス = エンゲルス全集』第 23-25 巻，および合冊版もあるが，みな同一のページ付けです）1961-64 年。

＊資本論翻訳委員会訳『資本論』新日本出版社，全 13 冊，1982-89 年。

＊的場昭弘訳『超訳「資本編」』第 1 巻，第 2 巻，第 3 巻，祥伝社新書，2008-09 年。

たいていの翻訳は『資本論』第 1 巻については，1883 年のドイツ語第 3 版，1890 年の第 4 版を基礎とした版にしたがっています。しかし，専門家の中には，マルクスが自分自身で校閲した 1875 年のフランス語版の方が優れているという意見もあります。このフランス語版も，**江夏美千穂・上杉聡彦訳『フランス語版資本論』（上下2冊，法政大学出版局，1979年）**として訳されています。また，筑摩書房から刊行された『マルクス・コレクション』は，第4，5巻で『資本論』第1巻の新訳（**今村仁司・三島憲一・鈴木直訳『資本論　第1巻』上下，2005年**）を収録しています。また，その第3巻には第2版以降の版で大きく書き直されている『資本論』第1巻初版の第1章を訳載しています。

なお，『資本論』の第2巻および第3巻は，マルクス自身の手によって刊行されたものではなく，盟友フリートリッヒ・エンゲルスがマルクスの遺稿を整理し，一部は補筆もしながら刊行したものです。エンゲルスの編集の仕方に問題がないわけではなく，それが遺稿への関心を高めています。

『資本論』に先立って，マルクスの構想した経済学批判体系の第1冊として1859年に刊行された**『経済学批判』（杉本俊朗訳，大月書店，国民文庫，1966年；武田隆夫訳，岩波文庫，1956年）***Zur Kritik der politischen Ökonomie* は『資本論』第1巻第1編の内容をカバーしています。また，1857-58年のマルクスがはじめて体系的に書き下ろした経済学批判の草稿『経済学批判要綱』や1862年以降の『資本論』の草稿も興味深い資料です。遺稿の全面的な公開は，現在継続中の学術版全集（通称新メガ *Marx-Engels Gesamtausgabe*）[1)]の課題ですが，これまでに公開されたものについては，大月書店から**『資本論草稿集』（資本論草稿集翻訳委員会訳，全9冊，1978-1994年）**でその内容を知ることができます。

『資本論』が刊行され，それを基本的に受け入れた経済学の学派（通称「マルクス経済学」）が成立して以来，『資本論』をめぐって，マルクス批判者との応答，あるいはマルクス擁護者どうしでの論争，さらにマルクスの理論の応用について，膨大な議論が積み重ねられています。そうした議論については，次の3つを参照

1）これは，はじめはソ連共産党と東ドイツの社会主義統一党の2つの政権党の付属研究所が協力しておこなう国家プロジェクトでしたが，現在は「国際マルクス＝エンゲルス財団」が管轄する純学術的なプロジェクトになっています。大月書店から刊行されている『マルクス＝エンゲルス全集』（大内兵衛・細川嘉六監訳，全53巻，1959-91年，現在はCD-ROM版で刊行）のベースになっている通称MEW（Karl Marx-Friedrich Engels, *Werke*, hrsg. v. Institut für Marxismus-Lenismus beim ZK der SED, Dietz Verlag）とは異なります。

してください。

＊佐藤金三郎・岡崎栄松・降旗節雄・山口重克編『資本論を学ぶ』全5冊，有斐閣，1977年。

＊冨塚良三・本間要一郎・服部文男編集代表『資本論体系』全10巻，有斐閣，1984-2001年。

＊ M. C. ハワード・J. E. キング著，振津純雄訳『マルクス経済学の歴史』上下，ナカニシヤ，1997年。

3．マルクス経済学から社会経済学へ

本書は伝統的なマルクス経済学を現代的な社会経済学と結びつけるという立場で書かれています。それは，1で述べたような本書の構成が，『資本論』の構成を――かなり崩しながらも，大枠では――保存していることからも理解できるでしょう。それには，2つの理由があります。まず1つ目は，多くの入門レベルの教科書のように，分野・領域ごとに章を分けて論述するよりも，一貫した考え方（資本に主導された再生産）によって資本主義の経済を体系的に論述することを望んだからです。それを可能にする点から言って，『資本論』はやはり，経済学の古典中の古典であると私は思います。2つ目の理由は，『資本論』の出現以来，マルクスの理論や概念を用いておこなわれてきた研究業績を無視せずに引き継ぐ必要があるということです。戦後日本の社会科学をとってみても，そのかなりの部分――たとえば，宇野弘蔵の経済学，大塚久雄の経済史学，大河内一男の社会政策論，内田義彦・平田清明の経済学史等々――は，マルクス経済学の概念をもとにしたものです。マルクス経済学者に数えられない経済学者の場合でも，たとえば都留重人や森嶋通夫のように，『資本論』などのマルクスの著作に着想を得た業績を残した人が日本にも世界にも多数存在します。現在ではマルクスとの関連はけっして褒め言葉ではないでしょうが，無知に起因する忌避や反発は困りものです2)。

経済理論の領域に限定して考えるならば，戦後の日本の経済学者のなかで，マルクス経済学を確実に前進させた双璧は宇野弘蔵と置塩信雄でしょう。宇野は資

本主義が撹乱なしに再生産される機構を示す「原理論」と政治・国際関係・文化などを含む歴史的要素が加わった「段階論」を区別しただけでなく，「原理論」の構築においても『資本論』の論述に無批判的に従う必要はないことを率先して示しました。宇野が再構成したマルクス経済学の原理論である**『経済原論』**（**上下，岩波書店，1950-52 年，合本改版 1977 年**。現在は**『宇野弘蔵著作集』第 1 - 2 巻，1973 年**。また，コンパクトな**岩波全書版『経済原論』，1964 年**もある）は，マルクス経済学の理論を系統立てて考えようとする場合の模範というべき著作です。宇野理論の支持者たちは，「原理論」の領域だけでなく，「段階論」，さらには「現状分析」の領域に進出して多くの業績を残しています。ここでは，本書と対比しやすい教科書的な著作として，**伊藤誠『資本主義経済の理論』**（**岩波書店，1989 年**）と**山口重克『経済原論講義』**（**東京大学出版会，1985 年**）の 2 点をあげるにとどめます。置塩信雄は，マルクス経済学に数理的分析を取り入れ，その現代化に貢献しました。本書でも採用している価値や剰余価値の数理的表現は，もともと置塩がドミトリエフやボルトキエヴィッチの試みを基礎にして開発したものです。欧米では，古典派価値論の数理的再構成が**ピエロ・スラッファ『商品による商品の生産』**（**菱山泉・山下博訳，有斐閣，1962 年**）によってなされましたが，それは置塩によるマルクス価値論の再構成とあわさって，数理的なマルクス経済学を生み出しました。置塩は，さらに不均衡を蔵した資本主義についてのビジョンを**置塩信雄『蓄積論』**（**筑摩書房，1967 年，第 2 版 1976 年**）で示しています。置塩の資本主義論として一番まとまっているのは**『現代資本主義分析の課題』**（**岩波書店，1980 年**）ですが，もっとも平易な教科書は**置塩信雄・鶴田満彦・米田康彦『経済学』**（**大月書店，1988 年**）です。なお，上記に紹介した文献だけでは資本主義経済の貨幣・金融的側面の解明が不十分です。マルクス経済学の基礎からこの側面を解明した良書は**川合一郎『資本と信用——金融経済学序**

2）厄介なのは，「マルクス経済学」が，マルクスがその著作によって基礎づけようとした社会主義やその実現をめざす政治運動とどう関連するかという問題です。私は，社会科学が社会内部の概念体系であるかぎり何らかの政治性（あるいは実践性）をもつことは当然であるが，科学的探究と政治運動ではルールおよび手続きが大きく異なると考えています。「マルクス経済学」とマルクス主義の関係は，その興味深い一例です。これについて私は，持田信樹ほか『市場と国家』木鐸社，1992 年所収の拙論「問題としての〈マルクス経済学〉」で知識社会学的な視点をとりいれた考察をおこなっています。

説』（**1954年，有斐閣，現在は『川合一郎著作集』第2巻，有斐閣，1981年に所収**）と伊藤誠・ラパヴィツァス『貨幣・金融の政治経済学』岩波書店，2002年です。

視野を世界に拡大すると，独立した学者による信頼できる概論的著作で先駆的なものは**ポール・スウィージーの『資本主義発展の理論』**（**原著1942年，都留重人訳，新評論，1967年**）です。ニューレフトやヴェトナム反戦運動が高揚するとマルクス・ルネッサンスというべき状況になり，多数の入門書があらわれています。注目すべき理論動向は，米国のラディカル・エコノミクスの流れとフランスのレギュラシオン学派でしょう。前者はアメリカの経済体制を大企業中心の体制ととらえて，その構造と動態を「蓄積の社会的構造」として探究しました。後者は，新古典派の「均衡」概念を生物学由来の「レギュラシオン」（動態的な平衡的調整）の概念におきかえて，資本主義経済の調整メカニズムと動態的発展の研究をおこなっています。前者の流れの初期の代表作は青木昌彦編『ラディカル・エコノミックス――ヒエラルキーの経済学』中央公論社，1973年に集められていますが，現在ではまだ翻訳されていませんが**Samuel Bowles, Richard Edwards, and Frank Roosevelt, *Understanding Capitalism : competition, command, and change*, (1st ed. 1985) 3rd ed. Oxford University Press, 2005**という入門教科書があります。レギュラシオン理論について概観を得るには，**山田鋭夫『レギュラシオン・アプローチ』**（**藤原書店，増補新版，1994年**）が便利ですが，マルクス経済学との関連を知りながら学ぶには，**ミシェル・アグリエッタ『資本主義のレギュラシオン理論――政治経済学の革新』**（**若森章孝ほか訳，大村書店，増補新版2000年**）が好適です。

現在では，上にあげた宇野理論，置塩理論，ラディカル・エコノミクス，レギュラシオン理論に影響されながら，マルクスに由来する対立関係をはらんだ再生産の理論を新古典派主流にかわる新しい経済学（「社会経済学」）として発展・整備させる努力が各方面でなされています。その際には，カレツキ，カルドア，J.ロビンソンに源を発するポスト・ケインズ派経済学やスラッファ経済学，復活した労働社会学や経済社会学の研究，ゲーム理論や慣習形成および学習理論なども統合されようとしています。なかには，実験経済学やコンピューター・シミュレーションも取り入れて，社会経済の各レベルにおける進化的動態を解明する進化経済学（エヴォリューショナリイ・エコノミックス）を構築しようという動きがあり，私もそれを支持しています。このような統合的アプローチになると，もはや『資本論』にしたがった枠組みでは収容できるものではありません。その意味では，本書はかつての「マルクス経済学」から新しい「社会経済学」に至る過渡に位置する著作と位置づけられるでしょう。

新しい「社会経済学」をめざした教科書的著作としては，国内では，現在までに，**植村博恭・磯谷明徳・海老塚明『社会経済システムの制度分析——マルクスとケインズを超えて』**（名古屋大学出版会，1998 年，新版，2007 年）と**宇仁宏幸・坂口明義・遠山弘徳・鍋島直樹『入門・社会経済学——資本主義を理解する』**（ナカニシヤ，2004 年），**吾郷健二・佐野誠・柴田徳太郎編『現代経済学——市場・制度・組織』**（岩波書店，2008 年）が刊行されています。本書をマスターした読者には，これらの著作によって，より現代的な論点に触れることを奨めます。

付

[スミスおよびマルクスからの引用]

アダム・スミス『国富論』およびマルクス『資本論』『経済学批判』からの引用については，以下のように略記している（既存の翻訳を変更している場合もある）。

・『国富論』

An inquiry into the nature and causes of the wealth of nations, by Adam Smith, Edited by Edwin Cannan. 6th ed. London, 1950, 2vols.

WNI, p. xx：岩（x），xx 頁は上記巻本の第 1 巻 xx ページ。岩波文庫版『国富論』（水田洋監訳・杉山忠平訳）第 x 冊，xx ページの意。

・『経済学批判』（『経済学批判への序説』も含む）

Zur Kritik der politischen Ökonomie, 1859.

MEW13, S. xx：全 13，xx 頁は，*Karl Marx-Friedrich Engels Werke*, Institut für Marxismus-Lenismus beim ZK der SED, Dietz Verlag, Berlin の第 13 巻 xx ページ，大内兵衛・細川嘉六監修『マルクス＝エンゲルス全集』大月書店，第 13 巻 xx ページの意。

・『資本論』

Das Kapital, Kritik der politischen Ökonomie, 1867-1894.

同上のドイツ語版 *Werke* の Band 23-25 とそれによった『マルクス＝エンゲルス全集』（大月書店）の『資本論』（マルクス＝エンゲルス全集刊行委員会訳）による。

DK II, S. xx：全 II, xx 頁は，上記による *Das Kapital*, Bd II（*Werke* 第 24 巻），xx ページ，訳書『資本論』第 2 巻 xx 頁の意。

[本書で使用したSTELLAのプログラムについて]

1．STELLAについて

本書の第6章および第10章では時間のなかでの資本の回転・再生産や変動を示すためにシミュレーション・ソフトSTELLA（STELLA Research, High Performance System, Inc.）のVersion 4.0［製品番号47705691］を使用している。これは1970年代に経済成長の限界を示して話題になったローマクラブ報告の基礎になったシステム・ダイナミックスの系列で開発されたもので，マッピングとよばれるグラフィック画面上の操作で変数を結びつけ，それに変数間の関係式や数値を与えることによって系の変化をあらわす差分方程式が生成されるようになっている。作成されたモデルに適当な時間の幅を与えてシミュレーションすることによって，そのシステムの作動が分析できる。さまざまな関数も用意されているし，また，パラメーターを少しずつ変えてシミュレーション結果を比較することもできる。現在では日本語版に移されてVarsity Wave社が販売しているので，多くの大学・研究機関にも普及していることであろう。

2．マッピングとプログラム式

STELLAのマッピング画面では変数間の関係がフローとストックのダイアグラムとして示される。資本回転論でいうと資本はストックであるが，生産というフローにともなって減少し，投資のフローがあれば増加する。さらに他のさまざまな変数やパラメーターがそれらと結びついて，変数からなるシステムが成り立っている。

たとえば，第6章第2節で最初にとりあげている流動資本の回転モデルのなかから，「貨幣資本Money Capital」（ストック）と「貨幣投資Money Invest」（フロー）と「生産的支出Prod　Expenditure」（フロー）の関係を示すダイアグラムをSTELLAのマッピング画面に描くと図付-1のようになる。

STELLAでは，ストック変数に初期値を与えることになっているが，それだけではシステムは動き出さない。ストックに流出入するフロー変数を与えなければならない。この場合には，「売り上げSales」のうち，資本の回収分に利潤（生産費用に対するマークアップ）の一定割合＝「蓄積率Accum Rate」分を足した価値額が「貨幣投資」になり，また，「貨幣資本」の何分の1か（「購買期間t1」で「貨幣資本」を割った価値額）に対応する金額が「生産的支出」として流出するとされ

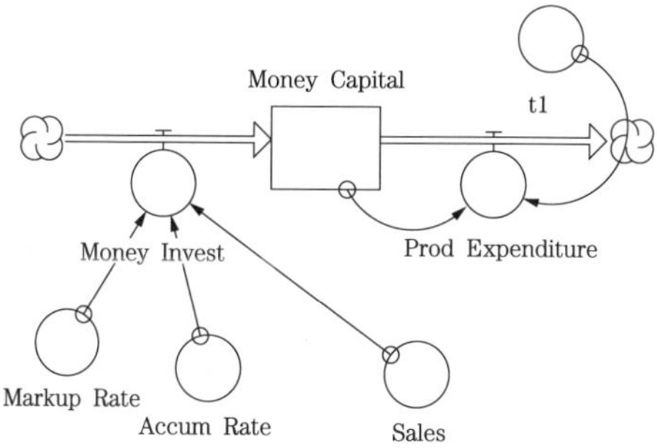

図付-1

ている。STELLA で生成される方程式で示すと次のようになっている。

Money_Capital(t)＝Money_Capital(t－dt)＋(Money_Invest－Prod_Expenditure)*dt
INIT Money_Capital＝1000
Money_Invest＝Sales*(1＋Markup_Rate*Accum_Rate)/(1＋Markup_Rate)
Prod_Expenditure＝Money_Capital/t1

3．流動資本の回転モデル

しかし，「蓄積率」と「購買期間」が一定であるとしても，「売り上げ」が決まらなければ「貨幣投資」が決まらない。この資本回転モデルでは，「売り上げ」を一定としたり，外から与えたりするのではなく，「商品資本 Commodity Capital」（ストック）と関連するフロー変数としてそれを想定している。すると今度は「商品資本」（ストック）の数値が決まらなければならないが，それはまた「生産 Production」という流入フローによって変動する。さらに，「生産」は「生産費用 Production Cost」に「マークアップ率 Markup Rate」相応分の粗利潤を加えた価値額である。この「生産費用」は「生産資本」（ストック）からの流出分であるが，「生産資本」の価値額は「実体投資 Real Invest」の流入によって左右される。そしてこの「実体投資」は，「生産的支出」が姿を変えたものである。「売り上げ」「生産」「実体投資」はこのような相互連関のなかにある。

「生産資本」と「商品資本」も含めて流動資本の回転モデルの諸要素間の関係の全体を，マッピングで示すと図付-2 のようになる。複雑なように見えるが，資本

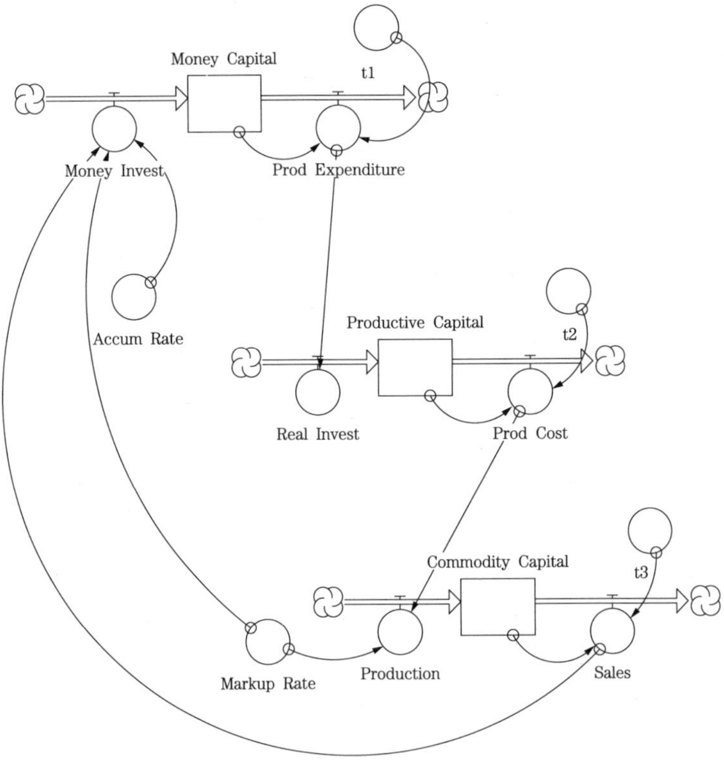

図付-2

の3形態のそれぞれについてのフロー・ストック関係を結合したものにすぎない。このモデルの全体を方程式であらわすと次のようになる。

Commodity_Capital(t) = Commodity_Capital(t−dt) + (Production−Sales)*dt
INIT Commodity_Capital=0
Production=Prod_Cost*(1+Markup_Rate)
Sales=Commodity_Capital/t3
Money_Capital(t) = Money_Capital(t−dt) + (Money_Invest−Prod_Expenditure)*dt

```
INIT Money_Capital=1000
Money_Invest=Sales*(1+Markup_Rate*Accum_Rate)/(1+Marup_Rate)
Prod_Expenditure=Money_Capital/t1
Productive__Capital(t)=Productive__Capital(t-dt)+(Real__Invest-Prod
        Cost)*dt
INIT Productive_Capital=0
Real_Invest=Prod_Expenditure
Prod_Cost=PULSE(Productive_Capital,t2,t2)
Accum_Rate=0.5
Markup_Rate=0.3
t1=2
t2=10
t3=4
```

このモデルは，10 週間の「生産期間 t2」ごとに生産過程に蓄積された「生産資本」が全体として商品に変換される（「生産的消費」=生産）となる，断続的一挙的生産のモデルである。そのため，第 12 行でパルス関数を用いていることに注意されたい。このモデルを第 75 期まで走らせて「貨幣資本」,「生産資本」,「商品資本」の価値額の変動をグラフにしたものが図 6-4 である。

図 6-5 も流動資本の回転モデルであるが，生産過程に入った価値はその価値額がどうであれすぐに生産活動を開始し，t2 期間後には「生産的消費」=商品の生産となって出て行くという連続的分割的な生産方式をもっている。それを表すために，図 6-4 のモデルの第 12 行が，次のように「実体投資」の流入価値量を t2 期間後に「生産的消費」の流出価値量に変換するディレイ関数で書き換えられている。

```
Prod_Consum=DELAY(Real_Invest,t2,0)
```

4．固定資本の回転モデル

固定資本の回転モデルの場合には「生産的支出」=「実体投資」が連続的にではなく間隔をおいて行われ，また「生産的消費」=商品の「生産」として流出する価値額は「生産資本」の一部にすぎない。したがって図 6-6 のモデルでは，図 6-4 のモデルの第 8 行の「生産的支出」が固定資本の「更新期間 t4」を示す間隔を有したパルス関数に書き換えられ，また第 12 行の「生産的消費」についても，「生産期間」を経過した後に「生産資本」の期ごとの消耗分（「生産資本」総額を「更新期間」で除した商）が商品に価値移転するという式に改められている。なお，各形態の資本の初期値や各期間の数値その他も変更されているので，モデルの方程式全体を示すことにしよう。

Commodity_Capital(t)＝Commodity_Capital(t−dt)＋(Production−Sales)*
 dt
INIT Commodity_Capital＝0
Production＝Prod_Cost*(1＋Markup_Rate)
Sales＝Commodity_Capital/t3
Money_Capital(t)＝Money_Capital(t−dt)＋(Money_Invest−Prod_Expendi-
 ture)*dt
INIT Money_Capital＝0
Money_Invest＝Sales*(1＋Markup_Rate*Accum_Rate)/(1＋Markup_Rate)
Prod_Expenditure＝PULSE(Money_Capital/t1,t4,t4)
Productive__Capital(t)＝Productive__Capital(t−dt)＋(Real__Invest−Prod
 Cost)*dt
INIT Productive_Capital＝1000
Real_Invest＝Prod_Expenditure
Prod_Cost＝DELAY(Productive_Capital/t4,t2,t2)
Accum_Rate＝0.5
Markup_Rate＝1
t1＝1
t2＝6
t3＝3
t4＝60

図 6-7 は，固定的な資本設備を複数設置して「生産的支出」＝「実体投資」の間隔を短くしたモデルに基づいている。具体的にいえば，上の式の第 8 行が図 6-7 のモデルでは

Prod_Expenditure＝PULSE(Money_Capital/t1,24,24)

に換えられているにすぎない。

5．同時化された回転モデル

流動資本と固定資本の双方において資本分割をおこない連続投入・連続産出を実現した同時化回転モデルを作成するためには，「生産的支出」と「生産的消費」が連続的になるようにモデルをつくればよい。「生産的支出」における間隔を極小化すれば，期あたりの「生産的支出」は，「貨幣資本」を「購買期間 t1」で除した商になる。つまり

Prod_Expenditure＝Money_Capital/t1

また，流動資本モデルで連続的な分割・並列型の生産がおこなわれる場合にはパルス関数でなくディレイ関数を用いたが，これは固定資本の回転モデルのなかにすでに取り入れられている。

Prod_Cost＝DELAY(Productive_Capital/t4,t2,0)

この式中の「生産資本」を除している「更新期間」は，固定資本・流動資本の区別なく平均的な「更新期間」として解釈すればいいだけである。このような連続投入・連続産出の同時化した回転モデルでは，「貨幣資本」1000，他の形態の資本 0 から出発した場合のシミュレーション結果が図 6-8 である。「生産資本」1000，他の形態の資本 0 から出発する場合でも，30 期ごろから同時化が成立して，各形態の資本比率が安定的な成長過程が実現されている。

6．2 部門の拡大再生産モデル

図 6-10 は拡大再生産のモデルのシミュレーションであるが，まず第 1 部門に限ってその成長のモデル化を考えよう。資本には「可変資本 V1」と「不変資本 C1」があり前者に対する後者の比率（「有機的構成 Comp1」）は一定である。ただし，固定資本は存在しないとする。「剰余価値率 Surplus Rate」を一定とすると，「可変資本 V1」にそれを乗じて得られる「剰余価値 M1」に対して，さらに「蓄積率 Accum1」を乗じたものが「資本蓄積 Invest」である。それが，「追加可変資本 C1 Invest」と「追加不変資本 V1 Invest」に分割され，増加した資本によって増加した価値額の商品（生産財）が生産(Pm Production)されている。それをマッピング画面で描くと図付-3 のようになる。

この第 1 部門の蓄積が優先され，消費手段を生産する第 2 部門には残余の分量の生産手段しか供給されないとしたのが図 6-10 のモデルである。モデルのダイアグ

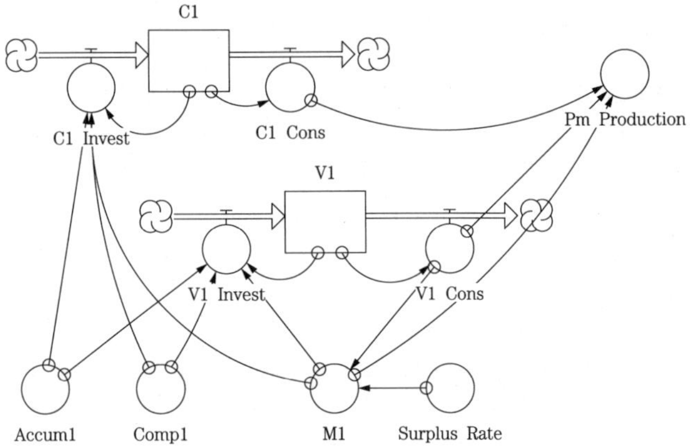

図付-3

ラム（図付-4）と方程式の全体を以下に示す。

C1(t)=C1(t−dt)+(C1_Invest−C1_Cons)*dt
INIT C1=4000
C1_Invest=C1+Accum1*M1*Comp1/(1+Comp1)
C1_Cons=C1
C2(t)=C2(t−dt)+(C2_Invest−C2_Cons)*dt
INIT C2=2000
C2_Invest=Pm_Production−C1_Invest
C2_Cons=C2
V1(t)=V1(t−dt)+(V1_Invest−V1_Cons)*d
INIT V1=1000
V1_Invest=V1+Accum1*M1/(1+Comp1)
V1_Cons=V1
V2(t)=V2(t−dt)+(V2_Invest−V2_Cons)*dt
INIT V2=1000
V2_Invest=C2_Invest/Comp2
V2_Cons=V2
Accum1=0.5
Comp1=4

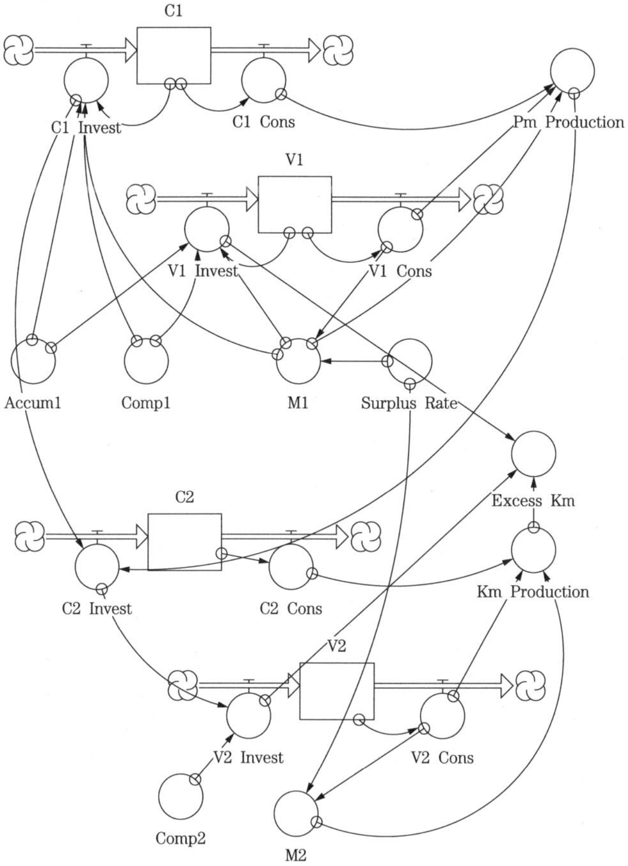

図付-4

Comp2=2
Excess_Km=Km_Production-V2_Invest-V1_Invest
Km_Production=C2_Cons+V2_Cons+M2
M1=Surplus_Rate*V1_Cons
M2=Surplus_Rate*V2_Cons
Pm_Production=C1_Cons+V1_Cons+M1
Surplus_Rate=1

両部門の蓄積率が独立して決定される場合には，上式の第７行を

C2_Invest＝C2＋Accum2*M2*Comp2/(1＋Comp2)

に書き換えればよい。図 6-11 では，第２部門の蓄積率が独立して決定される場合に，生産手段の需給関係がどうなるかについて，適合的な場合とそうでない場合を比較しうるかたちで示した。

７．上方・下方への累積

図 10-3 と図 10-4 は，ごく簡単なフィードフォワード型の加速型および減速型の経済変動を示している。固定的な「資本家の消費性向 alpha」のもとでは，「利潤率 Profit Rate」は「成長率＝資本増加率 Ge」によって定まる。この「利潤率」が一定水準（この場合は 1/3）よりも高ければ資本家は「蓄積率」を増加させ，それよりも低ければ「成長率」を低下させる。固定的な「資本の有機的構成 Comp」のもとでは，「利潤率」の増減は剰余価値率の増減に対応しているから，「労働分配率 Distribution」の反対の方向での増減をもたらす。ただし，このモデルの基礎になる本文（6-14）式の関連は貨幣的な有効需要だけで考えられているので，これらの率も名目的な値であることに注意されたい。

ここでは「資本家の消費性向」を 0.4，資本家を満足させる利潤率を 1/3 としているので，安定的な「成長率」は 0.2 である。成長が加速する図 10-3 では，当初の「成長率」を 0.25，成長が減速する図 10-4 のモデルでは，当初の「成長率」を 0.15 としている。モデルのダイアグラムは図付-5，方程式は以下のようである。

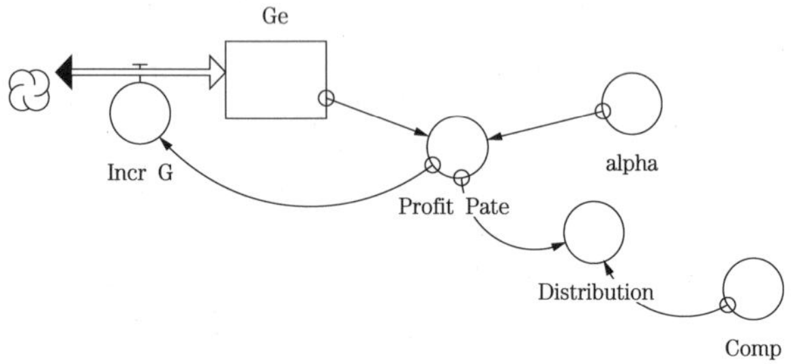

図付-5

Ge(t)=Ge(t−dt)+(Incr_G)*dt
INIT Ge=0.25
Incr_G=0.1*(Profit_Rate−1/3)
alpha=0.4
Comp=2
Profit_Rate=Ge/(1−alpha)
Distribution=1/(Profit_Rate*(1+Comp)+1)

8．循環を描く変動モデル

図 10-5 は，「労働分配率 Distribution」と「雇用率 Employment」について生物学ではじめに使用されたロトカ＝ヴォルテラ方程式の関係を適用したグッドウィン型のモデルである。「雇用率」が高ければ労働者の勢力が強くなり「労働分配率」

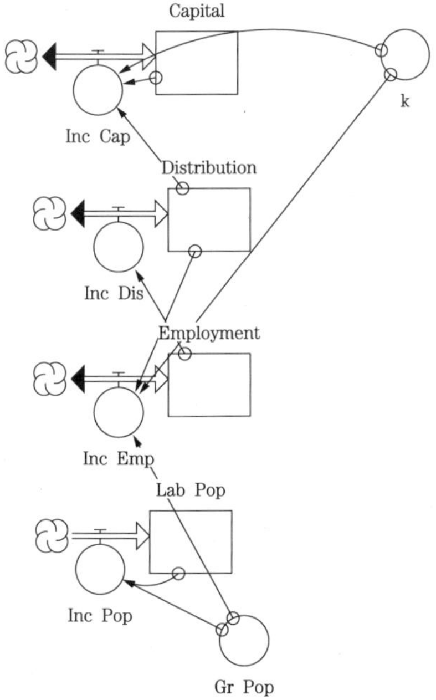

図付-6

が高まるが，「労働分配率」が高くなると資本家は投資率を引き下げるので「雇用率」も下がる。それによって，両者の増減の循環がおき，「資本 Capital」の増減の循環も起きている。ダイアグラムは図付-6，方程式は以下のとおり。

```
Capital(t)=Capital(t−dt)+(Inc_Cap)*dt
INIT Capital=1000
Inc_Cap=(1−Distribution)*k*Capital*.1
Lab_Pop(t)=Lab_Pop(t−dt)+(Inc_Pop)*dt
INIT Lab_Pop=1000
Inc_Pop=Lab_Pop*Gr_Pop
Employment(t)=Employment(t−dt)+(Inc_Emp)*dt
INIT Employment=0.9
Inc_Emp=(1−Distribution)*k−Gr_Pop
Distribution(t)=Distribution(t−dt)+(Inc_Dis)*dt
INIT Distribution=0.8
Inc_Dis=(Employment−0.8)/2
Gr_Pop=0.05
k=1
```

図表一覧

《著者略歴》

八《や》木《ぎ》紀《き》一郎《いちろう》

1947年　福岡県に生まれる
1971年　東京大学文学部卒業
1978年　名古屋大学大学院経済学研究科博士課程単位取得退学
現　在　京都大学大学院経済学研究科教授
著訳書　『オーストリア経済思想史研究』（名古屋大学出版会，1988年）
『近代日本の社会経済学』（筑摩書房，1999年）
『ウィーンの経済思想』（ミネルヴァ書房，2004年）
J. A. シュンペーター『資本主義は生きのびるか』（編訳，名古屋大学出版会，2001年）他

社会経済学

2006年 4 月20日　初版第 1 刷発行
2009年 6 月20日　初版第 2 刷発行

定価はカバーに
表示しています

著　者　八 木 紀 一 郎
発行者　金　井　雄　一

発行所　財団法人　名古屋大学出版会
〒464-0814　名古屋市千種区不老町 1 名古屋大学構内
電話(052)781-5027/FAX(052)781-0697

印刷・製本 ㈱太洋社　ISBN978-4-8158-0539-5
乱丁・落丁はお取替えいたします。